JN262526

# 愛知の山城
# ベスト50を歩く

愛知中世城郭研究会・中井 均 編

名古屋城復元天守の北側からの見上げ

# 山城の魅力

## 土塁

賽之神城跡主郭西側の土塁

亀山城跡主郭西側の土塁

土を高く盛り上げ、あるいは斜面を削り出し、堤防のように長く連ねたのが土塁である。敵の侵入を防ぐ役割を持ち、堀とセットで設けられることが多かった。

# 石垣

松平城山城跡の北東尾根上の石垣

中世城郭であっても石垣は存在する。ただし周辺で石材の確保が必須である。ただし近世城郭の石垣と比べると、ずっと低く、用いられる石材も小さい傾向がある。

小牧山城主郭Ⅰをめぐる石垣（提供：小牧市教育委員会）

# 竪堀

日近城跡主郭北側の竪堀

槙本城跡南西尾根上の竪堀

斜面に直行して設けられた堀が竪堀である。敵の斜面移動を阻止する役割を持つ。堀切の延長上に設けられたり、畝状空堀群として用いられたり、単独で用いられた。

# 横堀

岩崎城跡主郭西側の横堀

古宮城跡主郭西側の曲輪をめぐる横堀

山城や平山城で、斜面を回り込むように設けられた堀を横堀と呼ぶ。底部を平らにし、通路と兼用させることもあった。戦国末期の城郭で発達する。

# 堀切

赤岩城跡主郭背後の堀切

岩略寺城跡の堀切（三日月堀とも呼ばれる）

尾根を断ち切るように設けられた堀である。切岸（人口的に造り出された切り立った斜面）とともに防御施設である山城を構成する基本パーツである。

# 土橋

大桑城跡の土橋（正面は主郭虎口）

文殊山城跡の土橋（両脇に竪堀が落ちる）

堀で分けられた曲輪間、あるいは城内と城外を連絡するのが土橋である。土を積み重ねたり、あるいは旧地形を削り残して造られた。土橋の内側は、多くの場合虎口である。

# 平城の堀

清須城外郭の堀跡（中央の低くなったところが堀跡）

瀬木城跡の堀（左手が主郭にあたる）

平地部の城郭は今日では多くが失われた。しかし注意して観察すると、今も堀跡の名残を示す段差等を認める場合がある。身近な城の遺構を再発見してみよう。

# はじめに

早いもので、この『山城ベスト50を歩く』も四冊目を刊行することとなった。当初はシリーズ化することなど考えもしなかったのであるが、山城を歩き、歴史を体感する人が多くなったのであろう。ぜひ次はこの県を、という要望が次々に寄せられ、ここに『愛知県の山城ベスト50を歩く』を刊行することとなった。

愛知県は旧尾張国と旧三河国からなり、戦国の英傑織田信長、豊臣秀吉、徳川家康の出身地であり、戦国時代には数多くの城郭が築かれた。まさにベスト50を歩くには欠くことのできない県である。

尾張では信長の天下統一の第一歩となった桶狭間合戦に関わる城砦群が、三河国には松平氏関連の山城が残されている。さらには武田信玄の三河進攻に築かれた城もあり、それらは戦国時代後半の発達した構造を現在も山中に累々と残している。まさに愛知県は山城の宝庫といえよう。

今回の刊行にあたっては、愛知県の中世城館跡を精力的に調査・研究されている愛知中世城郭研究会が中心となって編集されたものであり、現在の愛知県における最高のメンバーによって執筆していただくことができた。城跡の概要図も、今回の刊行にあわせ、改めて現地調査を踏まえて作成されたものを掲載することができた。

これまでのシリーズと同様にこの本を携えて愛知県の山城跡を訪ねていただき、城跡で歴史を体感していただければ幸いである

編者　中井　均

# 目次

はじめに

■愛知の山城ベスト50

尾張の山城

❶小牧山城 小牧市堀の内 …… 18
❷一色山城 瀬戸市川平町 …… 22
❸新居城 尾張旭市城山町長池下 …… 26
❹長久手大草城 長久手市熊張字溝之杁 …… 30
❺岩崎城 日進市岩崎町市場 …… 34
❻末森城（末盛城） 名古屋市千種区城山町二丁目 …… 38
❼大高城 名古屋市緑区大高町城山 …… 42
❽大野城 常滑市金山桜谷 …… 46
❾河和城 知多郡美浜町大字河和西谷 …… 50
❿阿久比城 知多郡阿久比町大字卯坂字栗之木谷 …… 54

三河の山城

⓫福谷城 みよし市福谷町市場 …… 58
⓬西広瀬城 豊田市西広瀬町西前
東広瀬城 豊田市東広瀬町城下 …… 62
⓭松平城山城 豊田市大内町字城下 …… 66
⓮大給城 豊田市大内町字城下 …… 70
⓯松平城 豊田市松平町字三斗蒔 …… 74
⓰則定椎城 豊田市則定町羅漢山 …… 78
⓱大沼城 豊田市大沼町字八沢 …… 82
⓲孫根城 豊田市梶町横大 …… 86
⓳大桑城 豊田市大桑コンデ嶋 …… 90
⓴足助城 豊田市足助町須沢三九―二 …… 94
㉑城山城 豊田市足助町引陣・城山 …… 98
㉒千ノ田城 豊田市上八木町千ノ田 …… 102
㉓市場城 豊田市市場町字城 …… 106
㉔小渡城 豊田市小渡町寺下・藪下 …… 110
㉕槇本城 豊田市槇本町大屋敷 …… 114
㉖武節城 豊田市武節町城山 …… 118
㉗津具城 北設楽郡設楽町津具麓 …… 122
㉘田峯城 北設楽郡設楽町大字田峯字城 …… 126
㉙設楽城 北設楽郡東栄町中設楽城山 …… 130
㉚医王寺城 新城市長篠字碁石 …… 134

31 宇利城 新城市中宇利字仁田 …… 138
32 文殊山城 新城市清岳字見徳 …… 142
賽之神城 新城市清岳字本城
33 古宮城 新城市作手町大字清岳字宮山 …… 146
34 亀山城 新城市作手清岳字シロヤマ …… 150
35 滝山城 岡崎市宮崎町字堂庭（主郭想定地） …… 154
36 日近城 岡崎市桜形町 …… 158
37 山中城 岡崎市羽栗町・舞木町 …… 162
38 室城 西尾市室町城山 …… 166
39 東条城 幡豆郡吉良町駮馬字城山・東条 …… 170
40 寺部城 幡豆郡幡豆町大字寺部字堂前 …… 174
41 竹谷城 蒲郡市竹谷町泉 …… 178
42 上之郷城 蒲郡市神ノ郷町城山 …… 182
43 岩略寺城 豊川市長沢町御城山 …… 186
44 茂松城 豊川市御津町広石高坂 …… 190
45 五葉城 新城市富岡字南川 …… 194
46 萩平山城 豊橋市石巻萩平町字城山 …… 198
47 月ヶ谷城 豊橋市嵩山町字山軍場 …… 202
48 赤岩城 豊橋市多米町字赤岩山 …… 206
49 船形山城 豊橋市雲谷町字上ノ山 …… 210
50 和名の城 田原市堀切町 …… 214


## 番外編 愛知の平城ベスト17

### 尾張の平城


101 犬山城 犬山市大字犬山字北古券 …… 220
102 岩倉城 岩倉市下本町城址 …… 224
103 清須城 清須市清洲、一場、朝日他 …… 228
104 守山城 名古屋市守山区守山字市場 …… 232
105 名古屋城 名古屋市中区本丸 …… 236
106 沓掛城 豊明市沓掛町東本郷 …… 240
107 知多大草城 知多市大草字東屋敷 …… 244
108 緒川城 知多郡東浦町大字緒川字古城・羽城他 …… 248


### 三河の平城


109 丸根城 豊田市野見町七丁目 …… 252
110 安城城 安城市安城町赤塚・城堀 …… 256
111 岡崎城 岡崎市康生町 …… 260
112 長篠城 新城市長篠字市場・岩代 …… 264
113 野田城 新城市豊島字本城 …… 268
114 牧野城 豊川市牧野町大藪・丁畑 …… 272
115 瀬木城 豊川市瀬木町郷中 …… 276
116 吉田城 豊橋市今橋町ほか …… 280
117 田原城 田原市田原町 …… 284

あとがき
愛知の山城を楽しむ参考図書

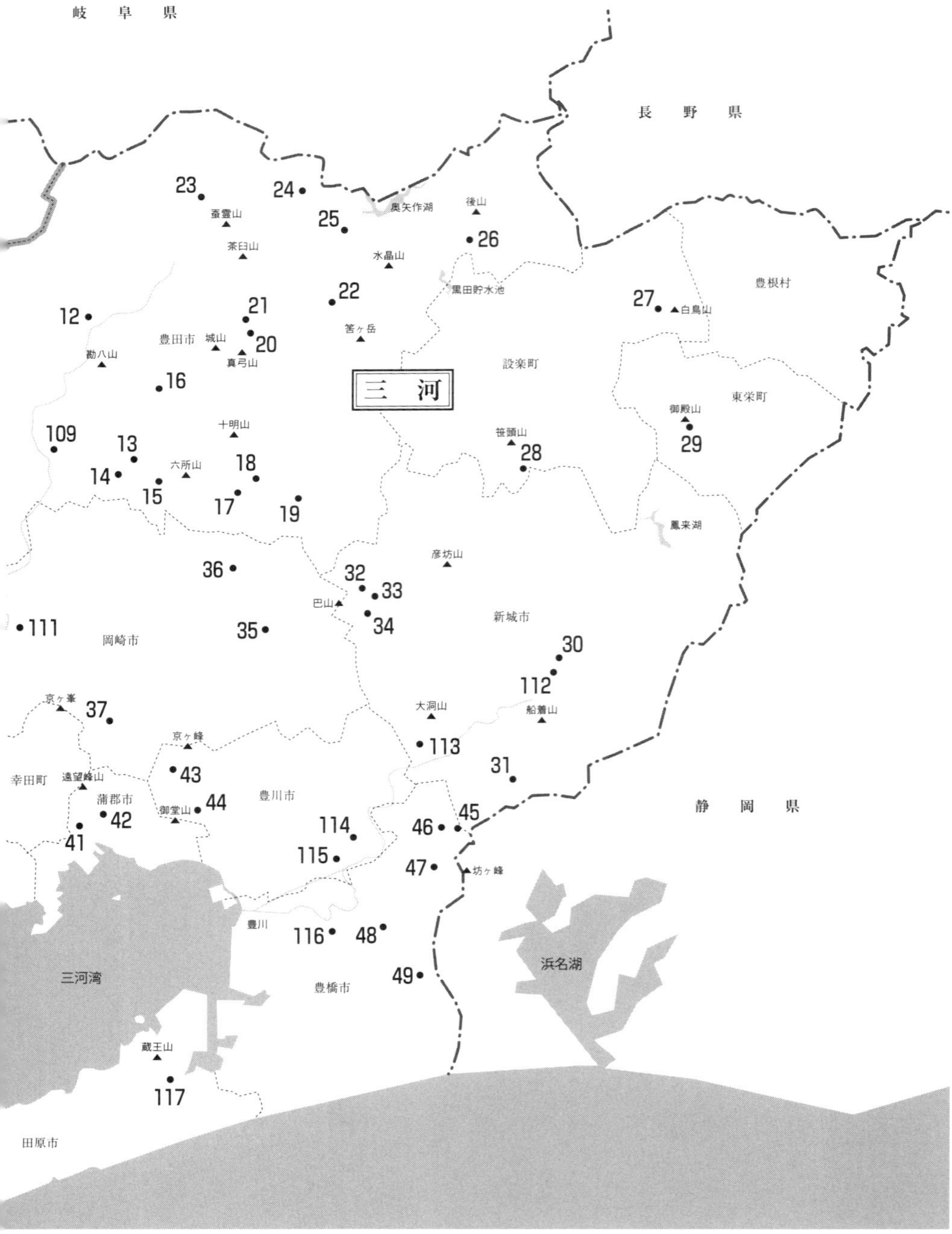
岐阜県
長野県
静岡県
三河
23
24
25
26
22
21
20
12
16
109
13
14
15
18
17
19
27
28
29
36
32
33
34
35
111
30
112
113
31
37
43
44
42
41
45
46
47
114
115
116
48
49
117
蚕霊山
茶臼山
水晶山
後山
奥矢作湖
黒田貯水池
白鳥山
豊根村
豊田市
城山
真弓山
勘八山
筈ヶ岳
設楽町
東栄町
御殿山
十明山
笹頭山
六所山
鳳来湖
彦坊山
巴山
新城市
岡崎市
京ヶ峯
大洞山
船着山
京ヶ峰
幸田町
遠望峰山
蒲郡市
豊川市
御堂山
坊ヶ峰
豊川
三河湾
豊橋市
浜名湖
蔵王山
田原市

# 尾張・三河国掲載城郭一覧

## 愛知の山城ベスト50

| | | |
|---|---|---|
| 尾張の山城 | 1 | 小牧山城 |
| | 2 | 一色山城 |
| | 3 | 新居城 |
| | 4 | 長久手大草城 |
| | 5 | 岩崎城 |
| | 6 | 末森城（末盛城） |
| | 7 | 大高城 |
| | 8 | 大野城 |
| | 9 | 河和城 |
| | 10 | 阿久比城 |
| 三河の山城 | 11 | 福谷城 |
| | 12 | 西広瀬城・東広瀬城 |
| | 13 | 松平城山城 |
| | 14 | 大給城 |
| | 15 | 松平城 |
| | 16 | 則定椎城 |
| | 17 | 大沼城 |
| | 18 | 孫根城 |
| | 19 | 大桑城 |
| | 20 | 足助城 |
| | 21 | 城山城 |
| | 22 | 千ノ田城 |
| | 23 | 市場城 |
| | 24 | 小渡城 |
| | 25 | 槇本城 |
| | 26 | 武節城 |
| | 27 | 津具城 |
| | 28 | 田峯城 |
| | 29 | 設楽城 |
| | 30 | 医王寺城 |
| | 31 | 宇利城 |
| | 32 | 文殊山城・賽之神城 |
| | 33 | 古宮城 |
| | 34 | 亀山城 |
| | 35 | 滝山城 |
| | 36 | 日近城 |
| | 37 | 山中城 |
| | 38 | 室城 |
| | 39 | 東条城 |
| | 40 | 寺部城 |
| | 41 | 竹谷城 |
| | 42 | 上之郷城 |
| | 43 | 岩略寺城 |
| | 44 | 茂松城 |
| | 45 | 五葉城 |
| | 46 | 萩平山城 |
| | 47 | 月ヶ谷城 |
| | 48 | 赤岩城 |
| | 49 | 船形山城 |
| | 50 | 和名の城 |

## 愛知の平城ベスト17

| | | |
|---|---|---|
| 尾張の平城 | 101 | 犬山城 |
| | 102 | 岩倉城 |
| | 103 | 清須城 |
| | 104 | 守山城 |
| | 105 | 名古屋城 |
| | 106 | 沓掛城 |
| | 107 | 知多大草城 |
| | 108 | 緒川城 |
| 三河の平城 | 109 | 丸根城 |
| | 110 | 安城城 |
| | 111 | 岡崎城 |
| | 112 | 長篠城 |
| | 113 | 野田城 |
| | 114 | 牧野城 |
| | 115 | 瀬木城 |
| | 116 | 吉田城 |
| | 117 | 田原城 |

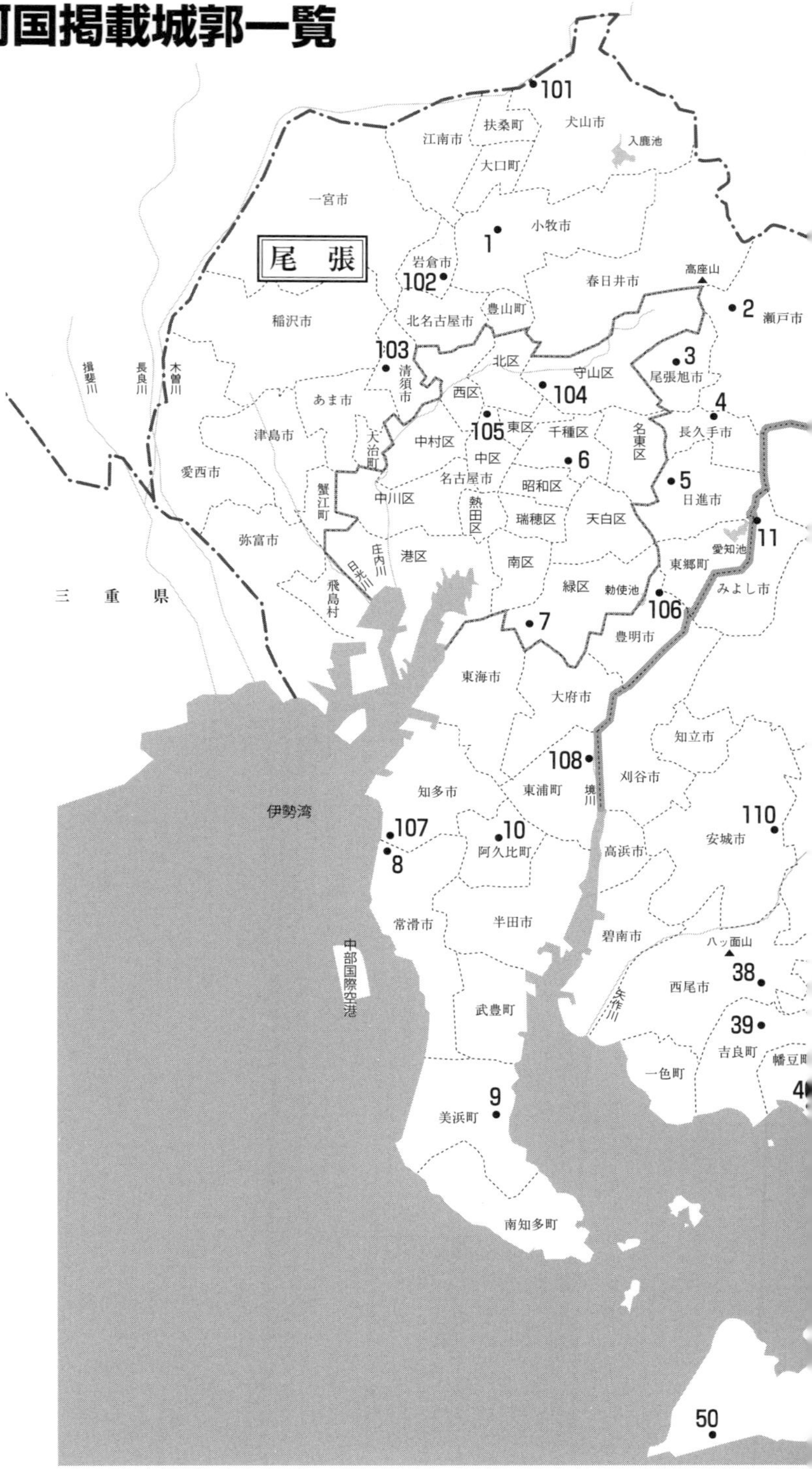

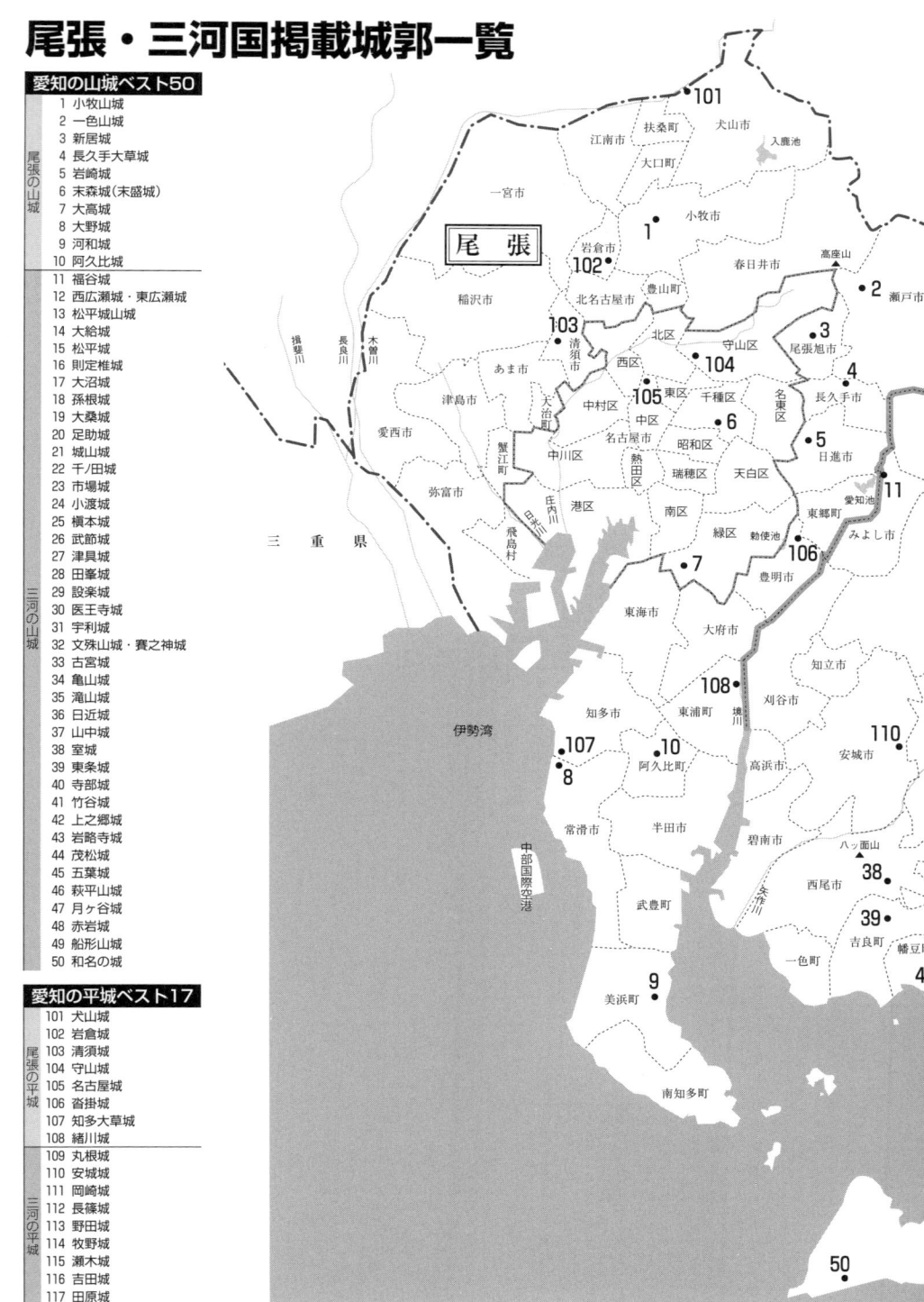

以下、各城の名称の下にある★印は、三段階で登城難易度を示している。

# 愛知の山城ベスト50を歩く

# 1 小牧山城《こまきやまじょう》 ★

**所在地**　小牧市堀の内
**築城時期**　永禄六年（一五六三）〈改修〉天正十二年（一五八四）
**標高**　八六m
**主な遺構**　曲輪　土塁　空堀　横堀　虎口　石垣　土橋　井戸

小牧山城は、尾張平野北東部に位置する独立丘陵・小牧山に築かれた山城である。約二一ヘクタールの山全体に多くの城郭遺構がのこり、公園として山中の園路等も整備されているため、観察・踏査はさほど困難ではない。山頂からは尾張平野が一望でき、眼下に広がる小牧市街や名古屋空港はもちろんのこと、晴天の日には名古屋市街、岐阜城、御嶽山までも望める。いわゆる戦国三英傑（織田信長・豊臣秀吉・徳川家康）がいずれも関わる城というこどもあり、知名度の高い城である。

永禄六年（一五六三）、織田信長は美濃攻略の戦略拠点として小牧山に城を築き、清須城から居城をうつした。城と並行して小牧山南麓を城下町として計画的に整備し、家臣や商工業者を移住させた。永禄十年（一五六七）、信長は美濃の斉藤龍興《たつおき》を攻略し、稲葉山城（岐阜城）に移ったため、小牧山城は廃城となる。在城期間はわずか四年であるが、近年の発掘調査や研究により織豊系城郭の中では最も古い段階の本格的な城と城下町であることがわかってきた。一七年後の天正十二年（一五八四）三月に起きた小牧・長久手の合戦では、徳川家康と織田信《のぶ》雄《かつ》連合軍が小牧山城に大規模な改修を加え陣城とし、羽柴（豊臣）秀吉軍と対峙した。両軍の主力が小牧山周辺にあったのは同年三～四月の約二カ月間だが、このとき小牧山城周辺では大きな合戦はなく、同年十一月、和議の成立に伴い小牧山城は再び廃城となる。

江戸時代に入ると小牧山は尾張藩の所領地となり、「神君家康公御勝利御開運の地」として一般の入山は厳しく制限され、明治以降も尾張徳川家の手厚い保護を受けたため、山中の城郭の遺構が極めて良好な状態でのこるこ

小牧山城（提供：小牧市教育委員会）

ととなった。昭和二年には小牧山が国指定史跡となり、同五年尾張徳川家から小牧町（当時）に寄贈された。

小牧山城の縄張はかねてから安土城との類似性が指摘されている。虎口Aから直線的に伸びる大手道とその両側に作られた曲輪群、主郭Iをめぐる斜面に築かれた石垣などである。天正期の改修による横堀Bや土塁Dなども良好な状態で観察することができ、城郭研究の上で貴重な資料となっている。小牧山城は機能等により以下の五地区に大別できる。

【主郭地区】山頂の主郭Iを中心とする曲輪群で山中腹の横堀Bなどで囲い込まれる地区である。大手道は南から直進して中腹に達し、横堀Bに沿うように右に折れ、九十九折《つづらおり》に屈曲しながら主郭Iに至る。大手道以外に尾根上の土橋Cを渡り西から入る道がある。山頂には昭和四十三年に建設された模擬天守（小牧市歴史館）が建っており、小牧山に関する歴史の展示や展望施設がある。主郭I西側斜面には自然石を用いた野面積みの石垣が一部露頭している。この石垣は織田信長築城時のものであ

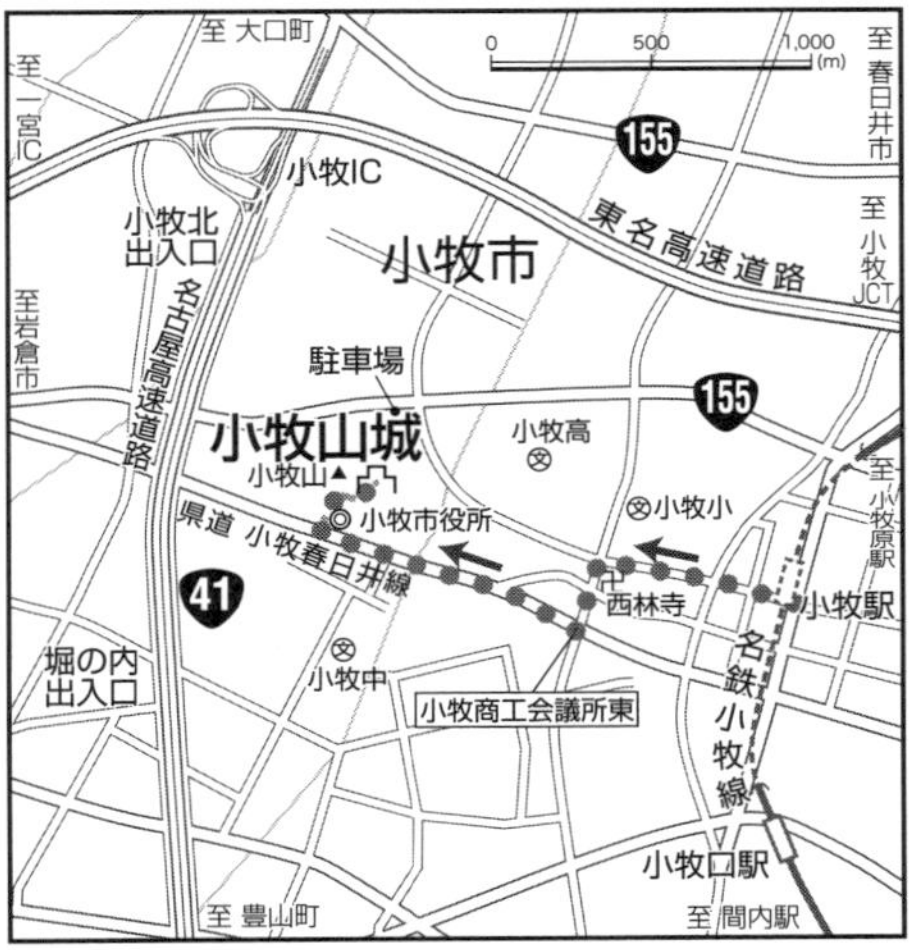

小牧山城へのアクセス
名鉄小牧線小牧駅から西へ徒歩25分。または小牧駅から名鉄バス・小牧巡回バスで小牧市役所前バス停下車すぐ。車利用の場合、東名高速小牧ICから5分。

る可能性が高く、城郭史における小牧山城の先進性を伺わせる。

【西側曲輪地区】主郭地区西の尾根上の曲輪群で、部分的に横堀によって囲まれる地区である。曲輪群は山中央部から北西に伸びる尾根に作られた群と南西に伸びる尾根に作られた群に分けられる。これらの曲輪群は主郭地区を西側から防御する目的で作られたと考えられる。

発掘中の主郭Ⅰ石垣（提供：小牧市教育委員会）

【大手曲輪地区】小牧山南斜面の中腹から山麓にかけて大手道の左右に築かれた巨大なテラス状の曲輪群からなる地区である。山中最大の曲輪Ⅱは「桜の馬場」と呼ばれ、現在遊園地として利用されている。

【西側谷地区】北西山麓にある曲輪Ⅲ「屋敷跡伝承地」を中心とした谷筋に築かれた曲輪群からなる地区である。曲輪Ⅲで行われた発掘調査では中世にさかのぼる寺院跡と思われる遺構が確認された。この寺院は織田信長の築城により城郭の外へ移転させられたと推定されている。

【帯曲輪地区】二重の土塁D・Eと空堀の内側、山の麓を取り巻くように配置された曲輪群で構成される地区である。東帯曲輪地区で行われた調査では堀で囲まれた一辺四五メートルの曲輪群や井戸を確認し、永禄期の武家屋敷群跡と推定されている。曲輪Ⅳは一辺七五メートルと帯曲輪群のなかでも最大規模で、他の曲輪にはない土塁を備えていることなどから、信長居館として使われた可能性が高い。天正期の遺構としては土塁D・E、虎口F（搦手口）・Gなどがあり、おそらくはここに軍勢を収容し城全体、特に羽柴軍と対峙する北東方向の防御を高める目的で使用したと考えられる。東帯曲輪地区は現在史跡公園として開放されており、前述の堀や虎口、土塁の断面などが解説とともに復元展示されている。（小野友記子）

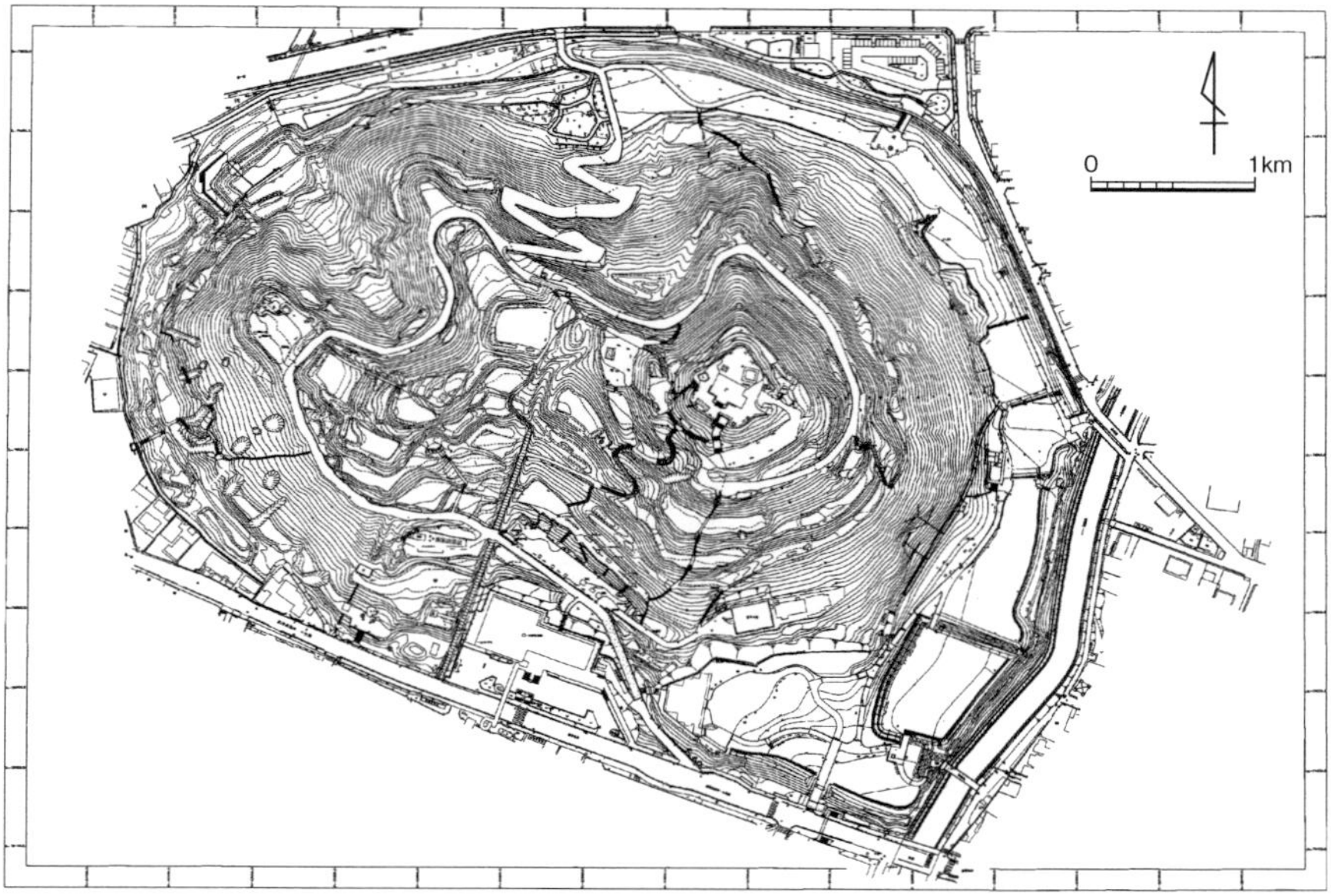


小牧山城現況測量図

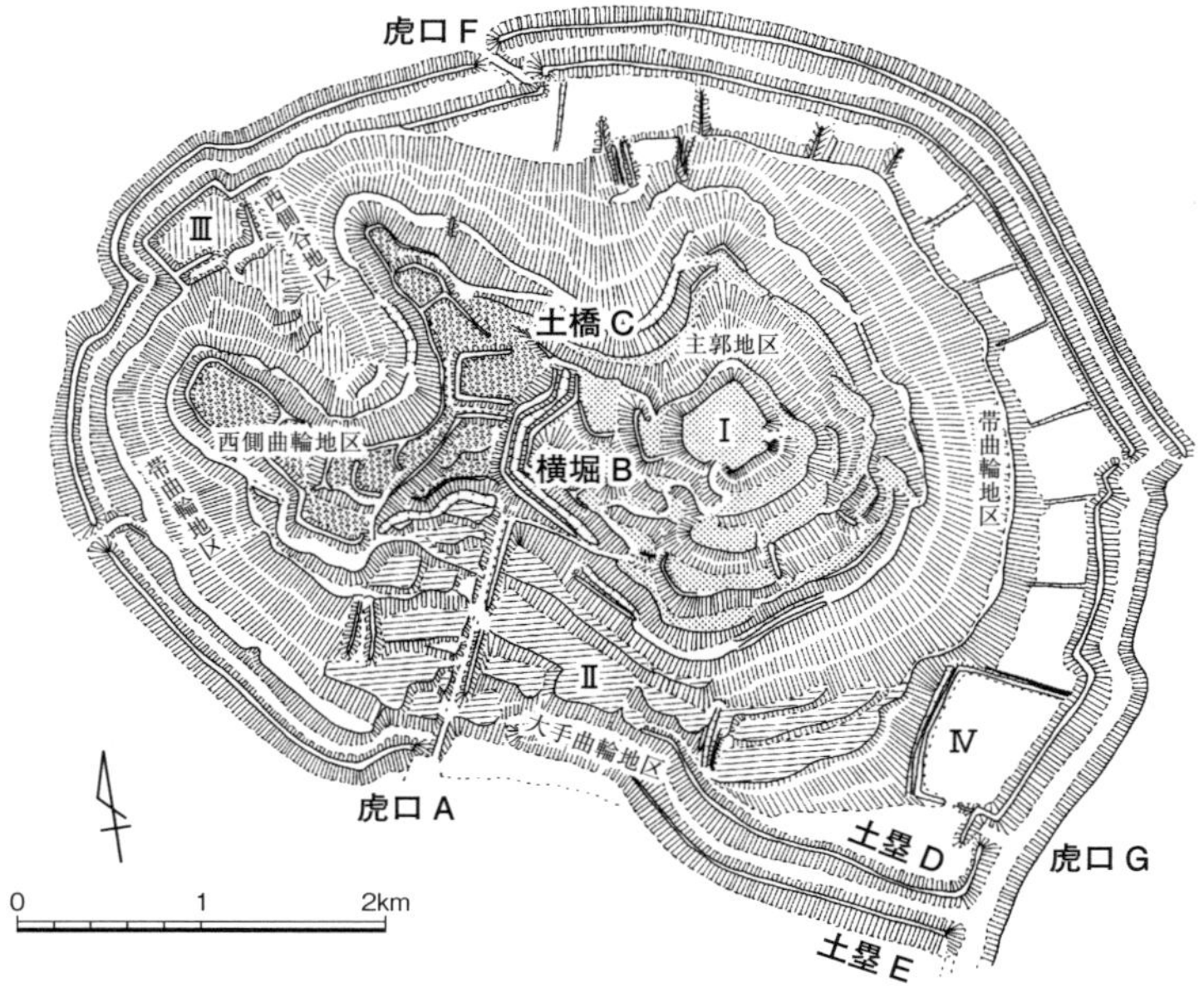


小牧山城縄張図（作図：中嶋　隆）

# 2 一色山城《いっしきやまじょう》 ★★

**所在地**　瀬戸市川平町
**築城時期**　十六世紀
**標高**　二四〇m
**主な遺構**　曲輪　虎口　土塁　堀切

『尾張国名所図会』に金《こがね》神社の裏の山に「磯村左近城址」として書かれている。これが一色山城である。また、『尾陽雑記』には「水野。城。東西。南北。近は磯村左近居之云々。承久記。山田重忠か手、水野左近荒左近居與。大金太郎。五万石ノ城と云、城主これより科野へうつる」とある。一色山城は、このように別名「五万石の城」とも言われ、従来はその位置があまり知られていなかった山城である。

瀬戸市北部の川平町周辺には、『瀬戸市内遺跡群細分布調査報告書』によると一色山城の他にシンド山城、大平山城等があったとされるが、正確な場所の比定がされておらず、混乱が見られたが、一色山城の位置は最近判明した。

一色山城がいつ築かれたかはよくわからないが、『張州府志』の感応寺《かんのうじ》の項に「天文八巳亥年。同邑一色山城主磯邑左近見其衰廃」とあり、その頃には城があったようだ。

一色山城については、地元に興味深い伝説が伝えられている。天文三年（一五三四）に磯村左近が感応寺の和尚と囲碁の対戦中に品野秋葉城主松平家重と落合城主戸田家光が攻め寄せてきた。左近は悠々と碁を打ち終わると駆けつけ奮戦したが、討ち死にした。その地を勝負が沢（菖蒲ケ沢）という。

また、磯村左近に倶姫という美しい姫がいたが、家宝の金鶏を抱いて城内から走り出て大井戸に身を投げて死んだという。それ以来毎年正月の早朝に一色山の頂上で鶏がときを告げたという。

以上は、伝説ではあるが、天文三年（一五三四）は守山崩れで松平清康が急死する前年であり、松平家重は桜井松平信定の子である。桜井松平氏は品野城《しなのじょう》（瀬戸市）も領していて、この当時にこの辺りでも松平氏との戦いのあったことがわかる。

　一色山城に行くには、県道定光寺《じょうこうじ》・山脇線を定光寺方面に上り、定光寺ほたるの里と書かれた看板辺りから、しばらく県道を歩いていくとよい。二つ目の四〇キロ制限の標識付近より左手の尾根に取りついて、そこより逆に今来た方向に戻るように城ケ根と呼ばれている尾根の先端に向かっていく。

　Ｉが主郭である。細長い曲輪で二段になっており、中央部付近には高さ五〇センチほどの櫓台状の土壇がある。このすぐ下に虎口があるが、ここから背後の尾根に連絡するルートがあったと思われる。曲輪の尾根続きは切岸

南側から一色山城跡を望む

**一色山城へのアクセス**
名鉄瀬戸線新瀬戸駅からバスで上水野バス停下車、徒歩40分。駐車場なし。車利用の場合、瀬戸市内から県道207号を北上、ほたるの里看板から2つ目の40km制限標識が登城口。

を設けているが、堀切を設けてはいない。Aは枡形虎口になっている。

Ⅱは馬出曲輪であり。Ⅰとの間は堀切が入るが、傾斜した土橋で連絡をしている。Bは不明瞭ではあるが、枡形虎口状になっている。

主郭虎口

Ⅲはゆるやかに傾斜しているが、先端部には四メートル四方の枡形虎口がある。

尾根の東側は急斜面となるが、西側は比較的緩斜面となるために腰曲輪をめぐらせている。

伝説にある倶姫が身を投げた大井戸は付近にはみあたらず、よくわからない。

このように一色山城は比較的規模は小さいものの枡形虎口と馬出を備えたメリハリの利いた縄張である。

城の築かれた場所も峠に近く、交通の要地に位置している。集落からは奥まった場所にあり地域支配の城とは考えにくい。伝説にあるように戦国期に松平氏と磯村氏との合戦があったであろうが、現在見られる遺構は馬出曲輪や枡形虎口がみられることから戦国期末期に改修を受けたことを物語っている。

一色山城は従来その正確な場所も不明だったために石碑はおろか案内看板もない城である。しかし、遺構の残る城の少ない尾張地区では堀切や虎口がよく残っている大変貴重な城である。訪ねてみることをおすすめする。

（石川浩治）

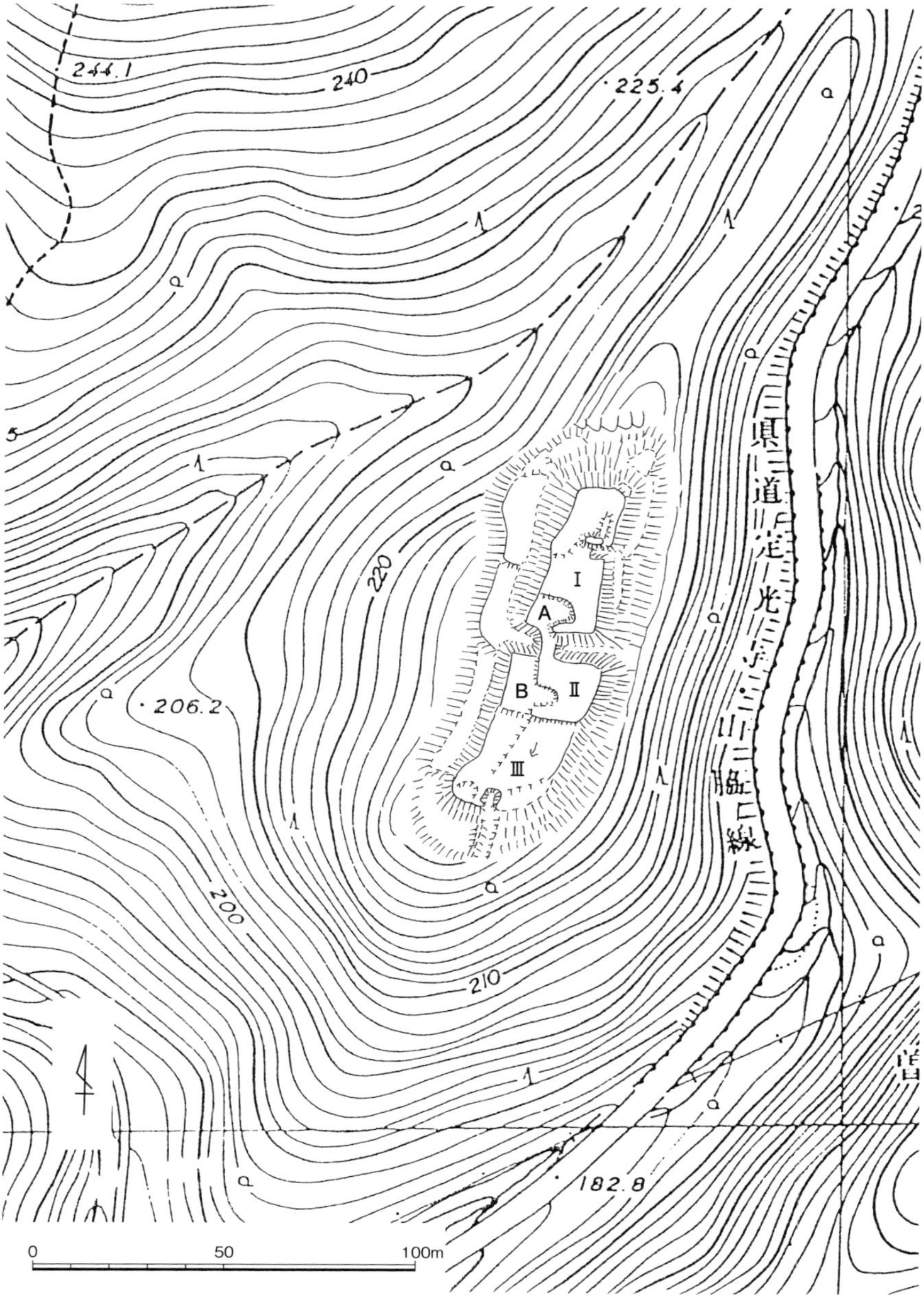


一色山城跡概要図（作図：石川浩治）

# 3 新居城《あらいじょう》 ★

**所在地** 尾張旭市城山町長池下
**築城時期** 十四世紀
**標高** 六〇m
**主な遺構** 曲輪　土塁　堀切

昭和三十年代まで尾張地方の平地城館は、堀・土塁を残すところが多かった。昭和四十年前後の圃場《ほじょう》整備や開発行為によって急激に地表面から姿を消していった。その中で尾張旭市では圃場整備が遅れたこともあり、昭和五十年頃まで遺構を残す城郭が多かった。市内の狩《かり》宿《じゅくじょう》城、瀬戸川城、渋川城、井田城、印場城《いんばじょう》が該当する。しかしこれらの城郭も発掘調査がなされた後、消滅した。狩宿城を初めとする五城が平地城館であったのに対し、唯一丘陵上に選地しているのが新居城である。新居城は破壊された部分が存在するものの、今となっては市内で唯一遺構を残している。

新居城は『尾張徇行記《じゅんこうき》』によれば水野宗国によって築かれた。宗国の高祖父にあたる水野良春は康安元年（一三六一）志段味《しだみ》（名古屋市守山区）より移住し、退養寺（新居城の北東約六〇〇メートルの位置）を創建した。宗国は近隣の大森城（名古屋市守山区）主尾関氏と争ったという。永禄頃（一五五八～一五七〇）には水野才蔵、元亀頃には水野宗信が城主であったと伝えている。

城跡は「城山」と呼ばれる比高約二〇メートルの丘陵上にある。南側麓には天守風の休息施設「旭城」があるから位置はわかりやすいであろう。現在城山公園となり、弓道場やテニスコート等が設けられ、破壊された部分が多い。それでも一部ながら堀・土塁を残している。

主郭Ⅰは、東側から南側を上幅約四メートル、高さ二メートル前後の土塁Aによって囲まれている。土塁Aは緩やかに湾曲している。

やや離れた位置にある土塁Bも、元は土塁Aとつながっていた。つまり土塁A～土塁Bによって囲まれる東

新居城主郭土塁

西約五〇メートル、南北約七〇メートルの範囲が主郭Iである。西側は弓道場建設に伴って大きく掘削を受けているが、東側は比較的旧状を保っている。曲輪面に相当する部分は西に向かって緩やかに傾斜しており、平坦さを欠いている。土塁Aと土塁Bとでも約二メートルの比高差を持っている。連続した土塁ながら、西側へ向かって下降していたことがわかる。

現在テニスコートとなる部分から西側の道路付近にかけては、かつて副郭というべきII郭が存在していた。主郭IとII郭は高さ約一メートルの切岸によって区画され、II郭の南・西は二～三メートルの切岸で区画されていた。II郭北側は上幅約三メートル、高さ約三メートルの土塁によって区画されていた。

**新居城へのアクセス**

名鉄瀬戸線尾張旭駅から北西方向へ徒歩約20分。城山公園あるいは天守風の休憩所「旭城」を目指す。「旭城」から徒歩3分で主郭部に至る。

Ⅱ郭北側の土塁は、土塁Bの延長上に伸びていた。そしてC付近で幅約六メートルの開口部を持っていた。C付近が虎口跡と考えられる。

　方向を転じて土塁Aの外側となるⅢ付近には、幅一〇メートル前後の平坦な地形が広がる。

Ⅲから北側にあるスカイワードあさひ（展望台）方向へ続く道が伸びているが、途中に土橋状となったDがある。鞍部になった部分にDは存在するが、付近は堀切跡に相当する。E付近に下り立ち、北側にあるDを見上げれば堀切の肩が確認できるはずである。

新居城堀切（正面のフェンス付近）

　今を去る二五年ほど前、筆者はD部分に土橋があったことを確認している（ただし後世の破壊道と思われる）。またEの堀切の内側、Ⅲ部分には幅三メートルほどの土塁が伸びていた。今ひとつ土塁が存在することにより、土塁Aの外側は二重堀切になっていたのである。背後のスカイワードあさひが建つ部分の方が地形的に高いため、背後の遮断を強化していたと考えられる。付近はその後の公園工事により破壊・改変を受けた模様である。

　なお城山公園建設時の昭和五十一年にⅡ郭の一部は発掘調査されている（尾張旭市教育委員会『尾張旭市の古窯』、昭和六十二年）。古代の窯跡が出土しているが、その上部を造成して曲輪面が形成されていることが判明した。また北側の土塁は地山を平坦に造成した後、外側端部に小さな土塁を築いている。そして小さな土塁を覆い隠すように土塁本体を築いていた。土塁の造成は、崩れにくくなるよう、さらに高くなるよう、念入りに築かれていた様子が知られる。その一方主郭Ⅰ内部は傾斜を伴っている。居住性は二の次で、塁線の構築が重視されていたわけである。多くの遺構が失われた今となっては想像に頼るしかないが、主郭Ⅰは軍事性を専一とする詰城で、Ⅱは居館部であったのかもしれない。（髙田　徹）

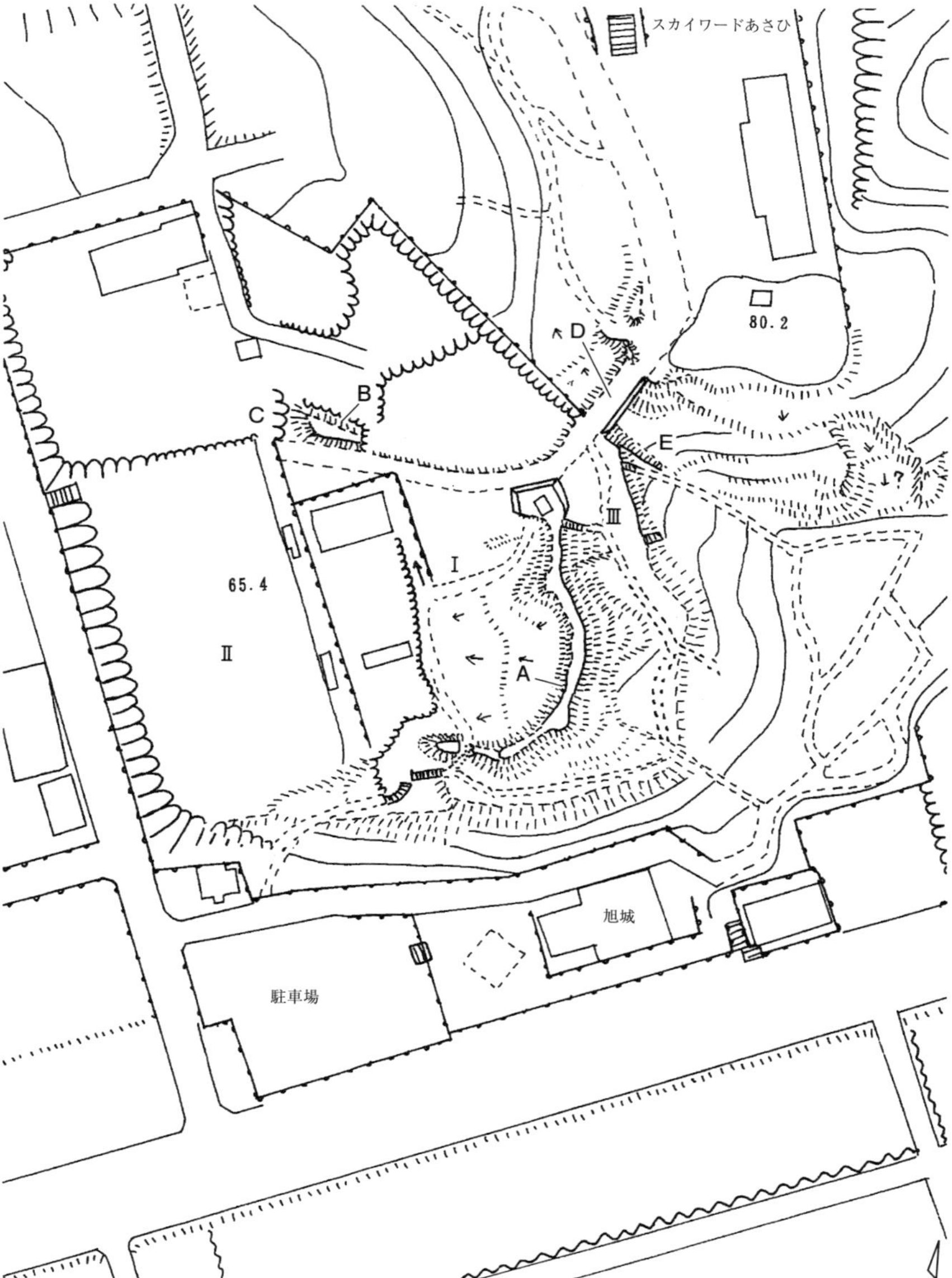


新居城跡概要図（作図：高田　徹）

# 4 長《なが》久《く》手《て》大《おお》草《くさ》城《じょう》 ★

**所在地** 長久手市熊張字溝之杁
**築城時期** 戦国期
**標　高** 一〇〇m
**主な遺構** 曲輪　土塁　堀切

愛知県内には大草城と呼ばれる城郭が幸田町、小牧市、知多市、長久手市に存在する。豊田市の市場城も別名を大草城という。本書では知多市と長久手市にある大草城を収録するが、便宜上前者を知多大草城、後者を長久手大草城と呼称する。

ここで取り上げる長久手大草城は、謎の多い城郭である。江戸期に尾張藩によって編まれた『尾張志』には二〇間四方（約三五メートル四方）の規模で、城主は福岡新助であったと記している。西と北は山を背にし、東と南は深い谷に面していたという。当時、付近には「城之内」の呼称を残していたとする。江戸期成立の尾張地方の地誌類は『尾張志』以外にも存在するが、当城を取り上げたものは他に見当たらない。近代になって明治十三年に刊行された『尾張国愛知郡熊張《くまばり》村誌』には、熊張村西方の高岡にあり、東西約二二間、南北三四間の規模であったとする。城主は福岡新助であり、当時はすでに畑になっていたと記している。

ところで約二〇年前までは地元で城跡と伝えられていたのは、Ⅰ部分である。比高約一六メートルの丘陵頂部にあたり、南北約五〇メートル、東西約一〇メートルの平坦地がある。Ⅰも含めた周辺部は耕地であった頃の痕跡を残している。したがってⅠの規模・形態は耕地利用に伴う改変が予想できるものである。

もっともⅠは西・北・南への眺望が優れているが、はっきりとした城郭遺構を止めていない。むしろ城郭らしさを伝えているのは、Ⅰから南西へ約五〇メートル、丘陵の先端部にあたるⅡ一帯である。

Ⅱ内部は現在畑となっていて、北側には高さ約二メートルの土塁Aが見られる。また南西部にも高さ約一メートルの土塁状の高まりBがある。聞き取りによれば、Bの上面が、かつてのⅡ内部の高さであったという。明治期にⅡ内部を掘り下げた際、掘り残されたのがBらしい。

長久手大草城堀切

土塁Aの北側には深さ約七メートル、幅約一五メートルの堀切Cが見られる。堀切Cの東側上部には倉庫が建っている。倉庫は、堀切Cの一部を埋めて造成した上に建設されているという。倉庫からは南西方向、土塁Aからは北東方向にあたる部分には、土橋状となった道Dがついている。道Dは近代以降に造られていると言われ、事実明治期作成の地籍図にも記されていない。道Dの東側にも堀状の凹地が認められ、元は堀Cが続いていた形跡がある。

以上の点からⅡ部分は北側に土塁を巡らし、その外側には背後の丘陵続きから分離するように堀切Cを設けていたと考えられる。後世の破壊・改変を差し引いても、ⅡからⅠへの連絡路、つなぎとなる虎口・曲輪は見あた

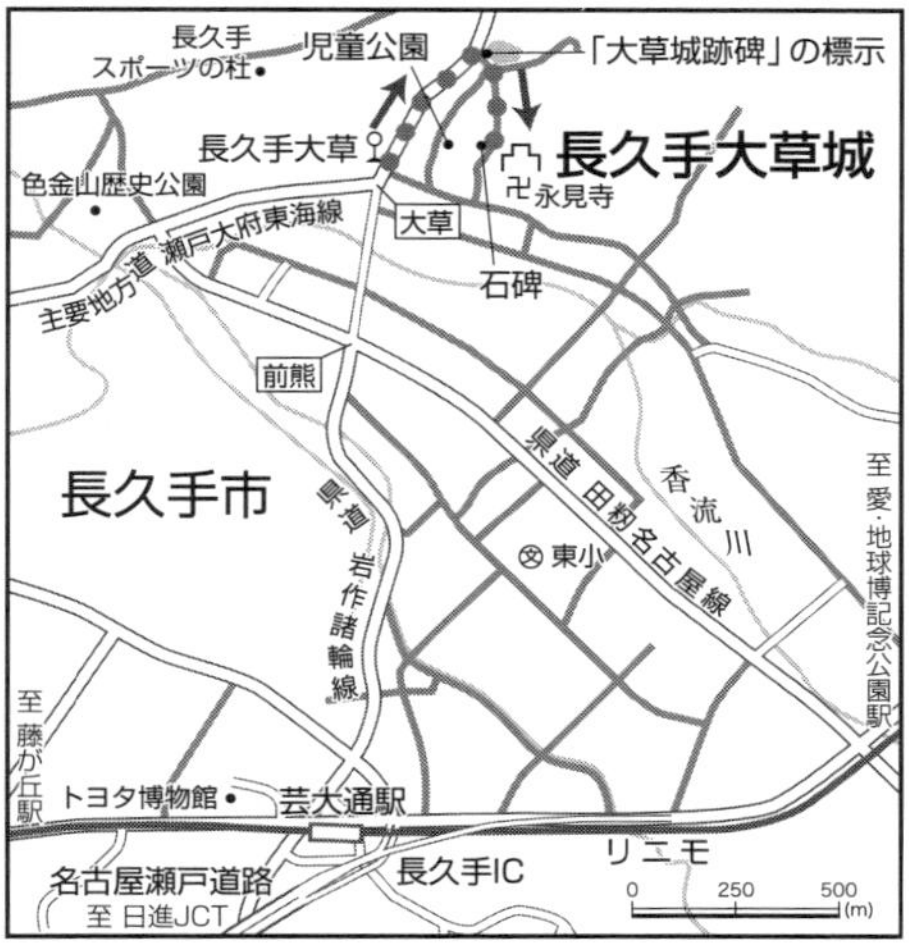


**長久手大草城へのアクセス**

名古屋市営地下鉄東山線藤が丘駅から名鉄バス瀬戸駅前行きに乗車し、約40分で長久手大草バス停下車。県道57号を北上し、右手に見える池脇の「大草城跡碑」の標示に従い、徒歩5分で石碑の建つ場所に至る。

らない。Ⅱは単独で機能する曲輪であったと考えられる。

同様の立地・縄張となる城郭は、小牧市の大草城、みよし市の福谷城の蔵屋敷があげられる。いずれも背後に高所があり、福谷城では高所部分が主郭となっている。集落に近い丘陵（尾根）先端に位置する点でも、この二城と共通する。いずれも居館的な性格が考えられる。

長久手大草城伝承地のⅠ（正面）

Ⅱに居館的な機能が考えられるとすれば、ⅠはⅡに対する詰城、もしくはそれに準じた空間と捉えられなくはない。後世に耕地化されるに及び、城郭遺構が破壊された可能性も考えられるであろう。

さて昭和六十二年に長久手町教育委員会から『大草城跡地形測量等報告書』が刊行されている。同書の内容はそれまで理解されていた大草城の広がり、歴史と大きく懸け離れている。城域を東方の熊野社や背後のⅣ部分も含めた広範囲とし、Dを堀切と捉えている。確かに平坦な地形はⅣ部分にも広がるが、基本的に畑跡である。Dは尾根を断ち切っておらず、堀切とは評価しがたい。

同書は近代成立の前熊寺《ぜんもうじ》（長久手町）寺伝から、城主に森長可《ながよし》を比定する。長可は美濃金山城《かねやまじょう》（岐阜県可児市）主であり、当地に所領を持っていたり、城郭を構えていたとは到底考えられない。良質な史料による裏付けを持たないのである。現在熊野社西側に「大草城趾」石碑が建つが、石碑が建つ場所も城域として大いに疑問である。

なおⅠ一帯は樹木が刈り払われ、ベンチも置かれていて一見公園のようであるが、私有地である。不用意に立ち入らないように注意したい。Ⅱへも私道を通らないと近づけない。西側にある大草児童公園から堀Cを見上げる程度に止めておきたい。

（髙田　徹）

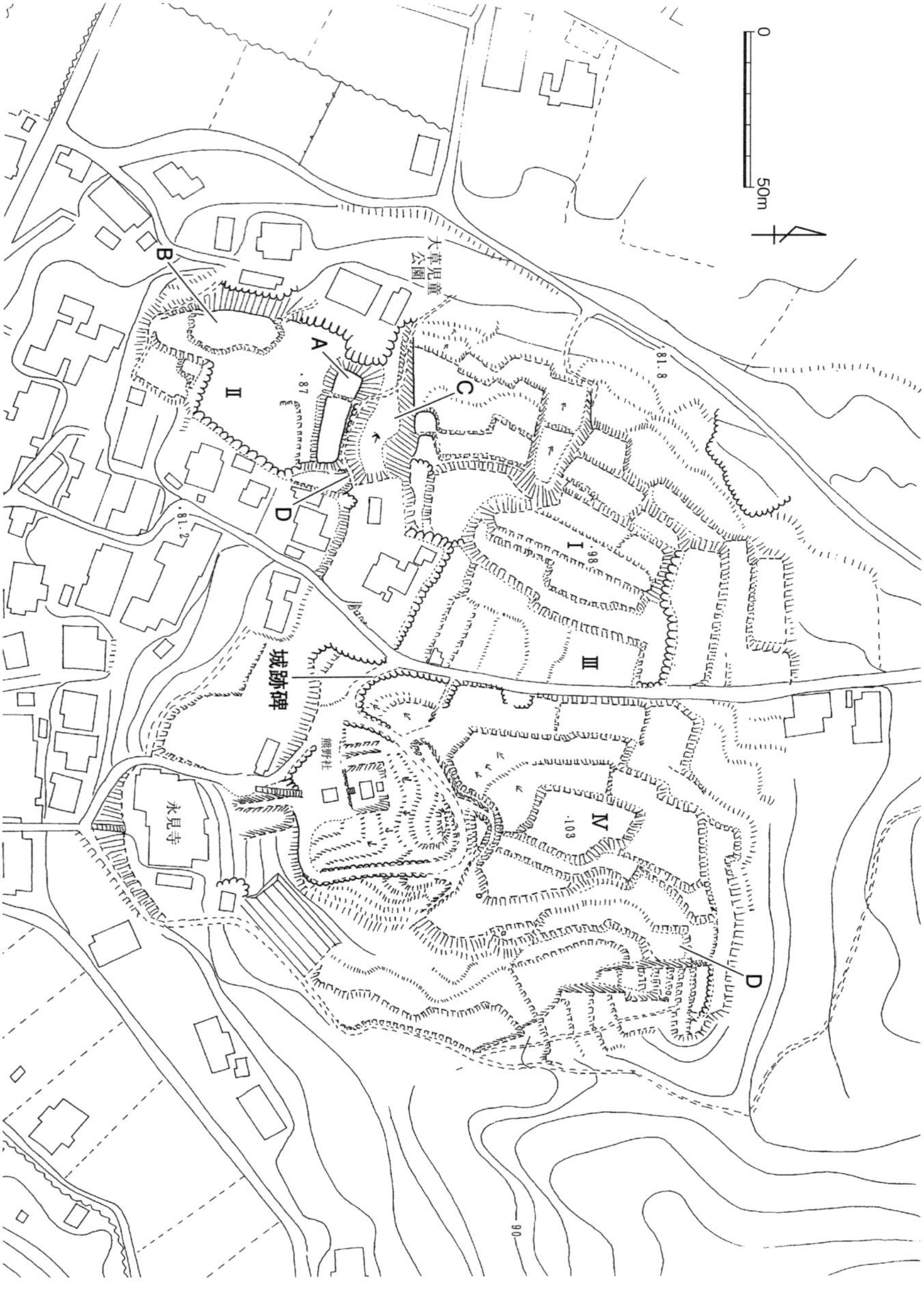


長久手大草城跡概要図（作図：髙田　徹）

# 5 岩崎城《いわさきじょう》 ★

**所在地** 日進市岩崎町市場
**築城時期** 十六世紀初頭
**標　高** 六六m
**主な遺構** 曲輪　土塁　空堀　馬出　井戸跡

岩崎城は名古屋市の東、日進市岩崎町にある平山城である。築城された年代は定かではないが十六世紀初頭頃に織田家によって築城されたのではないかと考えられている。現在は日進市を南北に走る県道瀬戸大府東海線により分断されているため独立した丘のように見えるが、当時は名古屋市名東区から日進市の北西部に広がる丘陵の突端にあり、堀切により区切られていたと考えられている。岩崎の地は三河国に程近く挙母《ころも》道や伊保《いぼ》道といった裏街道が通り、また丹羽家の功績を記した『丹羽氏軍功録』に「要害四望之地」と記されるように周囲を見渡せる場所にあるため、尾張の織田家にとっても三河の松平家にとっても重要な場所であった。

築城当時の状況は定かではないが、『本多家系譜』や『三河物語』には松平清康が二〇歳の頃（一五三〇年頃）に岩崎を切り取ったとあるため、それよりも前には築城されていたのではないかと考えられる。その後清康が守山崩れにより亡くなったことで岩崎城は空き城となり、天文七年（一五三八）頃岩崎城の南約一キロ先にある本郷城主であった丹羽氏清が岩崎城に入城したようである。その後この丹羽氏が岩崎城を本城に現在の日進市、長久手町、東郷町に勢力を拡大させたようである。

岩崎城が最もクローズアップされるのが天正十二年（一五八四）に始まった小牧・長久手の合戦である。この合戦で四代目城主であった丹羽氏次は徳川家康、織田信雄に従い小牧山にいたため、岩崎城は城主の弟氏重（傍示本《ほうじもと》城主）が城代として城を守っていた。そこへ三河中入り作戦のため岡崎へ向かっていた池田恒興隊と戦になりおよそ三〇〇名の城兵は全員討死にしたとされる。

しかし、この戦において足止めされた池田恒興や森長可はその後の長久手の戦いに敗れ戦死することになり、氏重は長久手の戦いにおける織田、徳川軍の勝利に大きく貢献したと言える。その後の岩崎城は不明な部分が多いが丹羽氏次は勢州に六〇〇〇貫の所領を受けたことで北伊勢へ移動したと考えられており、岩崎城は織田信雄の支配下にあったものと思われる。信雄が下野に配流になってからは豊臣秀次、次いで福島正則と尾張に入っている。そして慶長五年（一六〇〇）関ヶ原の合戦の際、家康の命により再び丹羽氏次が岩崎城の守りに入り岩村城（岐阜県恵那市）田丸氏との戦や関ヶ原の合戦で戦功をあげる。この小牧・長久手の合戦と関ヶ原の合戦での貢献が認められ、伊保一万石の大名となり城主のいなくなった岩崎城は廃城となったようである。

土橋から主郭を望む。正面は模擬天守

昭和六十年に行われた岩崎城発掘調査によると城の構造は築城当初の十六世紀初頭では単郭の城であったよう

**岩崎城へのアクセス**

名古屋市営地下鉄東山線星ヶ丘駅から名鉄バス五色園行き、または長久手車庫行きで、岩崎御岳口バス停下車、徒歩5分。車利用の場合、名古屋瀬戸道路長久手ICから県道57号を南下、約15分。

で主郭Ⅰの東端に岩崎城で唯一の礎石建物があり、貝塚や小さな庭が存在することから居住を意識した櫓のような建物があったと推定される。十六世紀半ばになると礎石建物がなくなり、新たに主郭Ⅰ内に鍛冶工房が作られている。この頃には丹羽家が岩崎城に入城しているため、居住空間は本郷城もしくは麓に屋敷を構えていた可能性が高い。そして小牧・長久手の合戦の頃に城域を大きく拡大し、主郭Ⅰの北側に櫓台、馬出（Ⅱ郭）、Ⅲ郭、周囲に幅十メートルを超える箱堀、土塁を設けることで城の南麓に存在した城下町を取り込み、惣構を有した城郭へと変化している。加えて江戸時代に描かれた「岩崎村古城絵図」（名古屋市蓬左文庫蔵）によると主郭Ⅰの南西に武家屋敷や北東に鬼門除けと思われる寺屋敷などが造られたようである。主郭Ⅰへの入り口は北側と南側の二カ所あり、どちらが大手道であったのかは判断できない。しかし城域を拡大した際、北側に馬出を配置していることから馬出を通る北側が大手道であったと思われる。またこの発掘により主郭Ⅰの西端に古墳が発見され、櫓台へ上がる道の一部に古墳の斜面が利用されていたことがわかった。

主郭北側の空堀

　現在は主郭Ⅰ、馬出（Ⅱ郭）、Ⅲ郭、Ⅳ郭、腰曲輪の一部、櫓台、空堀、土塁が残っており、主郭Ⅰには歴史記念館と模擬天守が建てられ日進市の歴史や小牧・長久手の合戦がわかるようになっている。歴史記念館の駐車場などを造るにあたり北西にあった曲輪などが破壊されてしまったが、平城が多いため堀や土塁の残っている場所が少ない尾張において空堀や土塁が残る岩崎城は貴重な存在であり、また城跡に古墳が存在する城は県内においては例が少なく珍しい場所とも言える。（村田信彦）

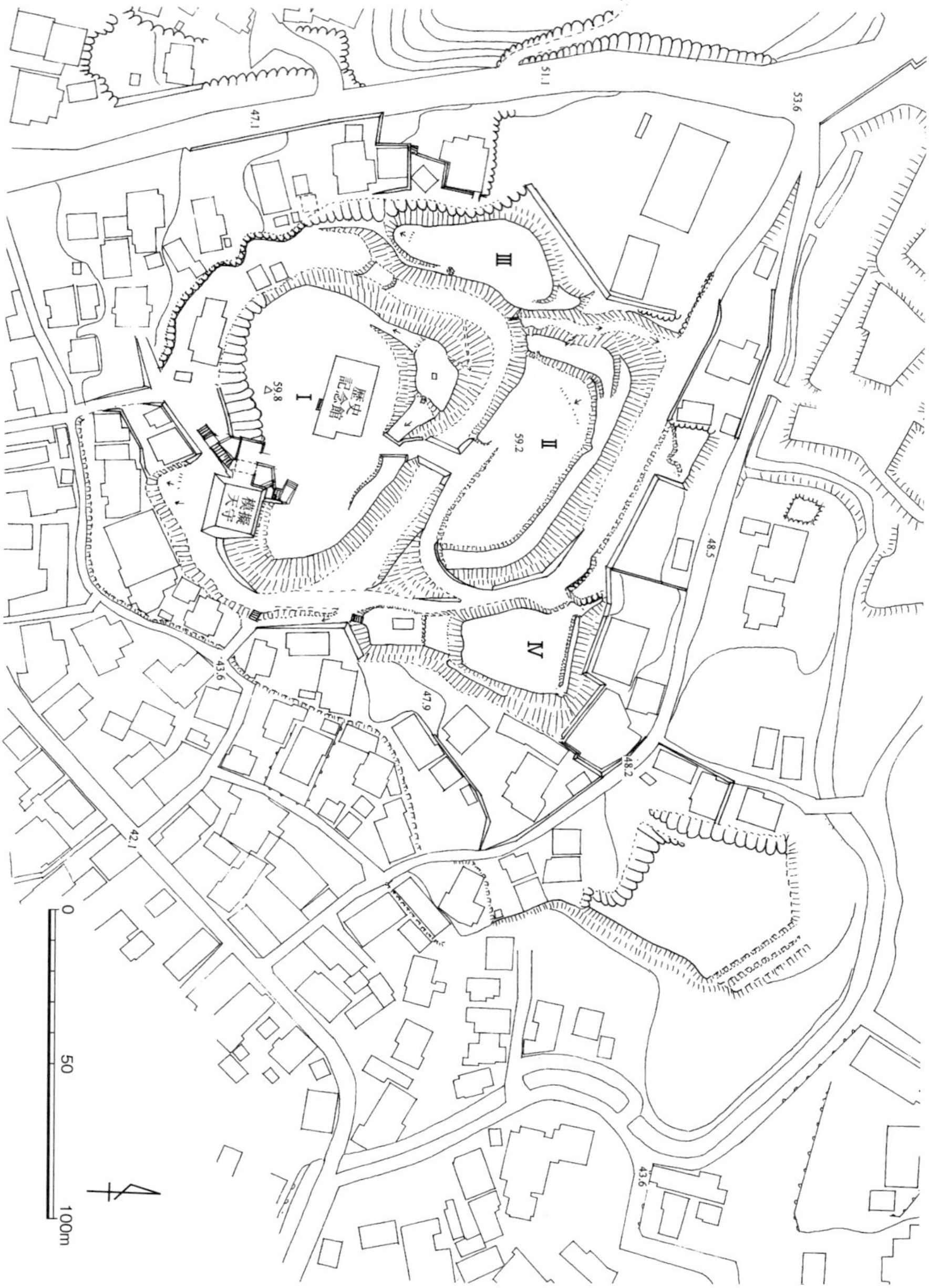


岩崎城跡概要図（作図：髙田　徹）

# 6 末森城《すえもりじょう》（末盛城）★

**所在地**　名古屋市千種区城山町二丁目
**築城時期**　天文年間
**標　高**　四四m
**主な遺構**　曲輪　横堀　馬出　土橋

末森城は、尾張平野の東部、東山台地が矢田川に解析されて生じた丘陵の舌状の南端部に位置する。標高は約四四メートル、麓部からの比高は約二〇メートルを測り、名古屋市内では珍しく平山城の様相を呈する。

『信長公記』によると、天文十七年（一五四八）、「去る程に、備後殿古渡の城破却なされ、末盛と云ふ所へ山城こしらへ、御居城なり」とある。末森城は織田信長の父・当時備後守の織田信秀が古渡城《ふるわたりじょう》（現名古屋市中区）を破却して築城したとされる。信秀死後、末森城は信長弟の信勝（信行とも）に譲られ、信勝は生母とともに末森城を居城とする。織田家家督を継いだ信長と信勝の確執が深まるにつれ、末森城は信長からの攻撃対象となった。『信長公記』には、「那古野・末盛籠城なり。此の両城の間へ節々推し入り、町口まで焼払ひ」とあり、当時末森城周辺に町場の存在を想定することができる。実際城の南側には、かつて三河の寺部方面へ通じる街道があり、往還を見下ろす立地ともいえるだろう。

織田弾正忠家一族の確執の結果、弘治三年（一五五七）前後に信勝は信長により謀殺され、末森城に関する記録もこの時点で失われる。ただ、後述のように遺構の残存状況などから、実際の廃絶時期は天正年間後半まで下ると見られている。近世には尾張藩により「愛知郡末盛村古城絵図」（名古屋市蓬左《ほうさ》文庫蔵）が作成されており、藩から「古城」として認識されていたことがわかる。

城跡は現在、主要部が城山八幡宮の境内となっている。前述の絵図には、現在のⅡ郭に白山社が記されているが、明治年間にこの白山社と近隣の諸社が合祀され、昭和十一年（一九三六）に現在地に城山八幡宮として遷座

Ⅰ郭からⅡ郭をのぞむ

された。神社の参道は南から通じており、駐車場となっているⅠ郭(東西約五二メートル、南北約六〇メートル)を通り抜けて、現在標高の最も高いⅡ郭の拝殿・本殿部分に至っているが、実はⅠ郭が主郭である。両曲輪は幅約一五メートル、深さ約七～八メートルの横堀でそれぞれ囲まれ、土橋で連結している。Ⅱ郭からはさらに東西へ抜ける道があり、東側は帯曲輪状のⅤ郭へ、西側は馬出状のⅣ郭へ向かう。Ⅰ郭からは西南部のⅢ郭へも直接連結していた。現在Ⅲ郭には昭和四年建築の旧昭和塾堂(現愛知学院大学院)があり、改変が著しいが、南側の堀底から曲輪のラインを辿っていくと、わずかな高まりのⅥ郭と、その西側の竪堀に至る。一方、Ⅱ郭北側へは丘陵が続き、住宅地となっている。

この末森城は、前述の尾張藩作成の絵図により、旧状と現状の対比が一目瞭然であることが大きな魅力である。ぜひ来訪の際は、実際に絵図のコピーや写真などを携え

**末森城へのアクセス**

名古屋市営地下鉄東山線覚王山駅2番出口、または本山駅1番出口から各徒歩15分。城山八幡宮に駐車場あり。

て比較していただきたい。絵図と比較すると、まずⅠ・Ⅱ郭など主要部の曲輪形状が驚くほど近似していることがわかる。一方Ⅲ郭周辺の改変が著しいこと、Ⅱ郭北側にも堀・土塁を挟んで曲輪が存在しており、北方に対する防御意識が伺えること、南側の現在公園となっている部分までⅡ郭北側の横堀が囲い込み、城域を形成していたことなどがわかる。そして何より興味深いのが、絵図からはかつてはⅡ郭にⅠ郭から続く土橋を受けた形で、丸馬出が存在していたことがわかる点である。この丸馬出の存在が、Ⅰ郭が主郭であることを決定的にしている。絵図ではおもに城域東側の一部に土塁（土居）の表記が見られるが、現状では削平が著しい部分でもあり、残存の確認はできない。

Ⅰ郭東側の堀を北から見る

　末森城は、その縄張の構造からは、大規模ではないまでも地域の拠点城郭として、かなり複雑に想定された防御ラインを持っていた様子が伺え、天文年間の築城後、大々的な改変が行われていると想定される。特に、丸馬出の全国的な分布からみると最西部に位置しており、その点でも興味深い。丸馬出を含めた大規模な改変の機会として現在指摘されているのは、天正十二年（一五八四）の、いわゆる小牧・長久手の合戦の際、徳川氏の陣として使用された可能性である。現状では軍記類を含め、文献資料で天正十二年段階に末森城利用を確認できる資料はなく、今後の課題であろう。

　名古屋市内の、しかも開発がかなり進んだ地域で、江戸時代前期の絵図とこれだけ比較が可能というのは奇跡的ですらある。ただし城域、特に拝殿のあるⅡ郭周囲の横堀は神域でもあるので自由な立入りはできない。横堀の観察にはⅠ郭周囲が堀底も歩くことができるため、おすすめしたい。

（岡村弘子）

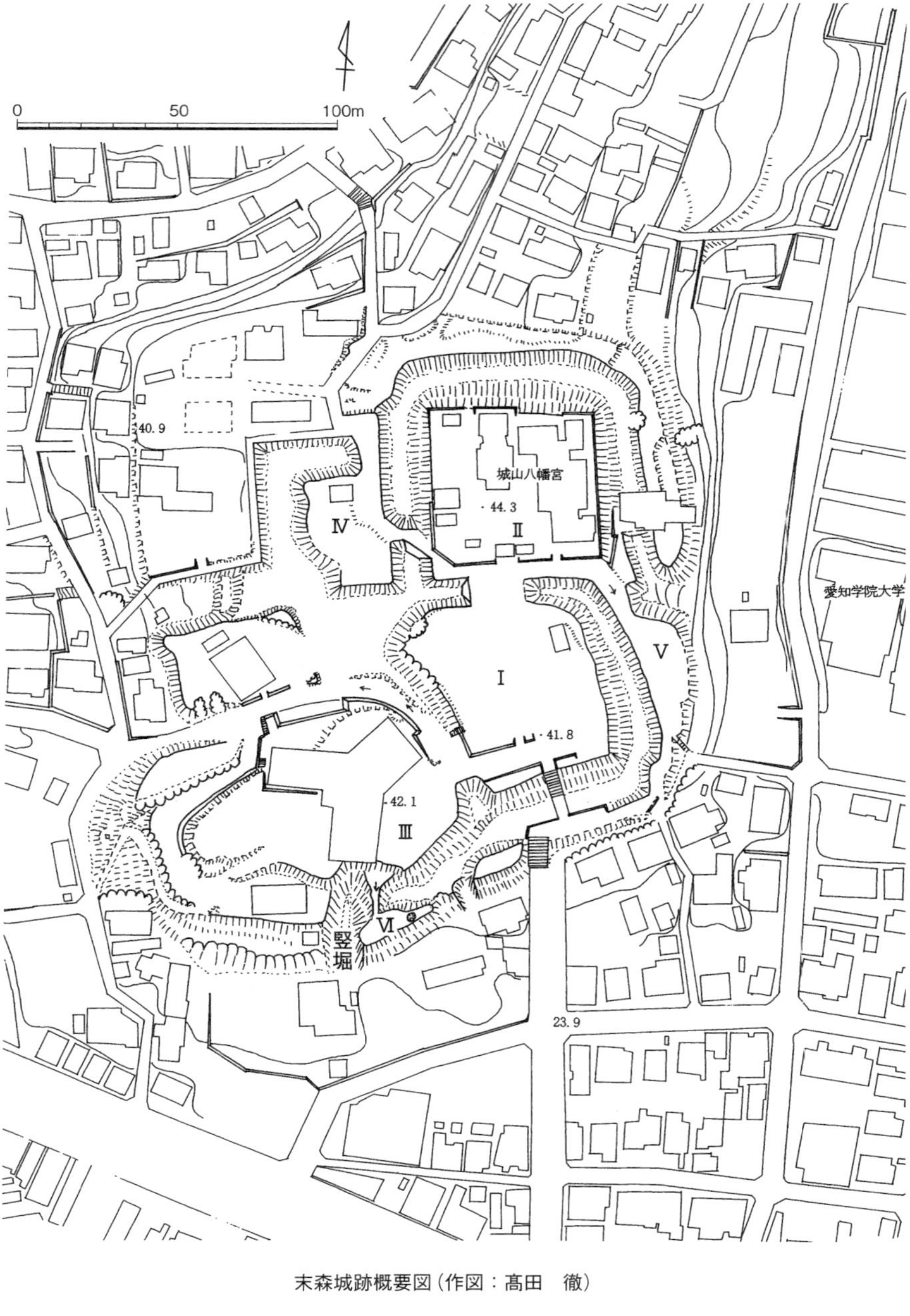


末森城跡概要図（作図：髙田　徹）

# 7 大高城《おおだかじょう》 ★

**所在地** 名古屋市緑区大高町城山
**築城時期** 室町時代
**標　高** 二〇m
**主な遺構** 曲輪　横堀　土橋　土塁痕

大高城は、知多半島の基部、南部の半島側から北へ延びる丘陵の北端部に位置する。いわゆる桶狭間合戦の発端のひとつとなった城として名高い。周辺は知多郡と愛知郡の境界地域であることから、十五世紀以降、尾張国の分断支配期には、各勢力の拮抗する要衝の位置づけを与えられた城と推察される。

築城時期は判然としないが、『寛政重修諸家譜』によると、永正年間には北方の鳴海周辺に出自を持つ花井備中守の居城であったとされる。その後、天文年間は知多緒川城主の水野為善の配下にあった。

十六世紀後半、当地域は尾張北部を手中にしつつあった織田信長と、三河方面から尾張進出を狙った今川氏との間で揺れ動く。永禄二年（一五五九）、鳴海城主であった山口教継《のりつぐ》が織田方から今川方へ転じ、織田方であった水野氏の大高城を攻略する。大高城にはその後今川方の鵜殿長助が入るが、織田方の包囲網が強化される中、松平元康（後の徳川家康）が翌永禄三年に兵糧補給作戦、いわゆる「大高兵糧入れ」を行い、今川方の拠点を維持した。

桶狭間合戦後は、再び織田方の水野氏の支配下にて機能したと思われる。天正十八年（一五九〇）の「織田信雄分限帳」では水野大膳の在番が確認される。その後元和二年（一六一六）に、尾張藩家老志水氏が在所屋敷として城跡を拝領し、麓に屋敷を設けて幕末を迎えた。

城跡は幸い昭和十三年に国指定史跡に指定され、公園整備されているため、見学は非常にしやすい。また、尾張藩が作成した「知多郡大高村古城絵図」、「尾州知多郡大高村古城図」（いずれも名古屋市蓬左文庫蔵）により、

Ⅱ郭を南から見る　左側がⅠ郭

失われた遺構を想定することが可能である。

現在主郭であるⅠ郭は、東西約七〇メートル、南北約三〇メートルで、北面は比高差七～八メートルの急な切岸となっている。現在Ⅰ郭北西端には稲荷社の祠があり、周辺が土壇となっている。Ⅰ郭から約二メートル低いⅡ郭は、現状は東西一三〇メートル、南北五〇メートルと広大な平坦地だが、前掲の絵図類からはⅠ郭との間にはかつて横堀が存在していたことが伺え、東北半分は南西部分よりさらに一段低くなっているため、当時は曲輪内を区画して使用していたことが推察される。

Ⅱ郭からⅢ郭へ向かう土橋周辺は、両側の横堀とともに旧状をよく残している。特に土橋西側からのびる横堀は幅一五～二〇メートル、深さ約七メートルを測り、Ⅰ郭西北へ回り込む。土橋内側から西側に向け、わずかに

**大高城へのアクセス**
JR東海道本線大高駅下車徒歩10分。駐車場なし。

高さ一メートルの土塁を残している。Ⅰ郭とこの横堀との間には、細かく段築された帯曲輪様の空間が存在したと思われるが、現状では通路として改変されており判然としない。Ⅴ郭も現状では幅約六メートルの帯曲輪状だが、絵図では現存する横堀と同規模の横堀が、Ⅰ郭北辺からさらに北西のⅡ郭まで囲うように回り込み、さらにその外側に土塁が存在していたことが知られる。

Ⅱ郭からⅢ郭へ向かう土橋。茂み部分が横堀

Ⅲ郭からⅣ郭にかけても、後世の削平をかなり受けていると思われる。特にⅣ郭部分は、近世に志水氏の在所屋敷となっていた区域であるため改変が大きく、現在では小規模なグランドとなっている。城域周辺部の改変に比して主郭周辺の残存状況が各段に良いのは、近代の史跡指定以前にも、近世の志水氏支配の時期にすでに「古城」として現場保存されていたからではないかと思われる。

現在は海岸線から約四キロ内陸に位置する大高城だが、『信長公記』には、桶狭間合戦当時、伊勢湾岸から水軍が侵攻して「大高の下、黒末川口まで乗り入れ候へども、別の働きなく、乗り帰し、もどりざまに熱田の湊へ舟を寄せ、遠浅の所より下り立て」との記述があり、市街戦が行われたことが記される。江戸以降の新田開発などでかつての景観は失われてしまったが、水運の掌握や伊勢湾岸への眺望確保という意味でも、大高城の立地は重要であったと思われる。

周辺はJR東海道線を挟み、直線距離で北西約八〇〇メートルに織田方の鷲津砦《わしづ》、西方約一キロに丸根砦（いずれも国指定史跡）を望むことができ、桶狭間合戦の臨場感を充分伝えてくれる。大高城と併せてぜひ訪れたい。ただ、周辺は近年マンション等の建設が進み、歴史的な眺望が失われつつあるのが残念である。

（岡村弘子）

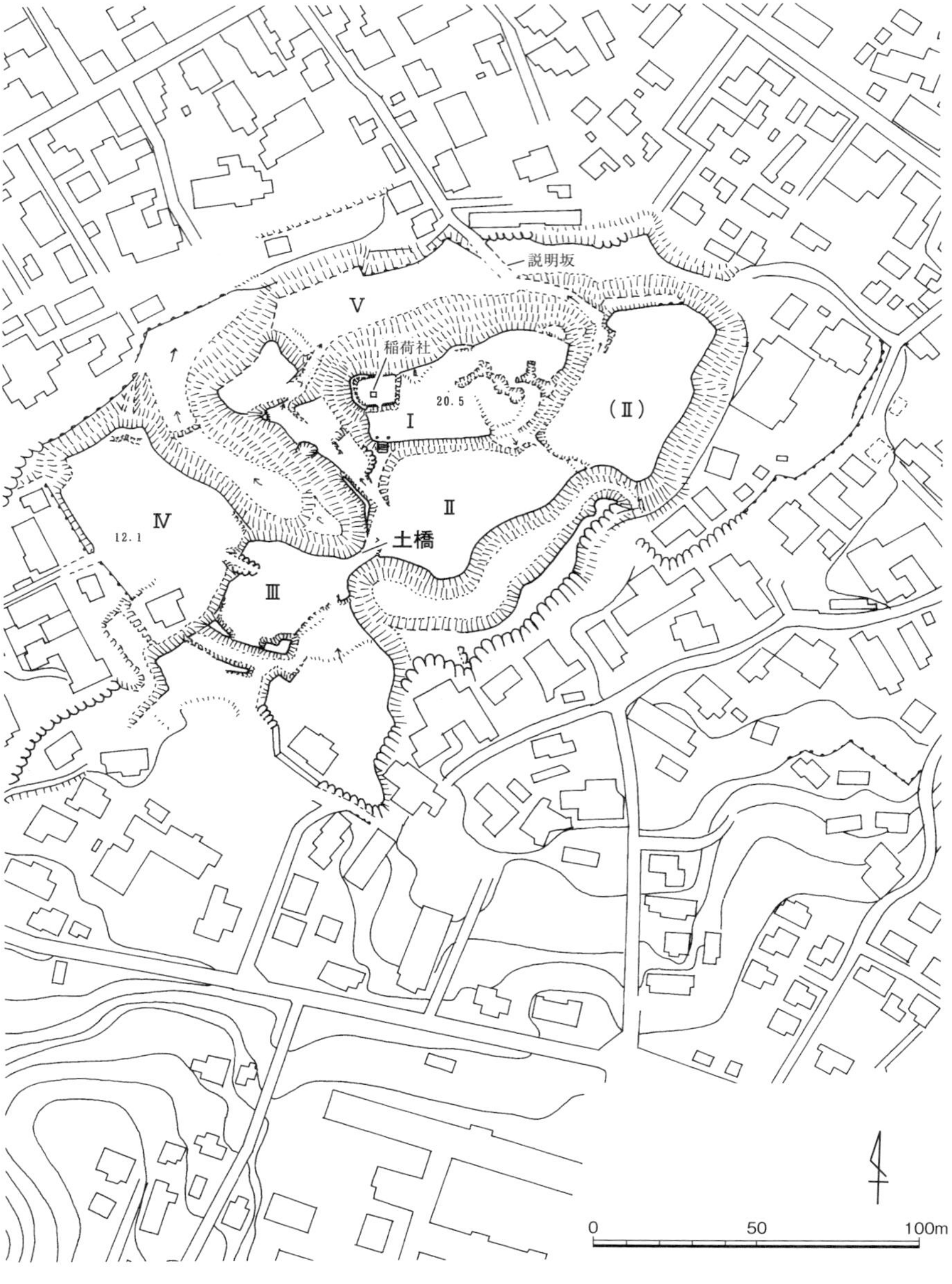


大高城跡概要図（作図：高田　徹）

## 8 大野城《おおのじょう》 ★

**所在地**　常滑市金山桜谷
**築城時期**　戦国末期
**標　高**　四八m
**主な遺構**　曲輪　土塁　虎口　横堀　櫓台

大野城は宮山城とも呼ばれ、当初は知多分郡守護であった一色氏の城であった。後、一色氏被官であった佐治氏が台頭して城を奪ったと言われている。佐治氏三代の信方は織田信長の妹を妻とし、四代の一成は信長の姪で浅井長政三女であった江《ごう》（小督《おごう》）を妻としていた。織田氏との関わりの深さが知られる。一成は天正二年（一五八二）頃に城を退去し、江は羽柴秀勝、次いで徳川秀忠に嫁いだのは著名である。大野城には替わって信長弟の長益（後の有楽斎）が入城した。信益は程なく大草城（知多市）を築き、大野城は廃城となった。なお佐治氏の系譜、大野城の歴史は諸説あり、はっきりしない部分も多い。

大野は、中世以来湊町として栄えている。三河から知多半島を横断し、大野から海路で伊勢方面へ向かう旅人も多かった。連歌師宗牧《そうぼく》も大野の佐治氏を訪ね、伊勢湾を横断している。佐治氏が大野湊を抑えていたことは疑いない。一説には佐治氏は水軍を擁していたと言われる。

城跡は主要部が公園となるが、それ以外は畑・竹藪・荒れ地となっている。城域は東西約五〇〇メートルにも及ぶが、破壊された部分も少なくない。幸い名古屋市・蓬左文庫には、江戸期に作成された二枚の城跡を描いた絵図が残されている。絵図と現状を見比べると、城の巨大さが再確認できる。

主郭Ⅰは南端に櫓台を構え、北端には昭和五十五年に建設された天守風の展望台が建っている。展望台内部には大野城や佐治氏に関わるパネルも展示されている。また最上階から見る西方の伊勢湾の眺めは素晴らしい。対岸の三重県津市・鈴鹿市方面も間近に見える。

大野城模擬天守と横堀

主郭Ⅰの西端は、斜面が崩落した状態が明瞭である。かつては西側に曲輪面がもっと広がっていたのである。北側を除く主郭Ⅰの裾は横堀Aが囲んでいる。幅は一五メートル前後、底部から主郭Ⅰまでの高さは約一三メートルもある。極めて強い遮断性を誇っているが、これは本来南側尾根続きが高所となっていたためである。現在青海山団地として住宅が広がる場所は、かつて青《せい》海山《かいざん》と呼ばれ、主郭部よりも高かった。背後に高所を抱えるため、横堀Aを設けて対処していたのである。

主郭Ⅰの北側にあるⅡ郭の東端には、高さ約二メートルの土塁が残る。東面が遊歩道で削り取られているが、城内では最も明瞭な土塁遺構である。

Ⅱ郭の北東にあるⅢ郭も、規模の大きな曲輪である。この曲輪の北東斜面には、「車井」と呼ばれる井戸があったことが絵図によって知られる。今その痕跡は見あたらないが、天正期に大野城が廃された理由は飲料水が十分確保できなかったためであると伝えられている。

**大野城へのアクセス**

名鉄常滑線西ノ口駅下車、国道155号の青海山団地西交差点から東へ坂道を上る。途中、3カ所に「城山公園」への標識あり。主郭まで徒歩約30分。北側山麓にも駐車場はあるが、途中に標識はない。

Ⅲ郭から北側山麓にある駐車場に至る遊歩道Bが、かつての大手道に相当する。駐車場の北方には、絵図によれば東西方向に伸びる外郭の水堀が存在した。ただし現在は跡形もなく、「堀田」の地名だけを残している。

Ⅱ郭から鞍部を隔てて存在するⅣ郭は、「天神尾」と呼ばれる。現在Ⅷに存在する天満宮の故地であると言われる。以前は現在よりも高くなっていたが、近代になって均されてしまい低くなっている。したがってⅣ郭周囲に存在する土塁状の高まりは、本来の遺構ではない。

大野城主郭の櫓台

Ⅴ郭は斉年寺跡と伝えられる。畑となるが、堀切状の遺構が残っている。今、斉年寺は大野城跡から北西約四〇〇メートル、大野町内に所在する。同寺は初代城主の佐治為縄菩提寺として、二代城主為貞が城内に建立した。佐治氏が大野城から退去した後、現在地に移っている。

Ⅵには現在、青海保育園が建つが、以前は細長い曲輪が東西方向に伸びていた。ⅦはⅥの延長上にあり、土塁上の高まりを残すが、現状のみでは城郭遺構なのか判断しづらい。

Ⅷは天満宮境内や宅地・畑が広がる部分である。江戸期の絵図では城域として表現していないが、北端には約二メートルの切岸ラインが続いている。さらに背後の高所にある曲輪群により囲い込まれていることから、城域の一部と見なすのが妥当であろう。

大野城は曲輪配置は比較的単調で、虎口の位置さえはっきりしない部分が多い。とはいえ巨大な横堀、天守台相当の櫓台を備え、内部に斉年寺・天満宮などの宗教施設も取り込んでいた。何より大野湊に近接した位置に、巨大な城郭を構築・維持し、織田氏との関係も深かった佐治氏の勢力を偲ぶのには十分である。（髙田　徹）

大野城跡概要図（作図：髙田　徹）

# 9 河和城《こうわじょう》 ★

所在地　知多郡美浜町大字河和西谷
築城時期　長禄年間？
標高　三六ｍ
主な遺構　曲輪　虎口　土塁　横堀

河和城は、長禄年間（一四五七〜一四五九）に戸田宗光によって築かれたと伝わる。三河田原城（田原市）主であった宗光は、渥美半島一帯を支配し、海を隔てた知多半島にも勢力圏を拡大していた。城主は憲光、繁光、守光と続く。天正十八年（一五九〇）小田原の役に出兵していた守光が討死したという報が届くと、郷民は河和城を破却したという。難を逃れた守光の嫡子である光康は徳川家康に仕え、母方の姓である水野氏を名乗った。後に光康は尾張藩に仕え、旧地である河和に所領を与えられた。

尾張藩士となった水野氏の屋敷（在所屋敷）は、城跡から東方へ約四〇〇メートルの場所に設けられ、明治まで続いた。その屋敷部材の一部は、美浜インター近くの水野屋敷記念館に利用されている。

知多厚生病院の南東にある丘陵が、河和城である。主郭Ⅰは東西約六〇メートル、南北約八〇メートルの規模である。城域全体から見れば、主郭自体の占める面積がかなり大きいのが特徴的である。

主郭Ⅰの周囲は、東側を除く三方に土塁を巡らしている。西側を巡る土塁のAは、高さが約五メートルあって上幅が広がる。櫓台と評価できるだろう。北側のBは高さ約一メートルであるが、東側に突出している。こちらも櫓台と評価できる。

主郭Ⅰの南側土塁は、大半が崩されていて基底部のみを残している。土塁の南側には堀が巡らされていたようであるが、これも破壊されて痕跡を止めない。Cの開口部は虎口であり、虎口前方にあった土橋はわずかに痕跡を止めている。

主郭Ⅰの北東にあるDには、虎口状の開口部がある。現状のみでは、遺構の性格がわかりにくい。ただし河和城を描いた名古屋市・蓬左文庫蔵の絵図によれば、付近の旧状が知られる。すなわちDから下った斜面付近には横堀（一部は二重）が巡らされ、横堀のさらに外側には土塁囲みの井戸を備えた曲輪があった。今は曲輪も、横堀も、痕跡を止めていない。急斜面となった部分にかつて横堀が巡らされていたとは、にわかに信じがたいほどである。

河和城主郭内部

　主郭Ⅰの西側には、横堀E・Fが巡らされている。横Eと横堀Fに挟まれた帯曲輪Gも、絵図では横堀として描いている。後世に堀が埋められ、帯曲輪Gの姿になったと考えられる。

　堀の外側にはⅡ、Ⅲの小曲輪がある。堀底からは二〜三メートル高くなり、またいずれも西側の堀Hに向かって張り出している。堀Hに侵入した敵に対し、横矢を掛ける役割を持っていたと考えられる。注意されるのは主郭ⅠのB・EとⅡ・Ⅲとは、位置が重ならないよう微妙

**河和城へのアクセス**
名鉄河和線河和駅から南西へ徒歩約20分。最短コースは集落内部を通るが、道が狭くわかりにくい。やや大回りとなるが知多厚生病院を目指してから、東側の坂道を上る方がわかりやすい。

にずらされている点である。各部分に兵を置けば、西方に対して死角なく防御が行えたと考えられる。横堀Hは Ⅱ郭南側を起点とし、緩やかに湾曲しながら北側斜面に下降している。

河和城主郭の切岸

虎口Cから南側へ土橋を渡った後は、東方へ堀沿いに進み、J付近に連絡していたらしい。絵図に従えば、これが大手道と考えられる。

大手道の外側に存在するのがⅣ・Ⅴ郭である。一帯は畑・山林となっているが、曲輪間を分ける堀・土塁の痕跡が残されている。

先に述べたように城内で主郭Ⅰの占める面積は大きく、かつ四方を巡る堀・土塁は厳重を極める。その一方、近接するⅣ・Ⅴ郭との結びつきは弱い。構造的には主郭Ⅰを中心にした単郭式の城郭と評価できる。かかる構造は、改修を受けた最終段階に近い様相を伝えていると考えられる。恐らく改修以前は、さほど横堀遺構が発達しておらず、主郭ⅠとⅣ・Ⅴ郭との結びつきも強かったのではないだろうか。

また帯曲輪状となったGの、Ⅱ郭の東側付近はわずかに高くなっている。わずかに高くなった範囲には、かつてⅡ郭が広がっていたように見受けられる。このような部分は、最終段階近くに横堀が巡らされる以前の名残を止めているのかもしれない。

主郭Ⅰ内部は公園となり、見通しが効く。西側にある土塁上部に上がれば、土塁裾の横堀等を眺めることができる。竹が刈り払われ、高い切岸や横堀の一部が見やすくなっているのはありがたい。つい十年ほど前まで、一帯はうっそうと繁った竹林だったのである。

（髙田　徹）

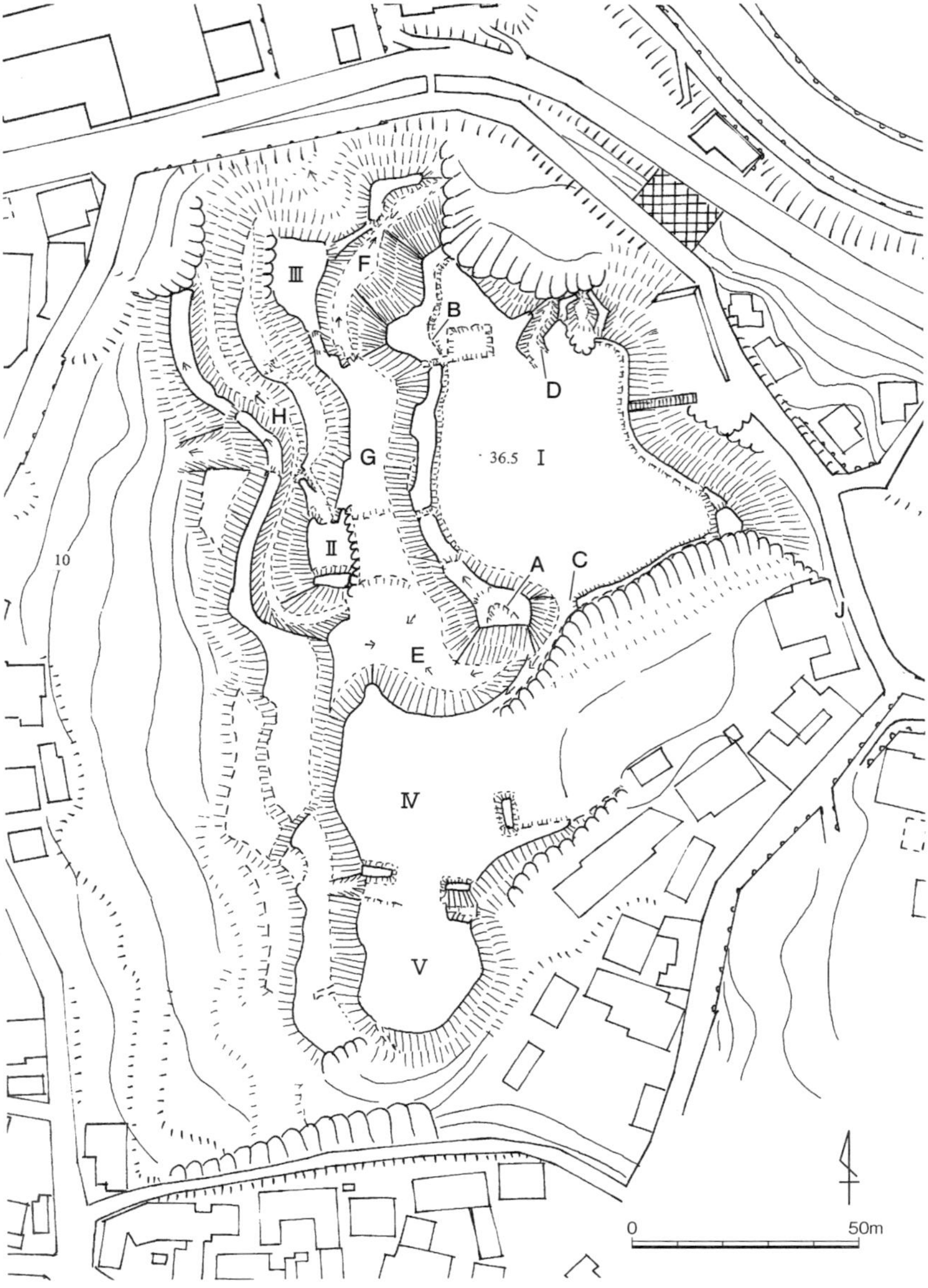


河和城跡概要図（作図：髙田　徹）

# 10 阿久比城《あぐいじょう》 ★

**所在地**　知多郡阿久比町大字卯坂字栗之木谷
**築城時期**　十五世紀末～十六世紀（不詳）
**標高**　二〇m
**主な遺構**　曲輪　土塁

阿久比城は、知多半島のほぼ中央部に位置する阿久比町の、大字坂部の南端に位置している。ここは南北に続く阿久比谷のほぼ中央部の西側にあり、丘陵地から阿久比谷に張り出した台地の端に築かれた平山城である。

江戸時代坂部村にあったことから坂部城・坂部古城と呼ばれ、また英比の城・久松佐渡守古城・阿久比古城とも呼ばれてきた。

築城時期は定かではないが、永正七年（一五一〇）に没した久松定益《さだます》の築城とする説がある（『尾張名所図会』天保十五年（一八四四）刊）。また『知多郡史』所収「洞雲院系図」の記述から、定益の子・定義の築城とする説もある（『阿久比町誌　本文編』）。いずれにせよ、阿久比城は戦国期に知多郡の国人領主久松氏が築いたとみられている。

しかし天正五年（一五七七）定義の孫・信俊の時、織田信長によって落城した。なお、その間には徳川家康の生母として名高い於大《おだい》（伝通院）が信俊の父・俊勝に嫁いでいる。

後年、俊勝の孫で伊勢国桑名藩主・松平定綱が正保四年（一六四七）春、尾張藩主で従兄弟の徳川義直に請い、城跡に松・杉各一〇〇〇株、檜三〇〇株を植えた。しかし定綱の子孫は移封《いほう》して城跡を点検できなくなり、やがて城跡は村民の所有になったという（『張州府志』）。

城跡の主要部は、土地の人びとが「城山」と呼ぶ丘陵（標高二〇メートル）である。東側の坂道を上がると頂上の平坦部に到達するが、この坂道は後年整備されたものとみられる。平坦部には「阿久比古城趾之碑」（明治三十一年（一八九八））が設置されるなど後世の攪乱がみ

阿久比城跡を北東から望む

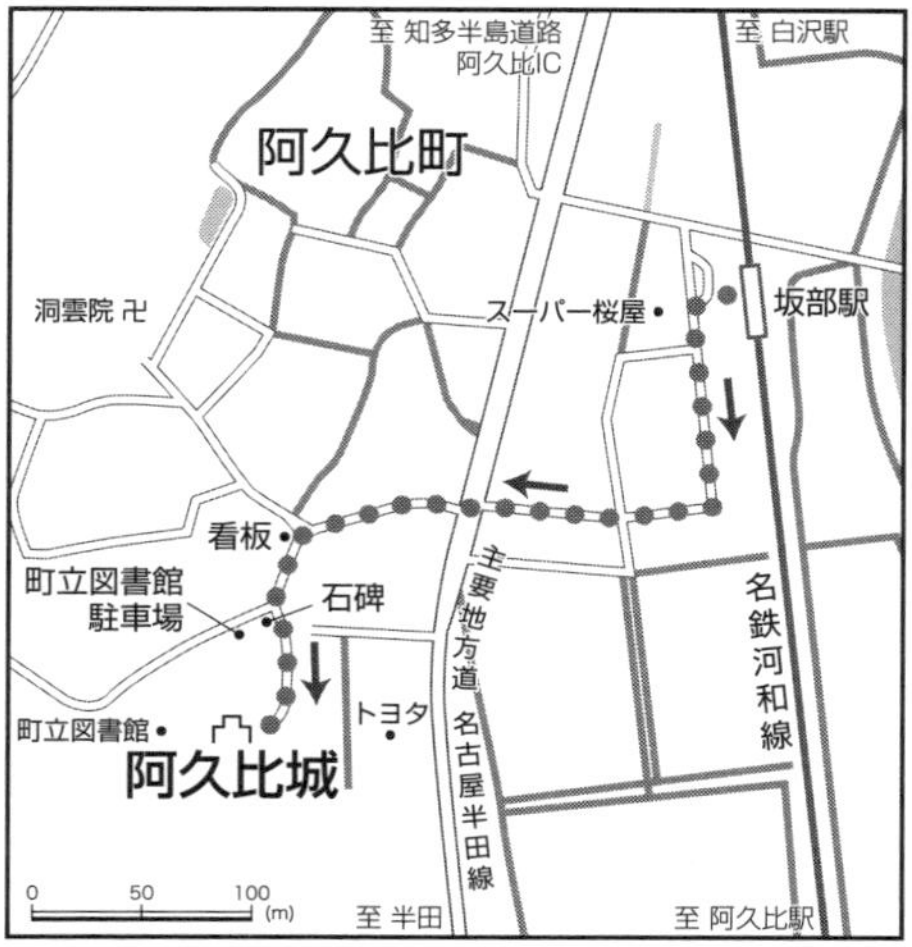


**阿久比城へのアクセス**

名鉄河和線坂部駅下車、南西に徒歩5分。車利用の場合、知多半島道路阿久比ICから10分。

られるが、単郭の曲輪は確認できる。

曲輪の西側縁辺及び南側縁辺には土塁と思われる高まりがある。ただし、西側出入口付近の縁辺の土塁は隣接する町立図書館敷地のため削平されており、完全な形で残されているわけではない。

公園地の西に隣接する町立図書館の建物の下にはかつて空堀があった。町立図書館建設に伴う発掘調査が昭和五十七年（一九八二）に行なわれ、空堀の深さは比高四・

五メートル前後であることが確認されている（『坂部城』）。

曲輪の南側は大字坂部と大字卯之山を分ける谷筋となっており、自然地形を利用した堀としての形態をよく残している。

曲輪の東側は標高差一〇メートルで下り、住宅地が並んでいる。その並びは地籍図と「尾州知多郡阿古居谷坂部城之図」（西尾市岩瀬文庫蔵）という絵図に描かれている屋敷地の並びと類似している。絵図の成立背景も含めて検討すべき問題があり即断はできないが、阿久比城と南北に走る街道（今の県道に相当）の間に家臣団屋敷があった可能性がある。

曲輪（城山平坦部）

曲輪の北側は、西から東にかけて丘陵地がなだらかに下っており、特に城の遺構となるものは認められない。

なお虎口は曲輪の北側の可能性がある。城山平坦部からみて北西の一区画（現在アパートの駐車場・概要図のP）は高低差四メートルあるものの、地籍図では曲輪へ上がるステップのようにみえる。また、虎口とみられる場所を上がった先の城山平坦部に礎石と思われる石が発掘調査で確認されていること、江戸時代の複数の絵図に曲輪東の「惣門」から北の「広囲」を経て虎口に至る経路が描かれていることが、曲輪の北側を虎口とする傍証になっている。

阿久比城の城域は、後世の地誌には東西四〇間（七二メートル）・南北五〇間（九〇メートル）とする（『張州府志』）。現況の曲輪だけでは狭いので、失われた空堀なども含めより広い城域を想定して歩くこともできよう。

城山は現在では坂部城山三十三観世音菩薩の石仏が安置され、また公園として人びとに親しまれている。この阿久比城だけではなく、城山から北北西二〇〇メートルの所に久松氏とゆかりの深い龍渓山《りゅうけいざん》久松《きゅうしょう》寺《じ》洞雲院《とううんいん》がある。併せて訪れたい所である。

（豆田誠路）

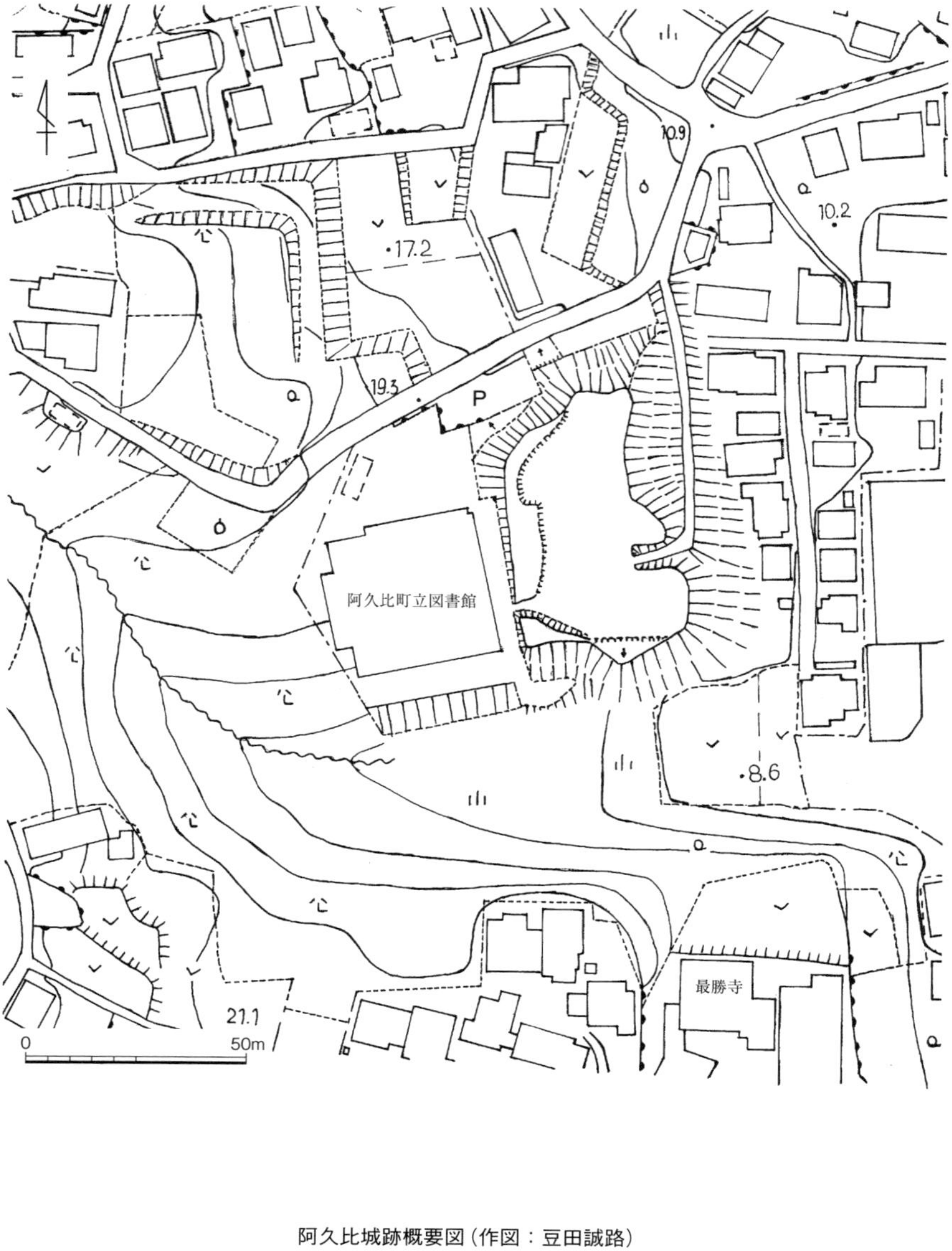


阿久比城跡概要図（作図：豆田誠路）

## 11 福谷城《うきがいじょう》 ★

所在地　みよし市福谷町市場
築城時期　十五世紀末頃
標　高　六五m
主な遺構　曲輪　土塁　堀切　空堀　建物跡　隅櫓跡

福谷城は、市内で最も標高の高い三ヶ峯から南方へと派生する、標高一〇〇メートル前後の丘陵の先端に位置している。丘陵の東側には境川が、西側には小石川が流れており、両河川は丘陵の南で合流する。城の北と南には、三河と尾張を結ぶ飯田街道や挙母《ころも》街道が通っており、小石川や境川沿いを進むことで、城から両街道へとぬけることができることから、城が両街道を連絡する交通の要所に位置しているといえる。

文献資料は稀少で、『東照軍鑑《とうしょうぐんかん》』の天文十九年(一五五〇)に「原田右衛門太郎、福谷主」という記載を初出とする。弘治二年(一五五六)あるいは永禄二年(一五五九)には、酒井忠次・渡辺義綱ら今川・松平勢が守る福谷城に、柴田勝家ら織田勢が攻撃を加えたとの記録がみられ、この頃の福谷城が、今川・松平方の対織田前線基地として機能していたことがわかる。

福谷城の構造は、Ⅰ郭とⅡ郭を中心として、その周囲に複数の曲輪と堀が配置されている。Ⅰ郭は三五×三五メートルのほぼ正方形であり、東の崖側にはⅢ郭や帯状の腰曲輪であるⅣ郭がある。Ⅱ郭はⅠ郭から続く尾根の一段下の先端に位置しており、Ⅰ郭とほぼ同じ規模をもつ。西側にはⅤ郭が併設され、その南側には掘立柱建物跡(隅櫓)が配置されている。Ⅰ郭は、明確な建物跡がないことから詰城と考えられ、Ⅱ郭は、掘立柱建物跡や生活遺物がみつかっていることから、生活の場であったと考えられる。遺物の年代は、十五世紀末～十六世紀中頃を中心としている。

また発掘調査の結果、Ⅰ・Ⅴ郭とⅡ郭とでは、平坦面の普請の仕方に違いがみられた。Ⅰ・Ⅴ郭では、曲輪の外周に土手状の土留めを築いてから、その内部に土を盛る工法が用いられているのに対し、Ⅱ郭では手前から順次土を盛る工法が用いられている。これは、Ⅰ・Ⅴ郭とⅡ郭では、築城者や築城年代に違いがあるためと考えられる。

Ⅰ郭とⅡ郭の北側には、土塁が配置されている（土塁A・B）。Ⅰ郭の土塁は、東西端で南に折れ、徐々に高度を下げながら五メートルほどで平坦面へと至る。Ⅱ郭の土塁Bは古墳と伝えられていたが、平成十九年（二〇〇七）の調査により大部分が城に伴う土塁であることが判明した。

Ⅰ郭

西側の比較的傾斜の緩やかな斜面には、Ⅰ郭からⅤ郭に渡って続く、長大な空堀Aが設けられている。堀の形状は北側で箱堀、南側で箱-薬研堀となっている。空堀BはⅡ郭の西側にあったと推測されている堀で、Ⅴ郭構築時に空堀Aへ付け替えられたと想定される。またⅠ郭とⅡ郭の北側には、それぞれに堀切A・Bが土塁とセットで設けられている。堀切Aは薬研堀、堀切Bは箱堀？となっている。城の西側が空堀のみの防備なのに対し、北側は土塁と堀切

**福谷城へのアクセス**

名鉄豊田線三好ヶ丘駅から市営さんさんバス明知下公民館行き、または福田児童館行きで約10分、福谷バス停下車、徒歩5分。駐車場なし。

によって守られており、北からの攻撃により注意が払われていたことが伺える。南側には、Ⅱ郭の崖下に沿って水堀があったとされるが、現在は住宅が立ち並び詳細はわからない。Ⅲ郭の北には「遠構え」とされる空堀C（箱堀）があるが、この堀は三カ所で東へ直角に分岐していることから、集落に関わる別の区画溝とも考えられる。堀の断面形状は、薬研堀・箱‐薬研堀・箱堀の三種類がみられるが、それぞれの堀に時期差がないことから、堀の機能の違いや自然地形の制約によって、異なる形状の堀が造られたと考えられる。

Ⅱ郭

　また空堀Cの北端には、建物跡・井戸・便所遺構などがみつかった福谷城関連遺跡がある。Ⅱ郭の遺構・遺物と時期・内容とも共通点が多く、同時期に一つの集落内で、複数の居館が営まれていた様相を明らかにした。

　現在、整備されているのはⅠ郭のみで、Ⅰ郭へは南側の斜面を掘削して設けられた出入り口から入ることができる。もちろん、これは元々の虎口ではない。Ⅰ郭とⅡ郭を繋ぐ城内道は、Ⅰ郭南東隅の崖下から腰曲輪（Ⅳ郭）を経由するルートや、空堀Aの堀底道を通り土塁Aの北側を回り込むルートが想定される。また、福谷城の城門はⅠ郭とⅡ郭の間の道を東へ抜けた、比較的傾斜の緩やかな一帯にあったと想定されている。

　文献資料等にみる歴史的背景や先に述べたⅠ・Ⅱ郭の普請の違いから、城の築城は二段階に分けられる。第一段階は、十五世紀末にⅡ郭のみの単郭の居館として築かれた段階で、第二段階は、尾張と三河の軍事的な緊張状態が増した十六世紀中葉に、新たにⅠ・Ⅲ・Ⅳ・Ⅴ郭を増築し、要塞化した段階である。廃城時期は、はっきりとしないが、永禄五年（一五六二）のいわゆる尾三同盟が契機とされ、遺物の年代からも十六世紀後葉と考えられる。

（平井義敏）

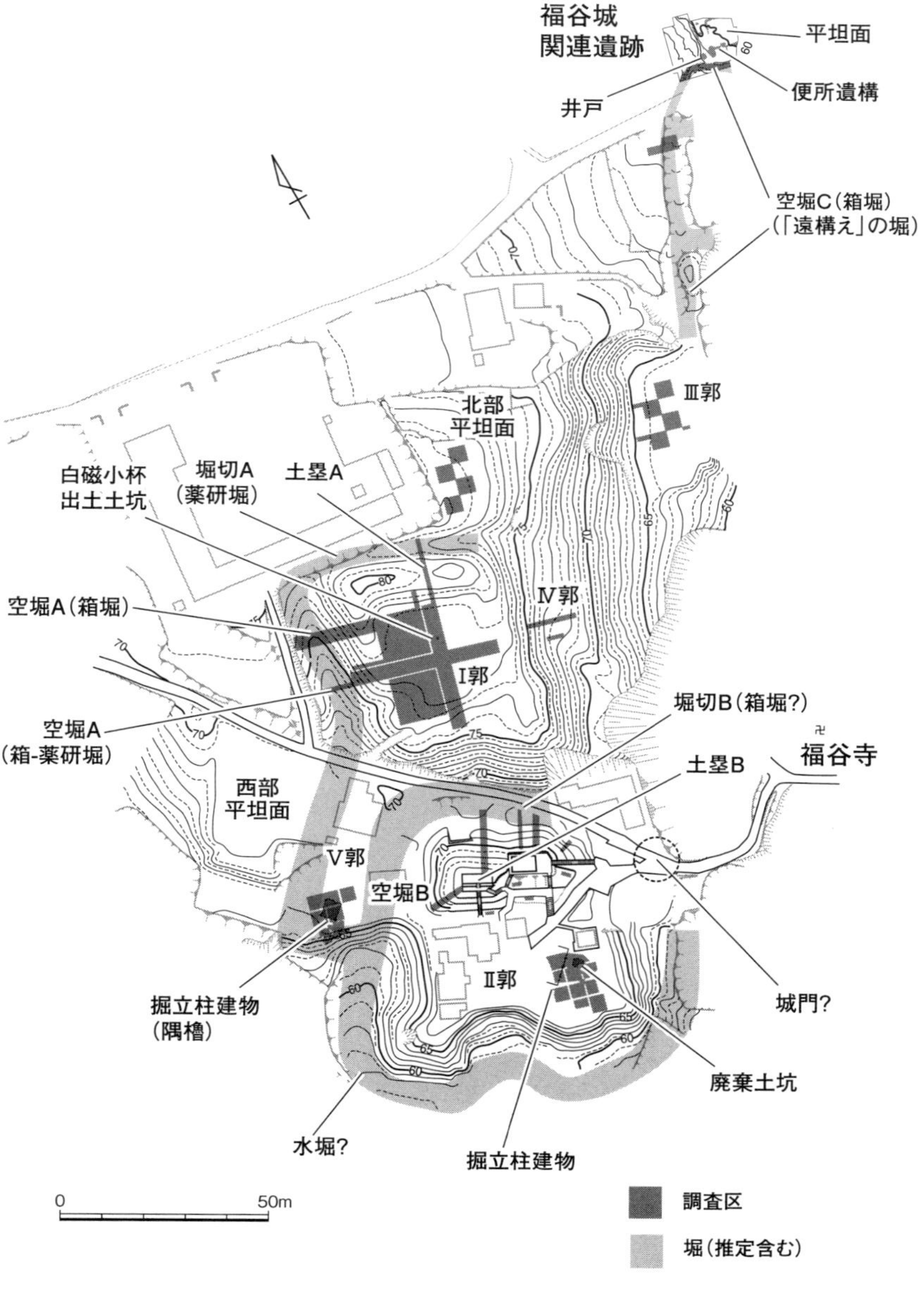


福谷城跡現況測量図（作図：平井義敏）

# 12 西広瀬城《にしひろせじょう》・東広瀬城《ひがしひろせじょう》 ★

**西広瀬城**
**所在地** 豊田市西広瀬町西前
**築城時期** 戦国末期
**標高** 二〇四m
**主な遺構** 曲輪　土塁　横堀　堀切

**東広瀬城**
**所在地** 豊田市東広瀬町城下
**築城時期** 戦国末期
**標高** 一〇〇m
**主な遺構** 曲輪　土塁

西広瀬城は矢作川右岸にある丘陵上に築かれている。城主は佐久間全孝、あるいは佐久間信盛兄の佐久間信直と伝えられる。全孝は天文十八年（一五四九）に徳川家康の父である松平広忠の暗殺を仕組んだ人物として著名である。広忠は全孝が送り込んだ刺客岩松八弥によって絶命した。報復として今度は松平氏側が全孝の元に刺客天野賢景を送り込み、全孝を討って仇を取った。

西広瀬城付近は織豊期に高橋郡の範囲に比定される。高橋郡とは、三河国内でありながら織豊期に限って、尾張国の範囲とされていた（当初の高橋郡はおよそ矢作川右岸の旧豊田市域北部〜みよし市一帯と考えられる）。永禄三年（一五六〇）の桶狭間の合戦後、織田信長と徳川家康の同盟に伴い高橋郡は出現した。三河への織田氏勢力の進出、実効支配を裏付けたものである。

城跡はおよそ三段からなる曲輪群によって構成されている。最も高い位置にあるIの端部には、高さ約二メートルの高まりがある。一見土塁状であるが、櫓台の端部が削り取られて細くなったようにも見える。I〜Ⅲ郭は、改変が著しく連絡路や虎口が見出しがたい。竹林となる上、斜面の崩壊が著しいためである。

特徴的なのは横堀Aと、尾根続きを遮断する堀切Bである。横堀Aは高さ約一メートルの土塁を外側に巡らし、I郭裾を半周する。北側から東側にかけては次第に下降し、帯曲輪状となる。南側へも次第に下降し、途中二カ所で段差を設け、Cの竪堀状部分に到達する。

堀切Bは、先行して存在した鞍部を加工したものであろう。幅は二〇メートル近くあり、堀切と呼ぶのに多少違和感もある。いずれにしろ尾根続きから敵の侵入を防ぎ、横堀Aと連動していたのは疑いない。I郭よりも堀切Bの西側の方が地形上高くなっている。高所から城内を見下ろされても、横堀Aと堀切Bによって距離も隔てられるから支障はなかったのである。

I～Ⅲ郭は、私有地である。Dの石碑が建つ位置から堀切Bを見学するに止めたい。

東広瀬城は矢作川左岸の丘陵上にある。西広瀬城からは南東約三〇〇メートルの位置となる。東広瀬城は三宅氏の居城であった。児島高徳によって築城されたとの説もあるが、高徳を祖とする三宅氏が後に唱えたものと考えられる。永禄元年（一五五八）には松平元康（徳川元康）初陣の際に攻撃され、同六年再び家康の攻撃を受けた。主郭Iの中央には石碑・広瀬神社社殿が建つ。主郭I

西広瀬城横堀

**西広瀬城・東広瀬城へのアクセス**

名鉄豊田市駅からとよたおいでんバスで約30分、広瀬バス停下車、徒歩2分で東広瀬城。西広瀬城は次の西広瀬バス停下車、東海自然歩道を北へ進み、徒歩５分。車利用の場合、猿投グリーンロード枝下ICから約5分。

の東側にはⅡ郭がある。ただし自然崩壊や参道の建設等により、虎口や本来の通路は明らかではない。

　東広瀬城で注目されるのは山麓部に残る土塁Aである。土塁Aは現状で高さ一・五メートル前後となっている。ただし下幅は一〇メートル近くに及ぶから、本来は四～五メートルの高さを誇ったのではあるまいか。土塁上は東海自然歩道のルートになっているが、土塁である旨の表示はないので注意して観察してほしい。

東広瀬城の土塁

　土塁Aによって囲まれるⅢ郭は、居館部と考えられる部分である。かつては南側のⅣ部分に馬出と堀の残欠を地表面に残していた。ただし、近年住宅建設によって地表面からは姿を消している。

　Ⅳの北側から西側にかけては「内堀」、南側付近には「外堀」の通称地名が残されていた。Ⅳの南、県道三五五号を隔てた南西付近は字「大手」である。矢作川に架かる広梅橋のたもとは、「搦手」と呼ばれる。「内堀」は「搦手」付近まで伸びていたと伝えられている。広梅橋畔の巨石は「狆《ちん》ヶ岩《がいわ》」と言い、落城に伴う悲話を伝える。Ⅲの東約一〇〇メートルの位置にある「東広瀬こども園」付近は字「蔵屋敷」である。広島市立中央図書館・浅野文庫蔵「諸国古城之図」では付近に土塁囲みの方形城館を描いている。「蔵屋敷」近くには通称地名「牢屋敷」があり、「蔵屋敷」の東は字「大屋敷」である。いずれも東広瀬城に関わる屋敷地があったと考えられる。

　また城の南側約四〇〇メートル、東海自然歩道が山越えしてくるあたりを「陣が峯破城」と呼ぶ。付近から敵が殺到し、東広瀬城が落城したことにちなむという。

　このように字名・通称地名を豊富に残し、およそ城郭の広がりも推定可能である。さらに丘陵上の城郭と山麓部の居館がセットで現存する例として、全国的に見ても貴重な城郭であると言える。

（髙田　徹）

西広瀬城跡概要図（作図：髙田　徹）

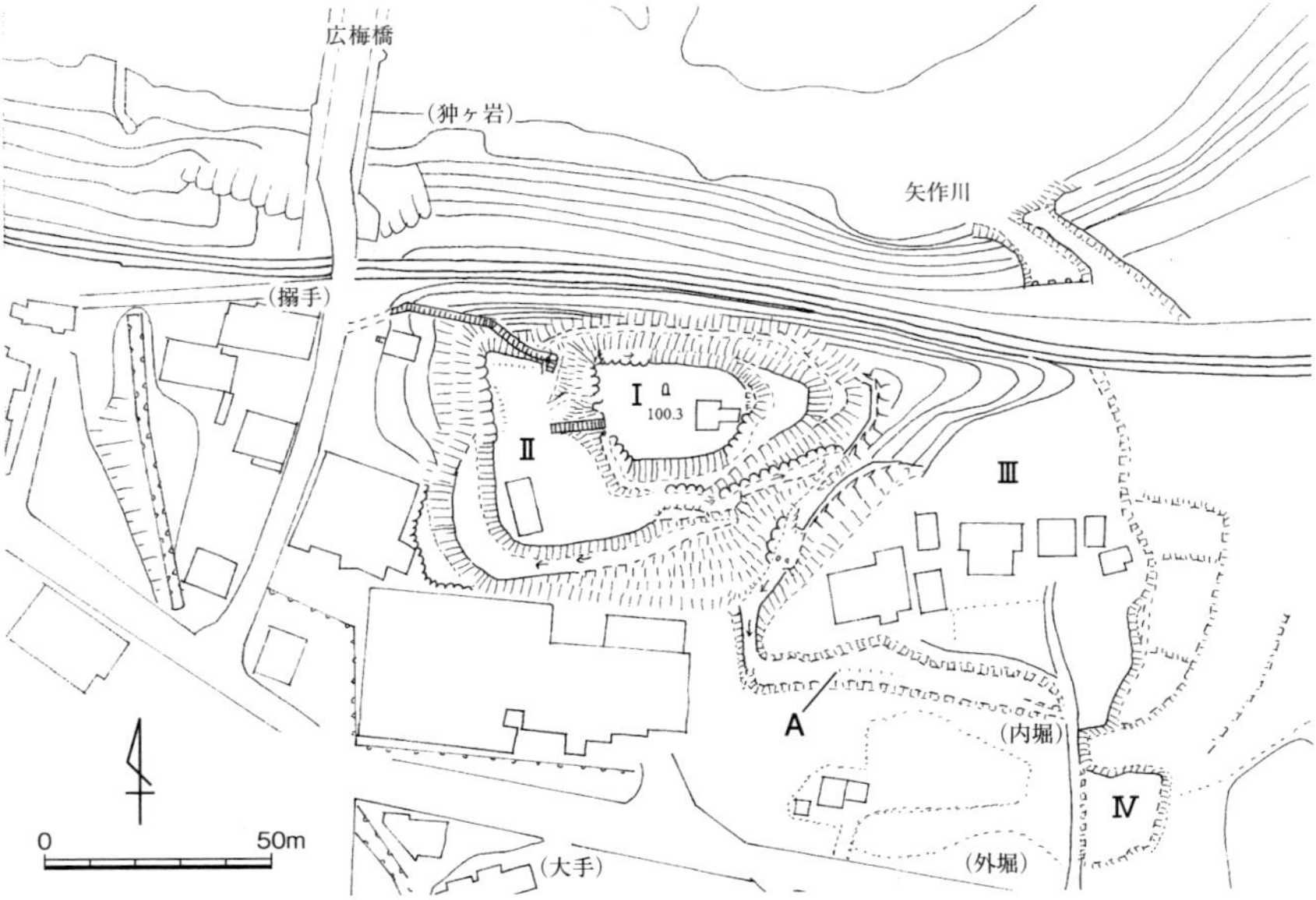


東広瀬城跡概要図（作図：髙田　徹）

# 13
# 松平城山城《まつだいらじょうやまじょう》
★★

**所在地**　豊田市大内町字城下
**築城時期**　十六世紀後半か
**標　高**　二五四m
**主な遺構**　曲輪　虎口　土塁　堀切　石垣　馬出

松平城山城は、西三河ではその縄張、規模とも最も見所のある山城の一つで隠れた名城と言えるが、その歴史など詳しいことは、伝わっていない。『東加茂郡誌』では大田《おおた》城《じょう》とされて、城主氏名は不詳とされており、『松平町誌』は太田道灌が築いて、後に松平和泉守信光が修理して子息光親をして守らしめたが、光親が能見に築城するにおよんで廃城となった伝承を伝えている。もちろん太田道灌云々というのは別名の大田城から来ている憶測で正史ではないが、その来歴についてはほとんどわからない城である。そもそも松平城山城という名前からしても、不自然である。

松平城山城は、標高は二五四メートルの城山にある。南からの比高は一三〇メートルであるが、北側からは七〇メートルとなる。北に歌石園地の駐車場があり、そこに車を止めて行くとよい。

峠道からしばらく登ると石垣に囲まれた曲輪Ⅳの下に着く。今の通路はⅤ曲輪の堀を渡って直接入るようになっているが、往時はFより入って虎口Eを経て馬出Dに至るルートであったと思われる。

Ⅴ付近の横堀は深さ五〇センチ程と浅く、陣城のような感じを受ける。Ⅴ内部はほとんど自然地形で、城道に対し横堀を塹壕として利用して鉄砲を撃ちかけるために臨時的に造られた陣地と思われる。

馬出Dは三河では珍しい角馬出となり、堀の規模は小さいが折れを持ち、横矢を利かせている。現在の道は馬出の西を通過する破壊道であるが、本来は東から馬出へ入っていた。馬出背後の堀切は、竪土塁を伴い雄大な規模である。この付近の縄張は松平城山城の中でも最も秀逸な部分である。

　馬出の背後は坂虎口Cとなり、Ⅱ曲輪に至る。虎口の幅は二メートルで両脇を石垣で固めている。ここからは腰曲輪Ⅱを通って主郭に至るが、正面には主郭Ⅰより一段低くテラスを設けていて、Ⅱを回り込む間に横矢を利かせている。

　主郭の虎口Bは土塁で囲まれた出枡形虎口となり、その前の空間は石垣で虎口受を作り出している。主郭の虎口Aは枡形虎口となる。周囲を土塁で囲まず、三メートル四方ほどで空間を確保したものである。枡形虎口を連続させる縄張となっている。

　主郭Ⅰの内部には低い堀と土塁で区画された空間を持つ。堀と土塁の規模は小さく防御よりも区画を優先したものである。これは松平城山城のもう一つの特徴である。主郭の下には所々に石垣を用いている。このような縄張

北側からの遠景

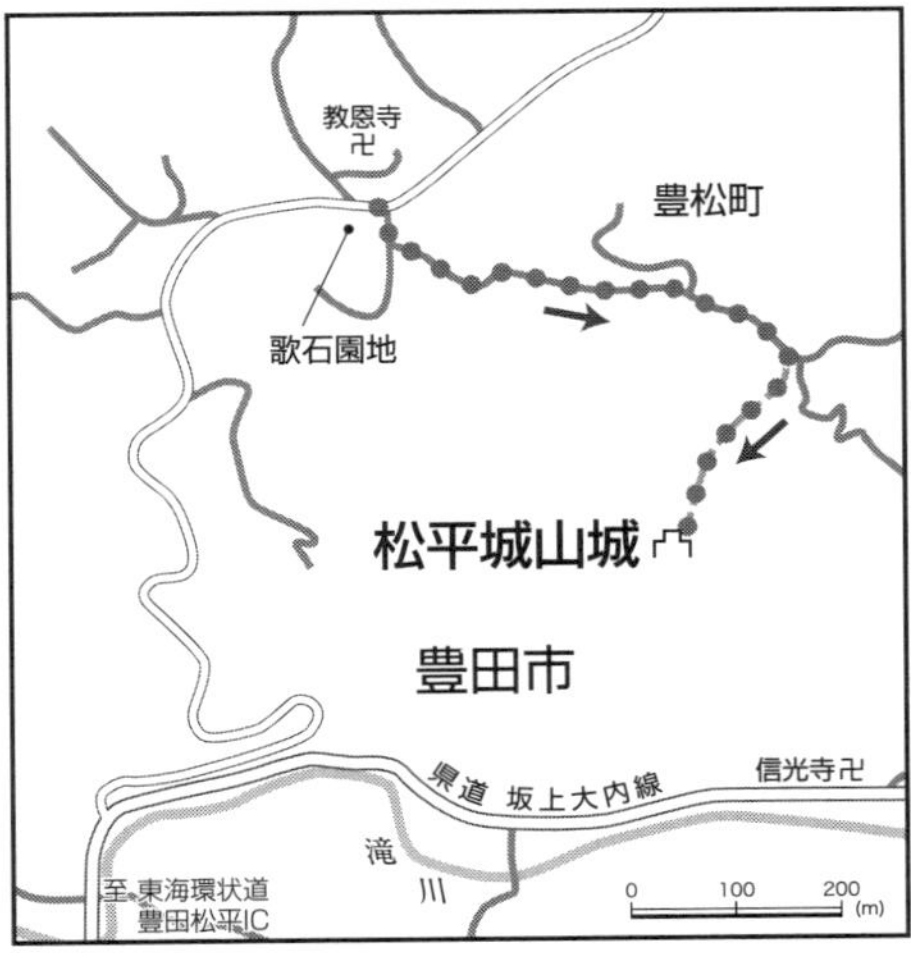


**松平城山城へのアクセス**
車利用の場合、東海環状道豊田松平ICから7km、歌石園地駐車場から徒歩10分。歌石園地に駐車場、トイレ、地図看板あり。

Ⅳ曲輪の石垣

は他に市場城や岩略寺城、宇利城などでも見ることができる。いずれも方形区画を志向していて、城主もしくはその上級の人物などが入るような何らかの特別な空間と思われる。

西の尾根は、大きな堀切G、Hで独立性の高い曲輪Ⅵ、Ⅶを並べて、その東もI、Jと二本の堀切を入れる。Ⅵには石垣も見られる。東の尾根とは違い堀切で遮断する縄張である。Ⅶの曲輪は城内側に土塁を設けている。東の尾根を下ったところに堀切状の遺構Kがあるが、峠の道であろう。

このように東の尾根が虎口を連続させる導入系の縄張であるのに対して、西の尾根は堀切を四本並べるなど遮断系の縄張となっている。

松平城山城は、馬出や枡形虎口など戦国末期の縄張を持ち、極めて軍事性の高い城である。徳川氏により対武田氏として、また、その後の小牧・長久手の合戦時に改修されたと思われる。城主などが伝わらないことも地域支配の城ではなく、軍事的な色合いの強い城であったためではないか。

松平城山城のすぐ南には同様に優れた縄張を持つ大《お》給城《ぎゅうじょう》がある。大給城とセット関係で考える必要がある。

このように縄張的には素晴らしい城ではあるが、城跡はあまり整備されているとは言えず、夏場の訪城は避けたほうが無難であろう。

（石川浩治・佐分清親）

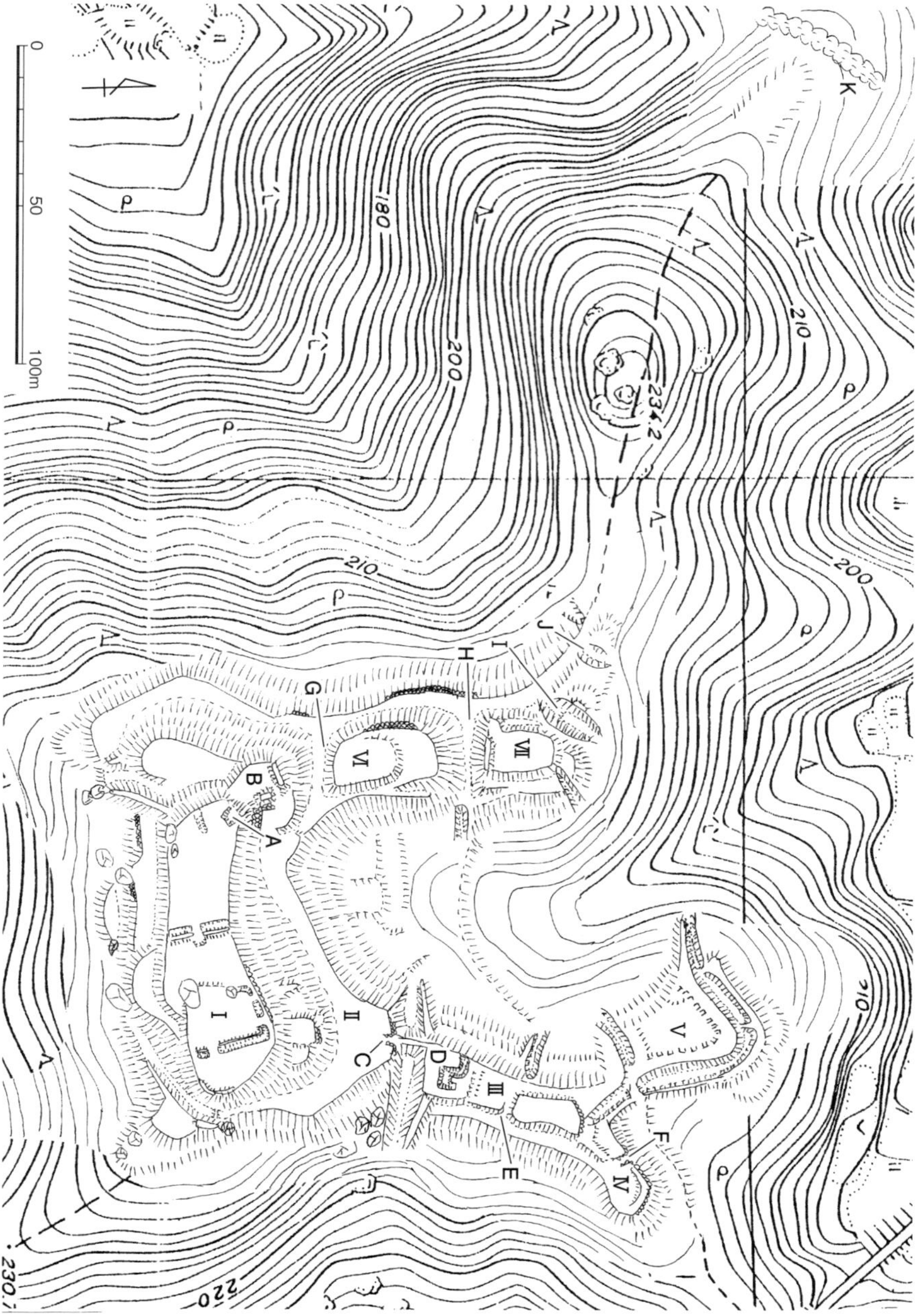


松平城山城跡概要図（作図：石川浩治）

# 14 大給城《おぎゅうじょう》 ★★

**所在地** 豊田市大内町字城下
**築城時期** 永正年間
**標高** 二〇四m
**主な遺構** 曲輪　土塁　櫓台　虎口　堀切　石垣

大給城は初め長坂新左衛門の居城であったが、後に松平信光が奪取し、次男の乗元に与えたと伝わる。乗元は大給松平氏の祖となるが、後裔は永禄七年(一五六四)まで松平宗家に服従・対立を繰り返した。大給松平氏は松平一族中でも強い軍事力を保持していた。天正十二年(一五八四)頃、大給松平氏は大給城から細川城(岡崎市)へ本拠を移している。その後、大給城がどうなったかを伝える史料は残されていない。現在見られる遺構は、大給松平氏が本拠を移動させた後に、徳川氏、あるいは豊臣大名等による改修を受けていると考えられる。

城跡一帯は、花崗岩の露岩が至る所に点在している。このため近年では、城内で岩登りを楽しむ愛好者の姿を多く見かけるようになった。

城郭を築く際にあたっては、露岩を利用して防御性を高めている部分が見られる一方、露岩の影響を蒙っている部分が見られる。

すなわち露岩を石垣として利用したり、露岩と露岩の間を石垣で繋ぎ、連続したラインを造り出している部分は有効利用といえる。これに対して曲輪内に点在する露岩は、建物を建てる上で支障をきたすし、死角を生じさせるおそれがある。影響を蒙った部分である。

城内で一番高い場所にあるのは、Ⅱ郭である。しかしⅡ郭は主郭ではない。主郭にあたるのは西方にあって、約一メートル低いⅠ郭である。低い位置のⅠ郭が主郭であるのは、両者の間に設けられている石塁AがⅠ郭側を囲み、Ⅱ郭側を外側とする構造から判明する。それでもⅡ郭からⅠ郭が見下ろせるから、石塁A上部には遮蔽する土塀が存在したのであろう。

Ⅰ郭内部にも露岩が点在し、平坦面の広がりは主に北側の高石垣Bによって維持されている。高さ約三・五メートルに及ぶ高石垣Bが築かれたのは、廃城間近の時期であったと考えられる。高石垣Bの構築以前には、Ⅰ郭周囲は曲輪としての広がりを十分確保できていなかった可能性が高い。当初はⅡ郭が主郭であったが、後に周辺の改修が及びⅠ郭部分が主郭として整えられたと見る余地もあるだろう。

Ⅳ郭からみた櫓台

石塁Aの南端には虎口が存在し、南側斜面に下りる道が続く。露岩の間の細い道を下ると、梅林となった規模の大きなⅢ郭に行き着く。Ⅲ郭は広島市立中央図書館・浅野文庫蔵「諸国古城之図」では、「ハジヤウ曲輪」と記されている。「ハジヤウ」に漢字を充てると「端城」あるいは「破城」となる。ただし①主郭部から直ちに下りた場所にあること、②南面する日当たりの良い場所であること、③城内で最も広い面積を確保していること、から居館部を想定するのが妥当である。もっとも前後する位置の斜面や曲輪のつながりを観察すると、Ⅲ郭は全

**大給城へのアクセス**

名鉄豊田市駅から、とよたおいでんバス大沼線で大内バス停下車、徒歩約40分。登り口中腹に駐車場有り（4台ほど可）。駐車場から徒歩15分で主郭に至る。車利用の場合、東海環状道豊田松平ICから国道301号を東へ約3km先の右手看板を右折。

体が掘削され、土が運び出されているようである。本来の遺構面は相当破壊されていると思われる。

西方に伸びる尾根筋を分断するように、堀切Cが設けられている。堀切Cの東側、すなわち城内側には切り立った岩盤のラインが続いている。堀底から堀切Bを乗り越えようとするのは、相当に難しい。

主郭虎口の石垣

Ⅳ郭は、城内で最も戦闘的な曲輪である。周囲を土塁囲みとし、隅部は櫓台状に幅を持たせている。東方の堀切D、虎口Eを直下に見下ろし、迎撃可能な導線配置を行っている。虎口Eは大手口に相当する。尾根続きで弱点となる部分だが、連絡路も確保しなければならないので、自ずと防備が手堅くなっている。

城内の見所は多いが、一番の見所は石垣F・G等によって構成される水手遺構である。やや緩い傾斜ながら高さ約五メートルの石垣で谷部を塞ぎ、内側に水源を確保している。さらに谷を囲む東西の両尾根上には石塁・堀切・竪堀を駆使し、水源部分への侵入を強く阻んでいる。遮断性の強弱で言えば、主郭Ⅰよりもはるかに厳重さを極めている。

天文二十一年(一五五二)今川方であった松平忠茂が、大給城の「北沢水手」での戦闘を賞された史料が残っている。現状遺構が天文期の姿を止めるとは到底思えないが、当時より城内北方にあるG・H付近の水手が重視されていたことが知られる。露岩に影響を受けざるを得ないハンディを抱えながらも、長く城郭が維持・改修されたのは、水源が十分確保され、兵站基地としての役割を担えたからではないかと考えられる。

それにしても三河では他に例を見ない石垣で占められた、特異な縄張の城郭である。現況遺構の完成時期の解明は今後の課題である。

（髙田　徹）

大給城跡概要図（作図：髙田　徹）

# 15 松平城《まつだいらじょう》

★★

**所在地**　豊田市松平町字三斗蒔
**築城時期**　応永年間
**標　　高**　三〇〇m
**主な遺構**　曲輪　虎口　堀切　横堀　竪堀　井戸

松平城は、別名を郷敷城《ごうしきじょう》という。徳川家の祖、松平氏の本貫地となる松平郷の一角、城山にある。この城は応永年間に松平親氏《ちかうじ》が築いたと言われる。親氏は普段は館におり、夜間は松平城に籠もったという。以後、松平郷松平氏の持城となり、天正十八年（一五九〇）に三河に入封する田中吉政期に廃城になったと言われる。もっとも良質な史料によって築城・改修経過等が裏付けられるわけではなく、その歴史ははっきりしない部分が多い。ただし『高月院文書』から大永四年（一五二四）時には何らかの形で城郭が存在したことが明らかとなる。また天正期には松平郷松平氏は、大給松平氏の与力となっていた。したがってこの時期、松平城も大給松平氏の軍事編成下、機能するよう求められていた可能性が高い。

松平城は江戸期には、確実に廃城となっている。松平郷松平氏は慶長十八年（一六一三）に松平郷を再び領し、城跡の北約五〇〇メートルの位置に居館を築く。現在松平東照宮境内となり、石垣と水堀を残す松平館である。

さて松平城の主郭Ⅰは楕円形を呈し、南端近くの露岩上には「松平城阯」の石碑が建つ。曲輪の周囲に土塁は見あたらないが、よく見ると西側端部のAは約〇・五メートル低くなっている。A北端はⅡ郭側から上がってくる道につながり、A南端は石碑の建つ露岩付近に及ぶ。Aは主郭ⅠとⅡ郭とを結ぶ通路の一部であり、主郭Ⅰ内部へ直進させないようにしている。

Ⅱ郭は主郭Ⅰから一段下がった位置にあり、東西に細長い。北側の一部に低い土塁を残している。Ⅱ郭の西端からは道が南と北へ分岐する。道は近年の破壊道と考えられ、周辺部も荒廃が進む。虎口もはっきりしないが、西側斜面に伸びるBによってⅡ郭とⅢ郭が連絡していたのは間違いないであろう。

Ⅲ郭も細長い曲輪である。この曲輪から下りる通路もはっきりしないが、恐らくC部分で下方の曲輪に連絡していたと考えられる。

Ⅳ郭は、現在内部に社が祀られている。社の北側には堀状の遺構が見られるが、性格は不明である。Ⅳ郭の北側には一段高くなったⅤ郭がある。現地に立つ表示には「櫓台」と記されるが、規模的には独立した曲輪と見なすべきであろう。

Ⅳ・Ⅴ郭から北側へ下がった谷部は、「竹《たけ》の入《いり》」の地名を残している。「竹《たけ》」は「館《たて》」の変化で、付近に居館があった可能性も考えられる。地名と背後に山城が控える点のみの類推であるが、文献史料上の記述から「竹の

竪堀H（西側から見上げる）

**松平城へのアクセス**

名鉄豊田市駅からとよたおいでんバス大沼線で松平郷バス停下車、徒歩約15分で登城口。西方の松平郷駐車場からは徒歩約10分。車利用の場合、東海環状道豊田松平ICから国道301号を東へ約8km。

入」への居館比定を肯定する見解も出されている（平野明夫『三河松平一族』新人物往来社）。いずれにしろ先述した江戸期の松平館の位置・構造は、そのまま中世に遡らせることはできない。「竹の入」の可能性も含め、今後探っている必要がある。

Ⅳ郭の東端からは切り通し状の坂道を下ると、途中で道が分化する。北へ枝分かれする道をしばらく歩くと、小さな平坦地にたどり着く。そこはちょうど主郭Ｉの直下にあたり、両脇は尾根筋に囲まれている。平坦地の中央に円形の井戸がある。現状では浅く水の湧き出しも確認できない。

主郭（Ａを北側から見る）

さて各曲輪群は連郭状に配置され、比較的単純な構成である。これに対して東側尾根続きには堀切Ｆ、南側斜面には横堀Ｇと竪堀Ｈ、北側斜面には横堀Ｅが設けられている。横堀Ｅ・Ｇには短い竪堀が落とされている。これら堀切・横堀・竪堀から直接曲輪群へは連絡できないが、曲輪群の裾で敵の侵入を食い止める上で有効である。とりわけ竪堀Ｈは緩斜面が続く南側に対し、上幅一〇メートル前後、深さ約一・五メートルの規模となって遮断する。内側にある井戸を守る目的も兼ねていたのであろう。

横堀や竪堀の存在は、松平城が戦国末期の改修を受けている点を示している。具体的に築城・改修時期を求めるのは困難である。少なくとも現在の遺構を松平親氏に直接結びつけて理解することはできない。

城跡は平成十二年に「松平氏関連遺跡」の一つとして、国指定史跡に指定されている。城へ登る入口はＫ部分で、解説板が設けられている。城内を周遊する道は整備され、下草も刈られているから夏場でも遺構は見やすくなっている。ただし竪堀Ｈ、横堀Ｇ付近はあまり手が入れられていないし、傾斜も急であるから見学に際しては注意が必要である。

（髙田　徹）

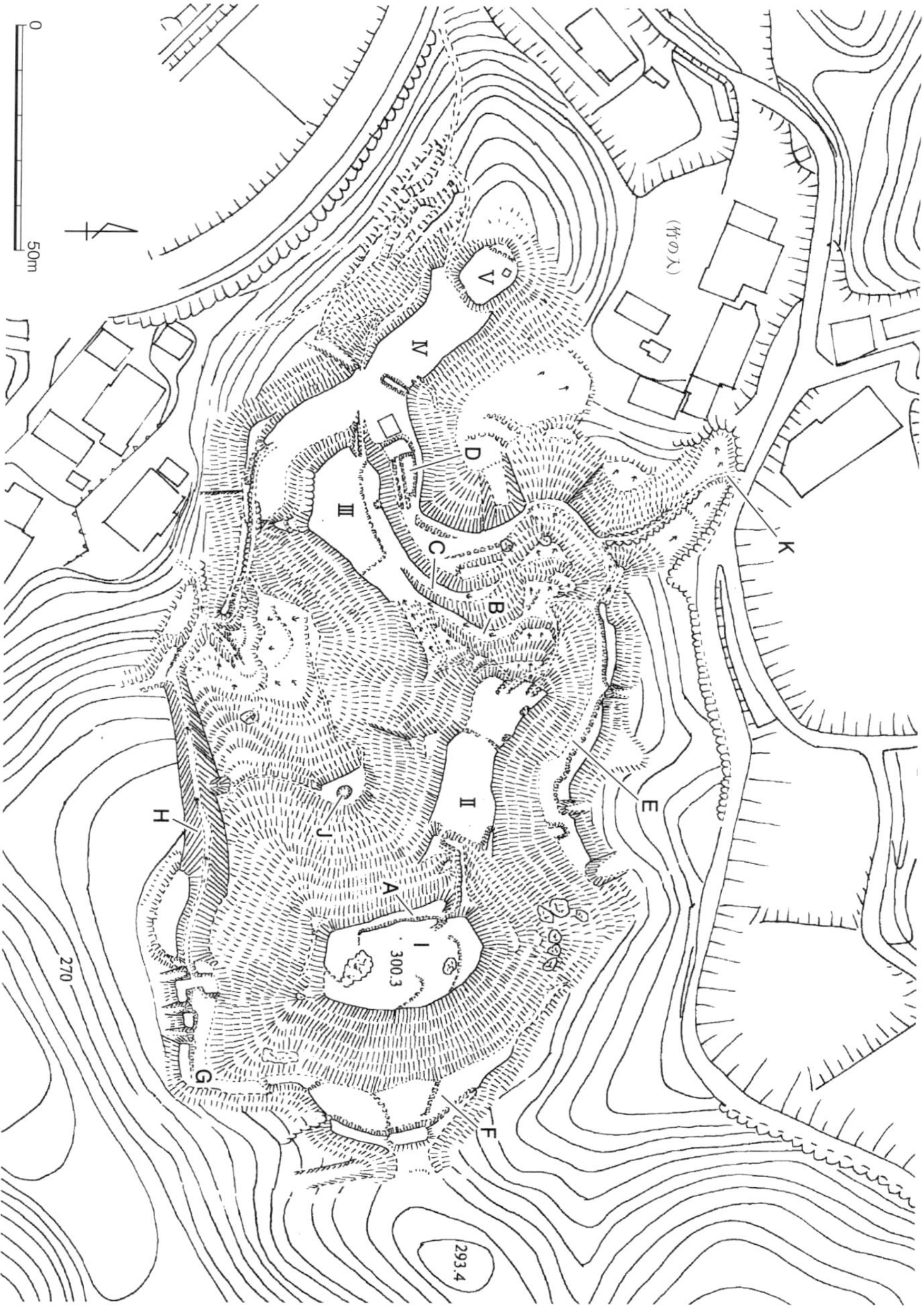


松平城（郷敷城）跡概要図（作図：髙田　徹）

# 16 則定椎城《のりさだしいじょう》

★★★

所在地　豊田市則定町羅漢山
築城時期　十六世紀
標　高　二二〇m
主な遺構　曲輪　虎口　土塁　堀切

則定椎城は、則定小学校の裏の標高二二〇メートルの羅漢山に位置する。この山はその名の通り修行の山でもあり、今でも山中にはその遺跡が残されている。則定町は江戸時代の思想家、鈴木正三《しょうさん》縁の地として有名で、小学校の前には鈴木正三記念館も建てられている。

則定椎城の城主は鈴木氏であるが、鈴木氏の伝承には不明な点も多い。『寛政重修諸家譜』によると鈴木氏は紀伊の出身で、初代の善阿弥が矢並郷（豊田市）に移った。鈴木氏は西三河北部地区に勢力を伸ばすが、椎城の鈴木氏は酒呑《しゃちのみ》郷に進出した一族である。

『寛政重修諸家譜』によると忠兵衛重次の時に、徳川家康より「汝等山中に家居して鮮食に乏しかるべし、これより足助川に簗をまうけて魚を捕るべし」と漁業権を保証されている。おそらくそれ以前から川での漁を行っており、追認を受けたものと思われるが、田畑の少ない山間の地の収入の様子がうかがえる。重次は後に五百石を得て則定に陣屋を構えている。重次の子の重成が鈴木正三である。

『三河国二葉松』には則定村古屋敷として「椎木ト云所、鈴木十内」とある。また『東加茂郡誌』は阿須利城主に鈴木忠兵衛重次をあげているが、阿須利城は、武田氏が攻略した足助七城の一つにその名が見える。『足助町誌』は阿須利城を円山城（豊田市）に比定している。

則定椎城に登るには、かつては陣屋であった則定小学校の横を登って行く。陣屋の跡には石垣が今も残っている。しばらく行くと鈴木正三史跡公園がある。公園は心月寺の址であるが、鈴木正三はここで産まれたと言われている。現在は、史跡公園や熊野神社になっているが、比較的広い五つほどの削平地がある。ここが中世段階の居館跡と思われる。熊野神社は鈴木氏が紀伊から勧請して祀ったと思われる。

　ここより標識に従い急な山道を登る。途中に十六羅漢が祀られているので見学しておきたい。安永六年（一七七七）に則定陣屋の家来であった久世勘大夫が祀ったものである。また、ここでは慈本豪英尼《じほんごうえいに》が天保二年（一八三一）から四年まで千日の火断ちの修行をしており、その説明板が設置されている。

　山道を上り詰めると堀切Aに着く。ここからが城内であるが、きれいに整備されていて大変見やすくなっている。

　主郭Iは、自然地形に制約されて不正形な形をしてい

南から則定椎城跡を望む。手前の建物は鈴木正三記念館

**則定椎城へのアクセス**

豊田市駅から名鉄バス矢並線足助行きで則定本郷バス停下車、徒歩20分。駐車場あり。

るが、きれいに削平されている。周囲の切岸は高さ一〇メートルほどで登攀《とうはん》を許さないほど急である。虎口CとDはともに枡形となっている。明瞭な土塁を伴うような枡形虎口ではないが、虎口空間を確保している。Ⅰの北側には一段低く細長い曲輪が伸びている。南には腰曲輪を造り、尾根に沿って小規模な曲輪を連ねている。

堀切Ａ

Ⅱも自然地形に沿った細長い曲輪で、Ⅰとは深い堀切で遮断されている。東隅に「當椎城主鈴木氏重墳」と彫られた墓碑が建てられている。東に一段低く曲輪が付属するが、ここには土塁が築かれており、その東に堀切Ａで遮断している。

Ⅲは I より西に伸びる尾根にあり、途中で堀切を入れて土橋を作っているが、完全には遮断せずに腰曲輪をⅠの下まで伸ばすなど一体化を図っている。Ⅱが大きな堀切を入れているのとは対照的である。

Ⅲの下には、腰曲輪を巡らせている。特に北側では途中から横堀となり、最終的には竪堀として落としている。

このように則定椎城は、基本的には麓の館と山上の詰めの城という形態をとるものの、枡形虎口や横堀を造るなど戦国末期に大規模な改修が行なわれたことがわかる。

則定町には、この椎城の他に則定城と則定小畑城がすぐ近くにあるので、あわせて見学するのもよいであろう。

（石川浩治）

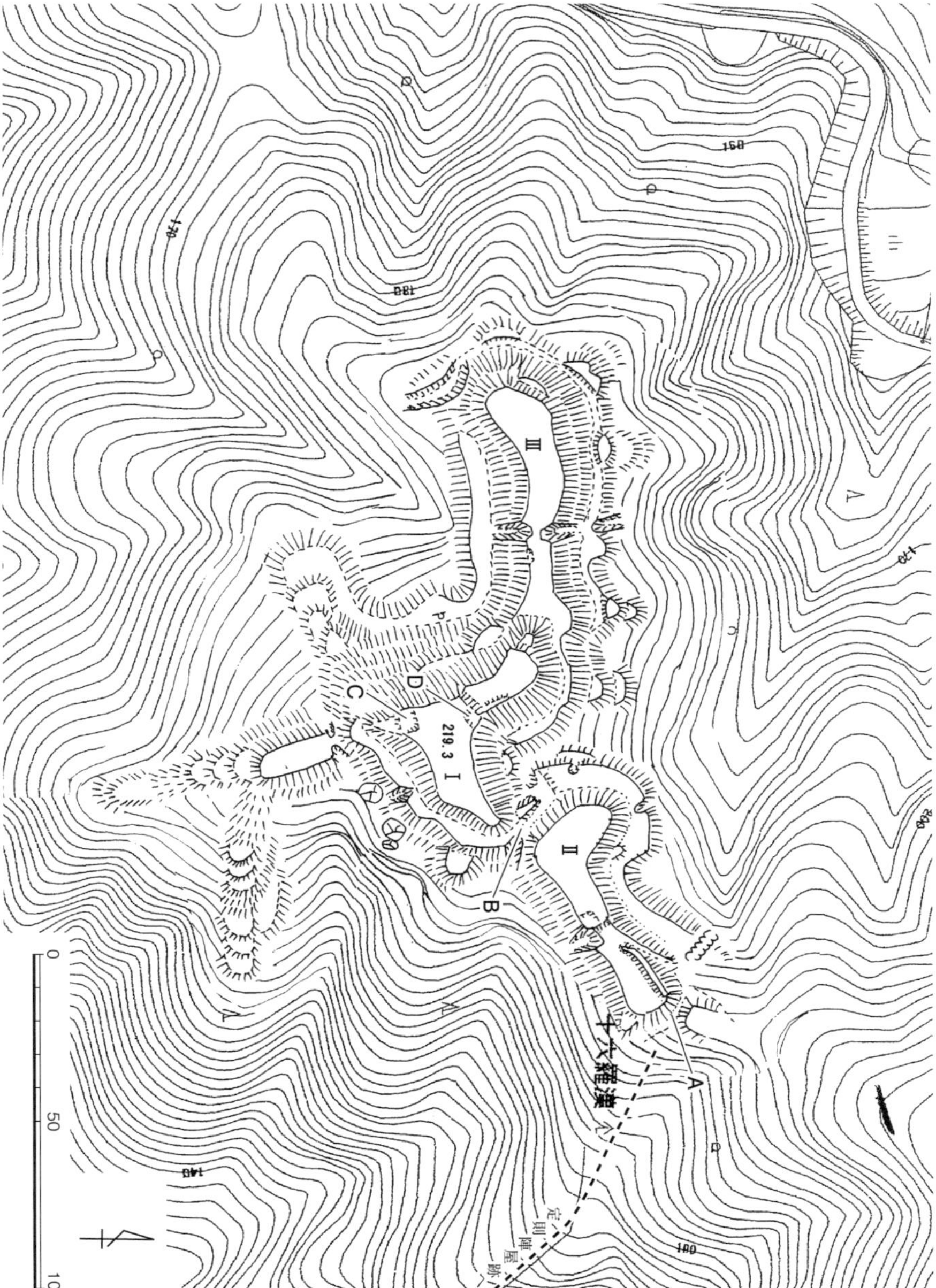


則定椎城跡概要図（作図：石川浩治）

# 17 大沼城《おおぬまじょう》 ★

**所在地** 豊田市大沼町字八沢
**築城時期** 文明年間
**標高** 四三〇m
**主な遺構** 曲輪　土塁　堀切

通説によれば大沼城は、文明年間に木村安信によって築かれた。天正三年（一五七五）安信の子、信元の代に甲斐武田氏の攻撃を受け落城した。その後城主は大給松平乗正の子、近清が城主となった。近清の子、近正は天正十八年（一五九〇）徳川家康の関東移封に従い、廃城になったと言われる。

「孕石文書《はらみいしもんじょ》」によれば天正三年（一五七五。近年の鴨川達夫氏の比定による）武田氏の三河侵攻に伴い、大沼城が近隣の浅谷《あさがい》・阿摺《あずり》・八桑《やくわ》・田代城（いずれも豊田市）とともに自落しているのは確実である。また「大給領高辻案」によれば天正十八年時、大沼は大給松平氏領とセットで捉えられており、大沼城も大給領の支城であったと考えられる。諸史料の記述から類推すると、木村氏は大沼城主であったのではなく、大給松平氏の家老として大沼城を守備していた可能性が考えられる。

城跡は洞樹院東側にある山上にある。洞樹院は木村・松平氏の菩提寺である。山上の城跡は堀切Aを挟んだ、東西二つの曲輪群から構成されている。

西側の曲輪群は、三角形の主郭Ⅰを中心として南側に曲輪が広がる。主郭Ⅰは周囲を約四メートルの切岸で囲まれているが、内部はやや傾斜する。

主郭Ⅰの南から西側裾にかけて、Ⅱ郭が設けられている。Ⅱ郭の北端には高さ約一メートルの土塁が設けられているが、昇降路を兼ねていたとも考えられる。

Ⅲ郭は南北に広がった曲輪である。南西側斜面に続く雛壇状の平坦地のほとんどは、畑地跡である。Ⅰ・Ⅲ・Ⅳ郭は樹木が刈られ、遊歩道も付けられ見学しやすい状態にある。これに対し堀切Aの東側は、荒れ気味となる。

堀切A底部は、主郭Ⅰ上部より約四メートル低くなっている。主郭Ⅰ側は切り立っていて、隔絶性が強い。堀切A底部には土橋があるが、後世の破壊道である。堀切Aの北側は緩斜面となっていて、隔絶性が弱い。堀切Aの形状から見れば主郭Ⅰ側が内側、対するⅤ郭側は外側と位置づけられる。西側曲輪群こそ城郭の中心である。

堀切A（南側から）

東側曲輪群中で中心となる曲輪は、Ⅴ郭である。南東側には、高さ約五〇センチの土塁が設けられている。Ⅴ郭の北側尾根続きを断ち切るように、堀切Cが設けられている。

**大沼城へのアクセス**
名鉄豊田市駅からとよたおいでんバス大沼線で業務センター前バス停下車、徒歩約10分で洞樹院前へ。洞樹院前から徒歩約5分で主郭へ至る。

Ⅴ郭の南側にはⅣ郭があり、南東麓からの道が通じている。Ⅴ郭の西側にはⅦ・Ⅷ郭が続いている。Ⅴ郭は全体規模も小さく、西側曲輪群の後方尾根続きを抑える役割を担っていたと考えられる。

Ⅳ郭から南東に下ったⅨ部分は、現在畑・荒地となっている。周囲は切岸状の地形に囲まれている。広島市立中央図書館・浅野文庫蔵「諸国古城之図」で「ハシヤウ曲輪」と記される部分である。同図中に「居屋敷ナリ」

と記されるように、居館部に相当する。同図中の大給城絵図でも、居館部を「ハジヤウ曲輪」と記していて、共通している。

ところで同図ではV郭の北側に「取手」と記している。現地で比定すると、V郭から北へ約三百メートル尾根を上がった標高五〇六メートルの頂部となる。一帯は岩場が露出した、やや平坦な自然地形である。

Ⅲ郭（南側から）

「諸国古城之図」で注目されるのは、後方の谷間から堀切Aの北側付近に水路を描いている点である。図中には「樋沢ト云。是ヨリ城中エ水井土（戸）ヲトル」と記されている。呼称や描写、記述に従えば城内での飲料水を確保するため、後方の谷水を樋によって引いていたことになる。

現在も北方の谷筋から堀切Aの土橋下を通り、Ⅸ方面に続く導水管が設置されている。導水管自体は現代の施設であるが、導水管をたどっていくと谷川を分流させ大沼城方面に引き込む溝状施設が認められる。溝自体は改修を繰り返しているだろうが、これが「諸国古城之図」に描かれた水路（樋）を踏襲している可能性は高い。現代の導水管は形態・構造こそ違うが、起源は中世に遡るのではないだろうか。今後の検証が求められる。

同様の導水遺構や附属遺構は明知城《あけちじょう》（岐阜県恵那市）、鎌刃城（滋賀県米原市）でも認められる。遺構は残らないが「諸国古城之図」によれば、浅谷城《あさがいじょう》（豊田市）にも存在したと記されている。

飲料水を確保するためとは言え、離れた場所から導水施設を設けるのは並大抵ではない。大沼城が恒常的に機能する拠点的な城郭であったことを彷彿させる。

（髙田　徹）

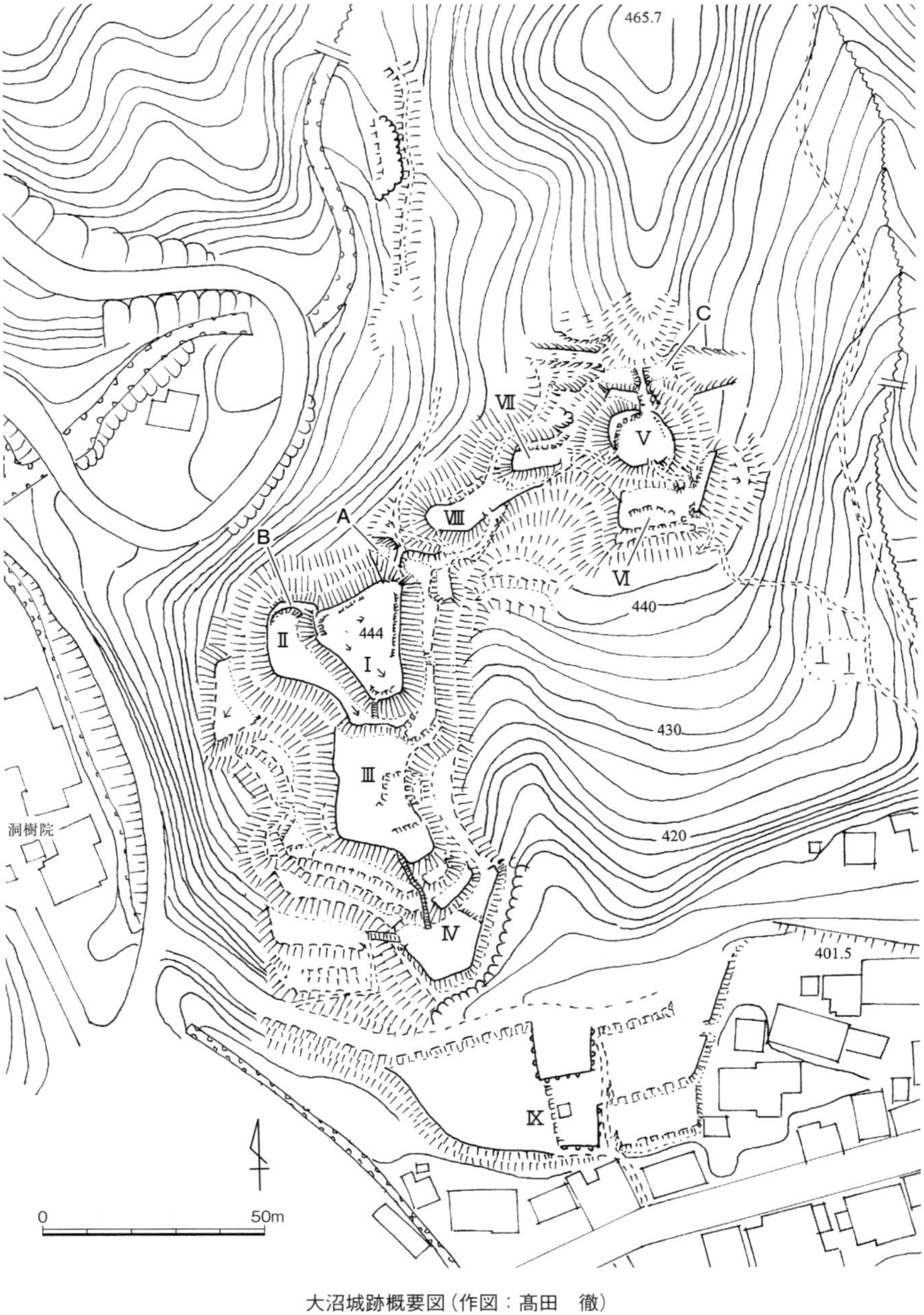


大沼城跡概要図（作図：高田　徹）

# 18 孫根城《まごねじょう》 ★

**所在地** 豊田市梶町横大
**築城時期** 十五世紀
**標高** 三九〇m
**主な遺構** 曲輪　虎口　土塁　堀切　石垣

孫根城は、巴川と支流の梶川の合流する三方を川に囲まれた要害の地に築かれていた。

『下山村誌』によれば、梶修理亮《しゅりのすけ》源信貞三男、梶金平信勝より六代居城、七代梶与吉郎信家天文五年（一五三六）足利氏のために落城、その後本多定之進忠知の居城であったが、元亀二年（一五七一）四月武田信玄に攻められて落城した。この時の戦いに武田信玄が使用したという「いしべ矢」が『下山村誌』に掲載されている。梶氏は後に本多氏の家老になったと思われる。

元亀二年の戦いでは、『孕石《はらみいし》家文書』の山県昌景書状により武田信玄が足助城《あすけじょう》、浅賀井城、阿須利城、八桑城、大沼城、田代城を落城させたとされている。これらの落城した城の中には孫根城の名前は見られないが、一連の戦いの中で孫根城も落城したと思われる。

ただし、最近の鴨川達夫氏、柴裕之氏の研究によれば、この元亀二年の戦いは信玄ではなく、勝頼による天正三年（一五七五）の戦いとする見解が出されている。

孫根城は入口付近に看板が出ており、春日神社の付近までは車で行くことができる。そこからは案内看板に従って歩いていくとよい。

堀状になった尾根道をしばらく歩いていくと城跡に着く。はじめに出会う曲輪はⅣである。

曲輪Ⅳは端に低い土塁をもつが、城外側には堀切はない。

Ⅲの曲輪の前には堀切を設けており、端を竪堀として落としている。曲輪の端には土塁を設けている。曲輪へは横から回り込んで入り、横矢を掛けている。曲輪の北側にも土塁状の高まりがある。曲輪Ⅲは馬出と評価することができる。

Ⅱの曲輪は内部を四段に削平しており、石垣もみられるので注意してみたい。曲輪の西側に坂状に土塁を設けていて、その上を歩かせる構造になっている。中でも下から二段目の曲輪は唯一両側に土塁をめぐらせて、曲輪の下には石垣を築いている。ここは四段の曲輪の中の中心的な曲輪であろう。曲輪ⅢからⅡへの虎口も同様に端をまわり込むように入れておりⅢと共通性がある。

これらの曲輪の中には直径二メートルほどの穴が何箇所かみられる。これらの穴を狼煙の遺構とする見解もある。

曲輪Ⅰは楕円形をした曲輪で孫根城のなかでも突出して規模の大きな曲輪である。Ⅰの虎口は、Ⅱの西側の土

南東から孫根城跡を望む。中央部が主郭

**孫根城へのアクセス**

豊田市駅からとよたおいでんバス下山・豊田線で終点・大沼バス停下車、または東岡崎駅から名鉄バス大沼線、終点・大沼バス停下車、いずれも徒歩30分。車利用の場合、東海環状道豊田松平ICから国道301号を東進、根崎交差点を左折、県道362号を北進。駐車場あり。

塁上を歩かせ、そこより九〇度折れて坂を登って入る。坂道の上の曲輪の端を張り出させており、防御力を高めている。周囲には土塁はないが、北側に一部高まりがある。周囲の切岸は登攀を許さないほど高く、北側の高さは約二〇メートルにも達する。主郭の内部にも直径二メートルほどの穴がみられる。

主郭背後の堀切

北の尾根続きには堀切を入れてその外側には低い土塁を築いている。堀切は横堀として西側にまわっている。それより先端には尾根が続くが城の遺構はみられない。

孫根城の縄張は、階段状に曲輪を並べるものであるが、虎口は曲輪のふちを回りこむように作られている。

このように孫根城は集落より離れて位置しており、屋敷地も見られないために地域支配のための城ではない。また、横矢掛けの虎口や馬出も見られることから戦国末に改修されたことが伺われる。つまりは在地の城ではなく、軍事的な目的のため築かれた城である。

孫根城は武田氏により落城しているが、このときは本多氏が守っていたと言われる。このことによっても徳川氏により領国防衛の城として改修された可能性もあろう。

付近には、物見岩、隠れ屋敷、信玄平と言われる場所がある。このように信玄平という伝承地名があることは武田氏の脅威を伝えるものであり、孫根城付近が徳川氏と武田氏との最前線であったことを物語る。

孫根城は看板も整備されており、曲輪内もとても歩きやすい城である。

（石川浩治）

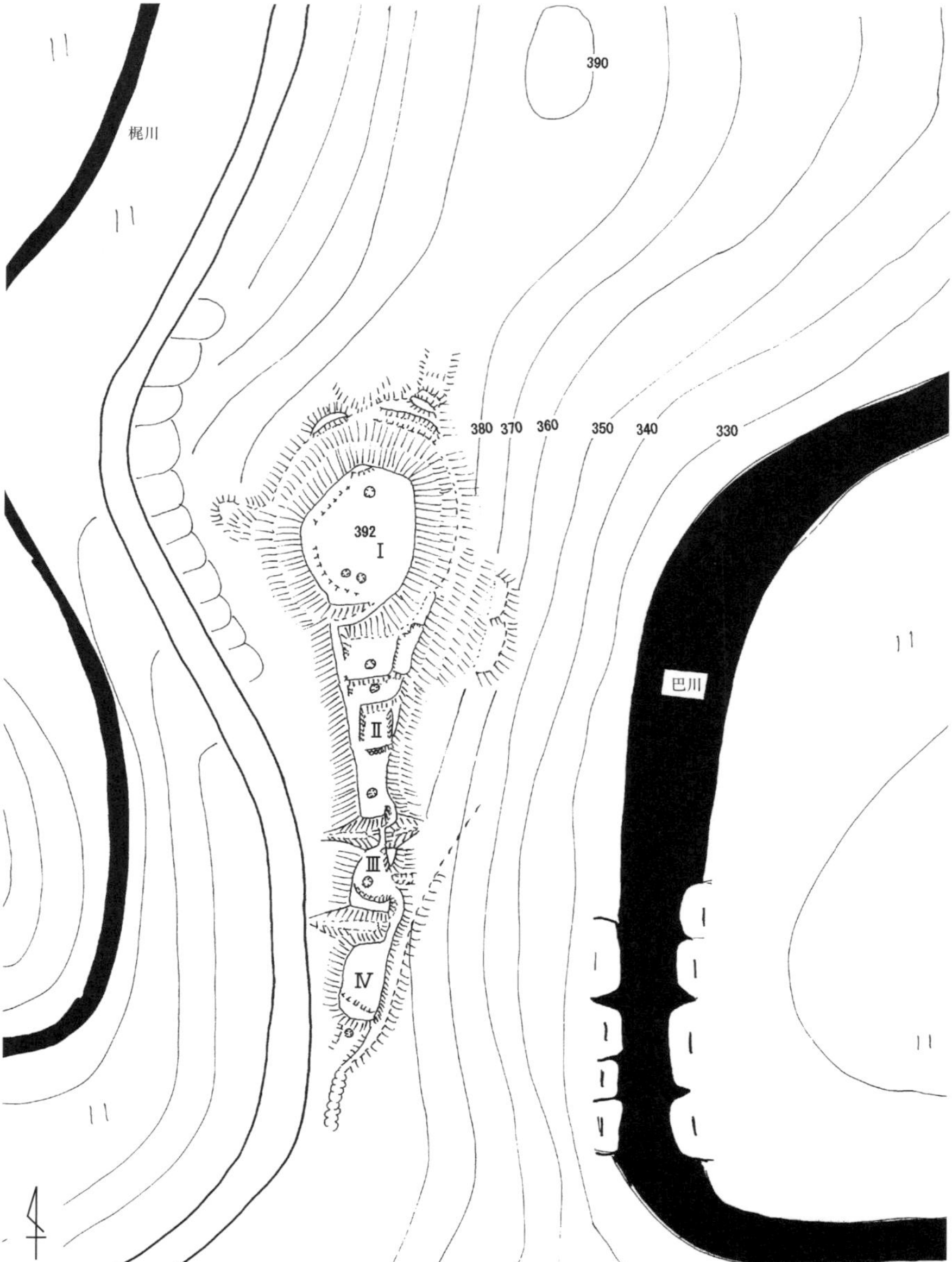


孫根城跡概要図（作図：石川浩治）

# 19 大桑城《おおくわじょう》 ★

**所在地** 豊田市大桑コンデ嶋
**築城時期** 十五世紀～十六世紀
**標　高** 四四四m
**主な遺構** 曲輪　土塁　空堀　虎口　土橋

大桑城は三河湖から流れる巴川とその支流である大桑川の合流点南にそびえる山上に位置している。比高四〇メートル程の比較的なだらかな山容の丘城であり、周囲も山々に囲まれている。

『三河国二葉松《ふたばのまつ》』によると「大桑村古屋敷、河合弥十郎」とあり、『三河国古今城塁地理誌』にも「大桑村、河合弥十郎」と記載されている。弥十郎の詳細な出自は不明であるが恐らく大桑城の城主と思われ、この地域一帯に勢力を持った土豪であろうと推測される。また『東照軍鑑』には、天文十九年（一五五〇）駿河の今川義元が三河の旗色を窺った時、今川・松平両氏に従わなかった者の中に大桑城主の弥十郎がおり、永禄八年（一五六五）徳川家康が田代・大沼へ出陣した時、大桑の弥十郎を引き付けて帰陣した、とあり、家康の三河平定戦の折には臣従したものと思われる。その後天正三年（一五七五）武田勢率いる軍が足助城《あすけじょう》をはじめ大沼城や田代城など周辺の城を次々と攻め落としており、大桑城もその折に落城したものと考えられている。この武田勢は長篠城を囲んでいる。大桑城は武田氏が足助を通過して作手《つくで》方面の道筋として押さえねばならない要地であり、設楽郡へとつながる位置でもある。なお、大桑城と巴川を挟んだ対岸に位置する羽布城《はぶじょう》北側に連なる山の根道は、武田軍が東三河進出の際に切り開いた道であるとの伝承もあり、大変興味深い。

大桑城主郭の形状はおにぎりのようなほぼ三角形をしており、内部は比較的広いスペースが確保されてある。曲輪周囲には土塁をめぐらしていた形跡がみられるが、はっきりと確認できるのは、虎口両脇から東西に延

土塁上から土橋とその両脇の空堀をみる

びる部分である。幅も二メートルと広く、両端部は直下の堀底に食い込むように張り出している。横矢が掛けられる部分なので、往時はここに櫓等の作事があったとも推測できる。虎口の前面には幅三メートルの平入りの土橋があり、その両脇には深さ五メートル、幅も大きいところで約一〇メートルを測る大堀切が主郭南面を取り囲んでいる。主郭土塁と合わせれば深さも増して八メートル程になろうかという規模である。堀の断面は箱堀であり、途中やや屈折した形状で丘陵を大きく分断している。大桑城の最大の見所であるといえる。この土橋の南面には曲輪があり、さらに南東の尾根にまで遺構が連なっていたようであるが、現在は開拓された田畑や、巴ヶ丘小

**大桑城へのアクセス**

名鉄名古屋本線東岡崎駅から名鉄バス大沼行き終点で下山バスに乗り換え、三河湖口バス停下車、東南方向へ徒歩15分。車利用の場合、東海環状道豊田松平ICから国道301号根崎の信号を左折、約40分。

学校建設の際に伴う整地などによって失われている。主郭の周囲の下は帯曲輪に取り巻かれていて、部分的に土塁を設けて横堀状にしている。ただし、一部に城跡の散策遊歩道として近年整備された形跡もあり、そのまま遺構だとは断定ができない。

大桑城を北側から望む

ほぼ単郭で失われた部分の遺構が不明ながら、このような大きな主郭に対して防衛面では、やや不安な面を残している。理由としては大桑城が戦闘に耐え得る目的ではなく、別に主要城郭間における物資や兵站確保等の後方支援を目的とした繋ぎの役割を担っていたとも考えられる。足助・田峯・作手の諸方面から等間隔の位置にあることや、山間部での連絡中間点として役割を果たすのにも適した場所であったと思われる。また、北へ五〇〇メートルの地点には羽布城もあり、お互いが直視できる位置にあることも関連性が挙げられる。

なお、現在城の南方の谷間一帯には、耕地が開けているが、当時の居館はこの周辺にあったものと推定されている。城跡周辺は歴史学習の森として整備され、大桑城の歴史や概要をわかりやすく説明してある。登山道も登りやすく気軽に見学できる。遺構も大変見やすい。先述の羽布城や大沼城といった一連の城郭も近いので合わせて見学されることをお勧めしたい。

（遠藤久生）

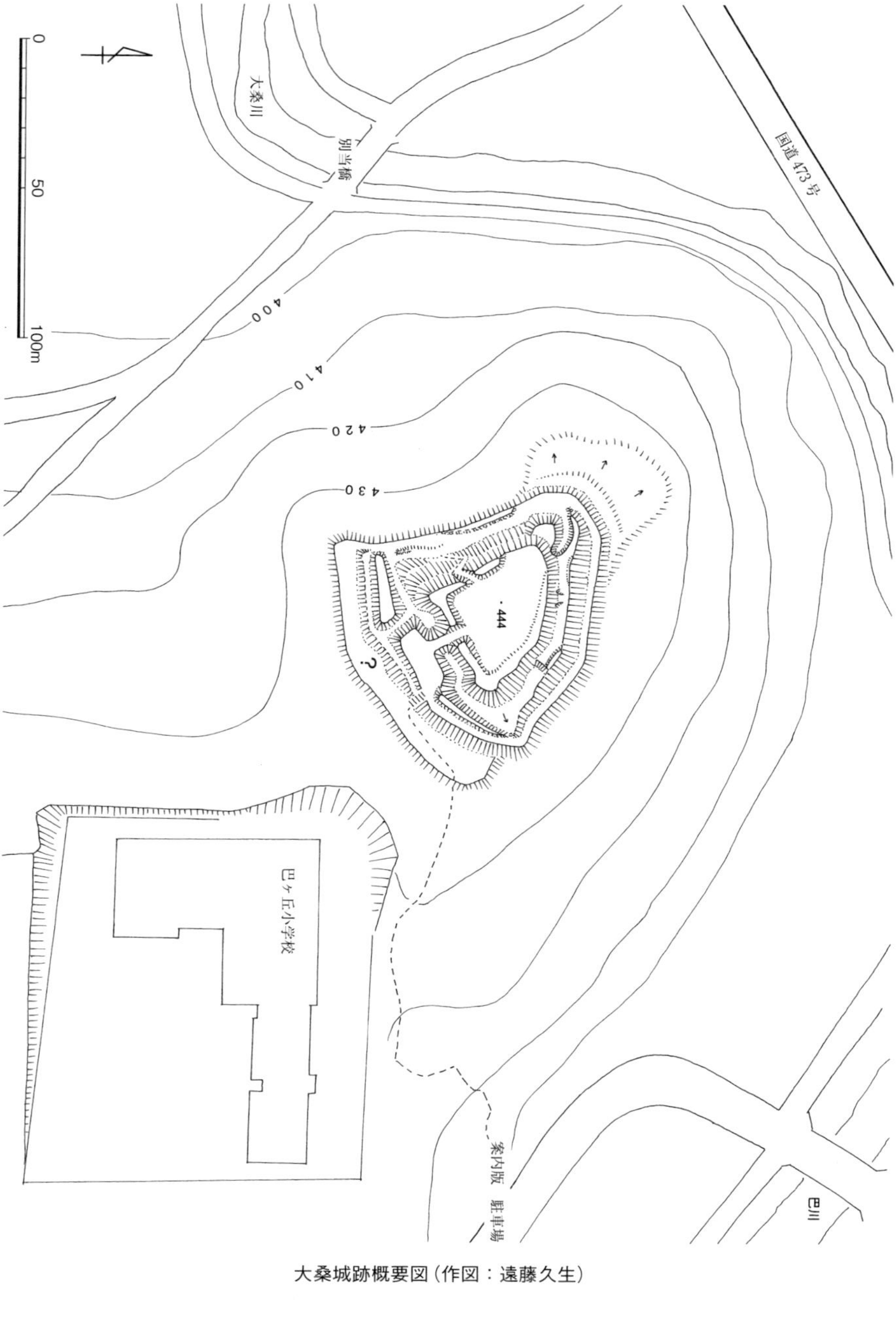


大桑城跡概要図（作図：遠藤久生）

# 20 足助城《あすけじょう》

★★

**所在地**　豊田市足助町須沢三九―二
**築城時期**　不明、十五世紀後半か？
**標高**　三〇一m
**主な遺構**　曲輪　堀切　虎口　井戸

真弓山は足助の中心市街地の東南に位置し、山頂部からは、信州・東濃・岡崎・名古屋方面へ向かう街道を一望できる。足助城は、この真弓山山頂を中心に構築された城郭で、真弓山城・足助松山城などとも呼ばれる。

戦国時代に西三河山間部に勢力を伸ばした三河鈴木氏のうち、足助鈴木氏の本城とされる。それ以前の平安時代末から南北朝時代には、足助一族が真弓山をはじめ足助七屋敷と呼ばれる城を構えたと伝えられるが、詳細は不明である。足助鈴木氏は、初代忠親から始まり、重政・重直・信重・康重の五代が知られ、足助城への入城は初代忠親からと推測されている。永禄七年（一五六四）以降は松平氏の国衆となり、天正十八年（一五九〇）に五代康重は徳川家康の関東入国に従い足助を離れた。通説では途中、元亀二年（一五七一）に武田信玄が足助城を攻略し下條信氏を城代としたが、天正元年（一五七三）に家康の長男岡崎三郎信康が武田勢を追い払ったという。

真弓山城の遺構は、山頂に立地する本丸（主郭）を中心に、四方に伸びる尾根を利用して階段状に展開している。平成二年から多くの曲輪で発掘調査が行われ、その成果に基づき建物が想定復元された。現在は山城の主要部全体が整備されていて、そこを訪れる観光客も多い。

本丸は長さ約五〇メートルの細長い平坦面からなる。発掘調査によって掘立柱建物跡が数棟検出され、高櫓・長屋・門などの施設があったと想定されている。主郭北部では三間×四間の掘立柱建物跡が発見され、東面北端部に張り出し部を持っている。現在この部分には二階建ての高櫓が想定復元されている。一方、主郭中央部では一間×三間の細長い掘立柱建物跡が発見され、現在この部分には平屋の長屋が想定復元されている。これらの建物跡は数回の建替えが行われていたことが判明している。

本丸から南南東方向に伸びる尾根上に、小規模な曲輪（南物見台）と角張った扇形に折れる細長い曲輪（南の丸）がある。本丸と南物見台の間には堀切があり、本丸東面から下りる堀底道となっている。南物見台では明瞭な建物跡は確認されていないが、現在は矢倉を復元している。南物見台から下がった位置には、矩形に折れる細長い南の丸がある。井戸二基、掘立柱建物跡、竈状遺構、柵列などが発掘され、台所の機能を持つ曲輪と考えられる。特に、柱穴列に沿うように礫が多数出土しており、現在は石置き屋根の厨が二棟分想定復元されている。

南の丸をさらに下ると堀切があり、山を下りる道に通じる。堀切から西に向かうと、本丸から南西方向に伸びる尾根上に展開する小曲輪群に至る。このうち南の丸腰曲輪一では掘立柱建物跡が検出されている。

本丸から西方向に伸びる尾根上には、長さ約五〇メー

本丸の復元された高櫓と長屋

**足助城へのアクセス**

名古屋鉄道豊田線浄水駅から、とよたおいでんバス、さなげ・足助線で一の谷口バス停下車、徒歩40分。または名古屋鉄道本線東岡崎駅から、名鉄バスで香嵐渓一の谷口バス停下車、徒歩40分。

トルの細長い平坦面（西の丸）とそこから階段状に展開する曲輪群（西の丸腰曲輪）がある。西の丸では発掘調査の結果、数棟の掘立柱建物跡や柵列等が確認され、東端部のやや高い部分で現在は矢倉が想定復元されている。西の丸腰曲輪一では先端部が造成されたことが判明し、建物跡も存在した。この尾根上に伸びる曲輪群は南斜面に下る通路によって結ばれ、標高二五〇メートル付近で堀切に至る。堀切よりも下位にも平坦面が展開しており、これらも城郭に伴う可能性がある。西方向と南西方向に伸びる尾根の間で、通路より少し下がった位置には井戸が存在する。本丸から北方向に伸びる尾根に本丸腰曲輪、北東方向に伸びる尾根に北腰曲輪群がある。西の丸から山裾に伸びる通路を介して本丸腰曲輪一と北腰曲輪一が結ばれ、その先は本丸東面北端に至る。北腰曲輪群の先端には堀切が見られる。北腰曲輪一と二でも、発掘調査の結果、掘立柱建物跡が見つかっており、足助城には最盛時にはかなりの多くの建物が存在したことがわかる。本丸から東方向に伸びる尾根上にも、腰曲輪がいくつか存在する。南の丸の東端から下りる通路があり、最下段の曲輪の南端に竪堀状の遺構がある。

南の丸を画する堀切と切岸

　発掘調査により出土した遺物は、十五世紀後半から十六世紀後半までのものが大半で、土師器鍋類など生活道具類が多い印象がある。谷筋の湧水しやすい地点に複数井戸が設置され、火処遺構も存在することから、山城といえどもかなり居住性に優れた遺構展開となっている。広範囲に堀切などの防御施設が構築されたことからみて、十六世紀後半に今川氏・松平氏あるいは武田氏の侵攻に備えて城郭が改修された可能性が考えられる。

（鈴木正貴）

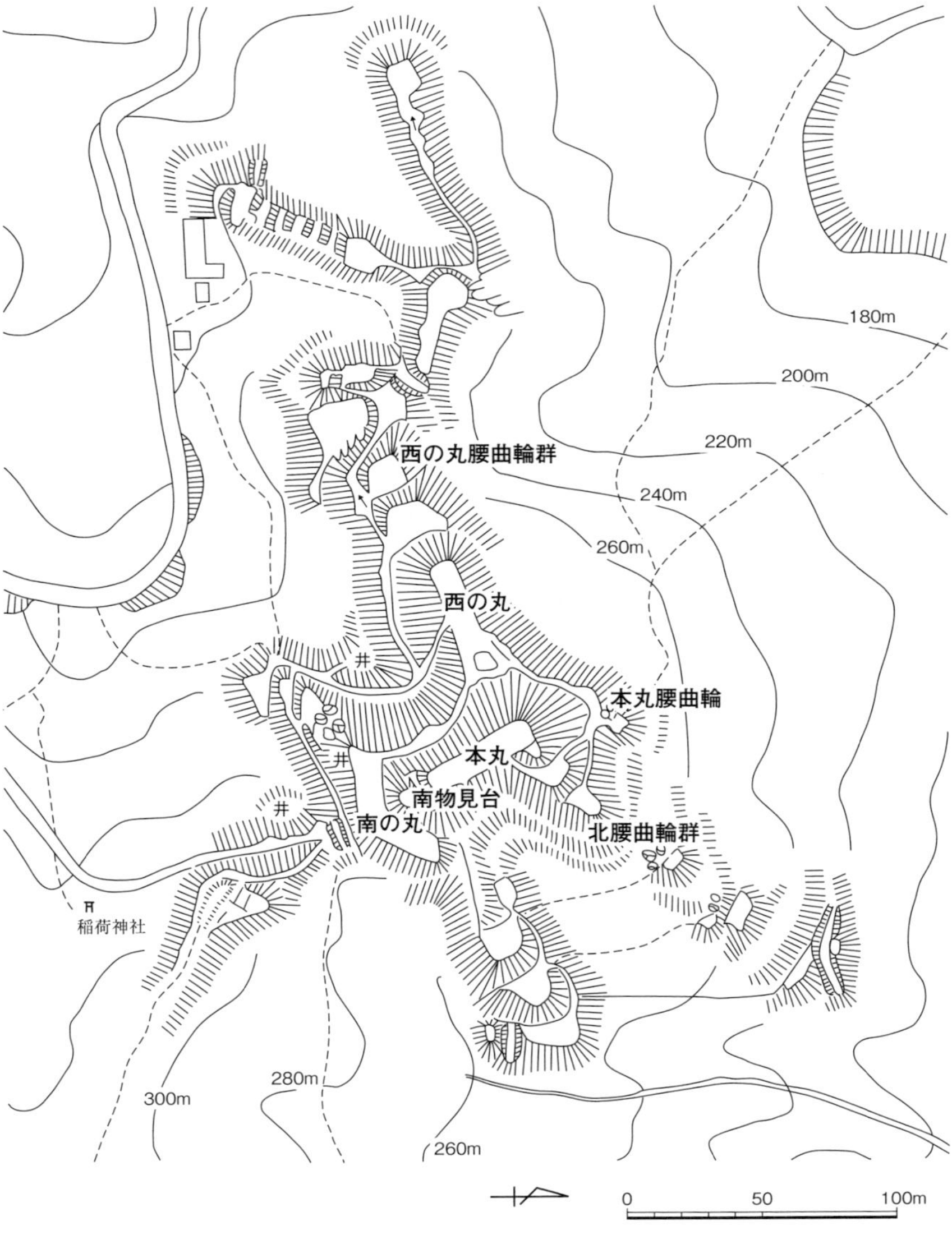


足助城跡概要図（鱸鑿氏作成図を鈴木が再トレース）

# 21 城山城《しろやまじょう》

★★

**所在地**　豊田市足助町引陣・城山
**築城時期**　不明、十六世紀後半改修か？
**標　高**　二三〇m
**主な遺構**　曲輪　土塁　堀切　横堀　土橋

足助町は三州街道の足助宿として栄えた奥三河の拠点である。山地に囲まれた狭い谷に市街地があり、中央を足助川が流れている。足助城山城は足助の町並みを見下ろす北側の山地に所在する。

城山城は、それが立地する小字名に由来しており、史料による城名や城主を知ることはできない。

尾根の頂部となる広い平場の中央部にくびれがあり、この西側を主郭Ⅰ・東側を主郭Ⅱに区分される。主郭Ⅰは東西に長い曲輪で、西部から北辺にかけて幅約四メートル、高さ約〇・八メートルの土塁の痕跡を読み取ることができる。主郭Ⅱも同様に東西に長く北辺に土塁痕が確認され、さらに北東端部に高まりが確認され櫓の存在も想定される。主郭Ⅱの南西部に凹みが存在するが、ここに物理探査を試みたところ、階段状遺構が想定され出入り口になっていたと思われる。

主郭Ⅰ・Ⅱ間にあるくびれ部の断面V字形の凹部に、物理探査を試みたところ、上幅約七メートル、深さ約六メートルの堀切の存在が想定された。隣接する逆台形凹部でも浅い箱堀が予見され、堀跡が切り合う状況が想定される。主郭Ⅱから北に伸びる尾根上には堀切状の凹部があり、中央に上幅が約四メートルの土橋もみえる。搦手の防御施設と思われる。

城山城の南斜面には、主郭のある尾根頂部から下がる尾根が大きく三つあり、それぞれに城郭に伴う遺構が存在した。現在は、国道一五三号バイパスの建設により削平され、すでに滅失している。しかしながら、国道建設に先立って発掘調査が行われ、多くの成果が得られている。

主郭から南西方向に伸びる尾根上には細長い平場があり、通称「馬場」と呼ばれている。発掘調査で、その南西端に堀切00Ａ区ＳＤ01が検出され、そこから十六世紀後半の瀬戸・美濃窯産擂鉢が出土している。この堀切から下がる緩斜面には遺構は展開していない。「馬場」側面の狭い腰曲輪では、切岸・横堀・掘立柱建物跡が確認されている。横堀から志野皿が出土していることから、これらの遺構は十七世紀初頭に埋没したものと思われる。

国道153号から城山城を望む

主郭Ⅰから南方向に伸びる尾根上には、多くの階段状の平場がみられたが、これらが城郭に伴うものか食料増産による開墾に伴うものか判断が難しかった。発掘調査の結果、切岸を伴う箱堀状の堀切01Ａ区ＳＤ10、各平場端部に柱列、二基の竪穴状遺構が発見されている。これらは十六世紀前半に属する遺構と考えられ、城山城に関連するものと思われる。

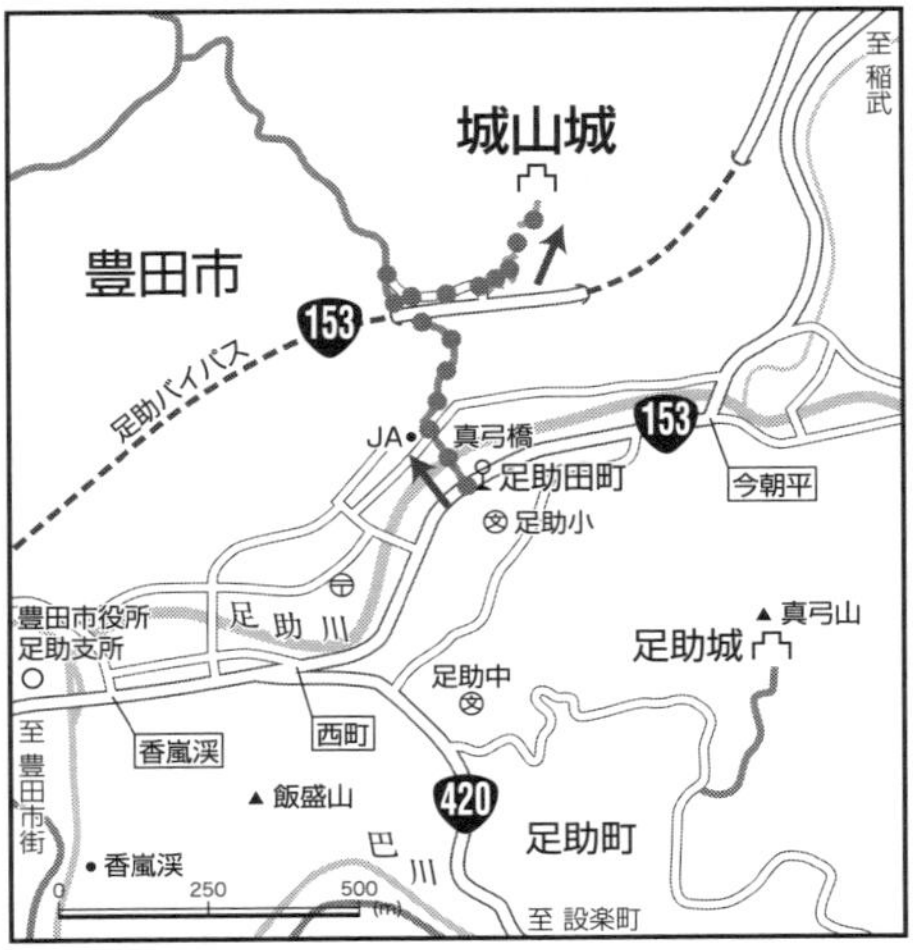


**城山城へのアクセス**

名古屋鉄道豊田線浄水駅から、とよたおいでんバス、さなげ・足助線で足助田町バス停下車、徒歩20分。または、名古屋鉄道本線東岡崎駅から、名鉄バスで足助田町バス停下車、徒歩20分。

一方、主郭Ⅰ・Ⅱ間にある括れ部から南東方向に伸びる尾根上には、多くの階段状の平場の他に堀切の存在も知られ、かねてより曲輪の可能性が指摘されていた。発掘調査の結果、主郭に向かう堀割状通路がある段階とその通路を埋め平坦面を造成した段階の大きく二期に遺構の変遷が捉えられている。前者のⅠ期では、調査前に堀切が想定された部分で、通路が突き当たり堀切もしくは切岸が構築されていた。通路の西側の高い部分では番小屋の可能性がある掘立柱建物跡も検出された。後者のⅡ期では、平坦面の造成に加え堀切と横堀が構築されている。Ⅱ期は、さらに竪穴状遺構が存在する段階とそれを埋め立て掘立柱建物が建てられる段階の二時期に細分された。横堀からは、十六世紀後葉の遺物や一五六〇年から一六三〇年の数値が測定された炭化物が出土しており、廃城年代を知る資料となっている。

横堀を完堀した状況（提供：愛知県埋蔵文化財センター）

このように主郭の南東斜面では、標高約一八〇メートルで各尾根に堀切を設けて防御ラインが組み立てられ、各曲輪には建物遺構が展開している。一方、北斜面には主郭の周囲に土塁を配するのみで他に遺構は見当たらない。城山城は明らかに南東方向を意識した縄張となっている。このように東からの進軍に対処する城構えを持つ城郭には、城山城の他に真弓山城と飯盛山城があり、これらが連動して普請された可能性も考慮しなければならないだろう。

横堀を多用する縄張と出土する遺物の年代観からみて、城山城の縄張が最も発達したⅡ期は十六世紀後葉に比定されよう。この頃、武田氏の三河侵攻の緊張関係が発生し、通説では元亀二年（一五七一）に足助城が攻略されている。後にすぐ松平軍が領地を回復するが、城山城の改修は武田氏の三河侵攻を受けたものであった可能性が高いといえよう。

（鈴木正貴）

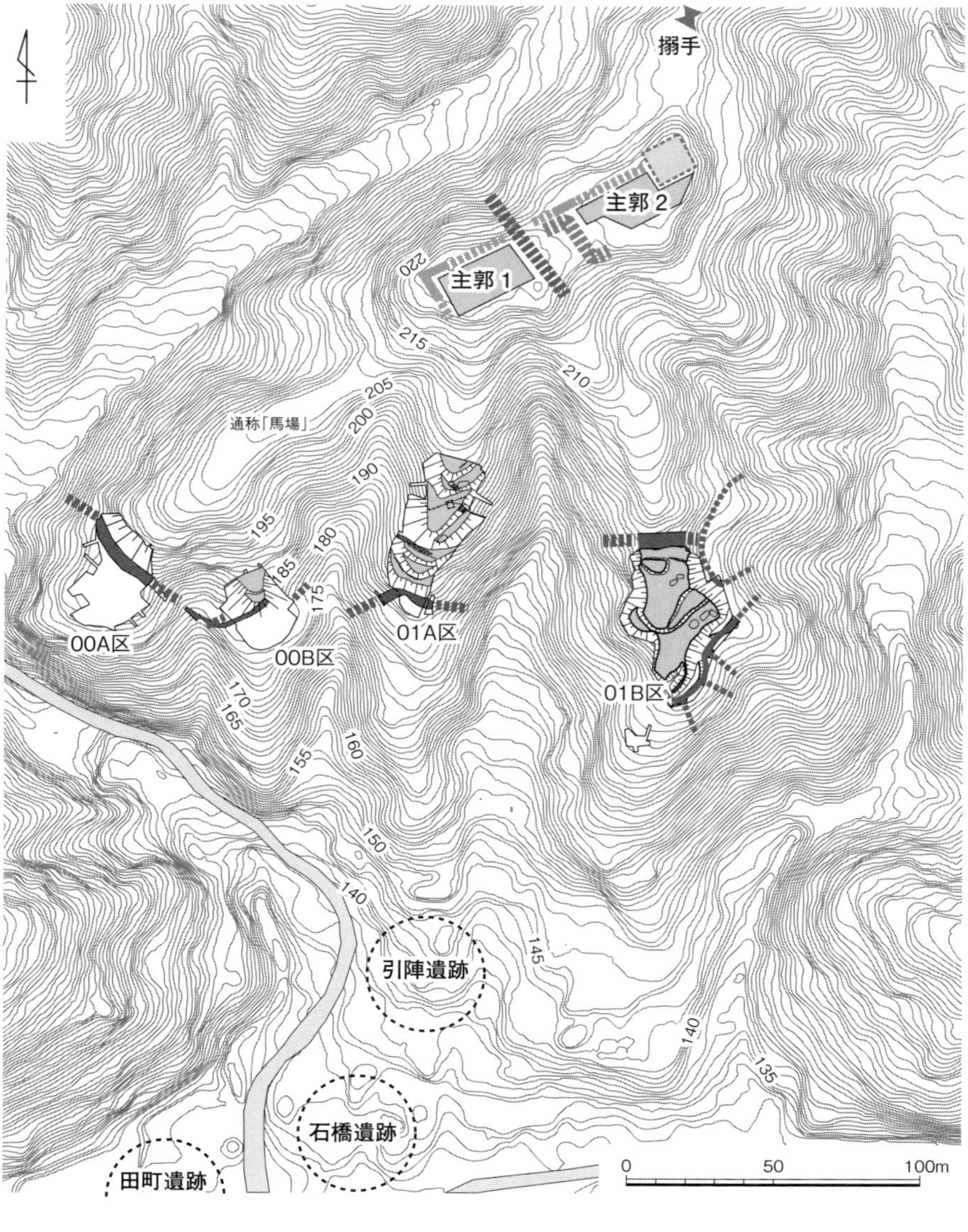


城山城跡概要図（『城山城跡』報告書から転載）

# 22 千《ち》ノ《の》田《だ》城《じょう》 ★

**所在地**　豊田市上八木町千ノ田
**築城時期**　十六世紀
**標　高**　四八〇m
**主な遺構**　曲輪　虎口　土塁　堀切

千ノ田城は、上八木《うばやぎ》集落の西北の尾根の中ほどに築かれていた。

現在は足助より稲武へのルートは国道一五三号の飯田街道であるが、その南に県道三三号の足助街道も走っている。千ノ田城は現在の飯田街道と足助街道の間くらいの位置に築かれているが、『足助町誌』によると中世の街道は足助から中ノ御所～桑田和～二タ宮～上八木を通って大多賀から稲武に入るルートがメインであった。千ノ田城のすぐ下を通る道がこの旧街道であった。

これを裏付けるようにこの旧街道沿いに千ノ田城の東五〇〇メートルの山上には芦ノ入城、二キロほど東の山上には坂城がある。

千ノ田城は、『三河国二葉松』等の近世地誌類には一切その名前が出ておらず、いつ誰が築いたのかは不明である。『足助町誌』には城名と位置のみが記されている。

千ノ田城の場所は少しわかりにくいので、城跡からは集落とは反対側にある宗源禅寺から行くとわかりやすい。

宗源禅寺のすぐ南に位置する尾根が千ノ田城である。道沿いに進むと切り通しに達する。この切り通しは堀状になるが城の遺構ではなく、道と思われる。この切り通しより右手は墓地となっている。

城跡に行くには、ここより尾根を少し登っていく。三〇メートルほどで城跡に達する。

千ノ田城は小規模な城であるが、その縄張は緻密なものである。尾根続きを堀切Aで遮断している。これよりも上には城の遺構は認められない。堀切より曲輪側の両サイドにそれぞれ小規模な曲輪を設けている。南側の曲輪には竪土塁を設けているが、北側の曲輪は逆に竪土塁を設けずに、西に堀を入れている。それぞれに造り方が違い面白い。

Ｉが主郭であり、周囲に低い土塁を巡らせている。堀切に面した土塁は少し幅が広くなっている。主郭の内部は二段になっている。

千ノ田城跡遠景。北側から

主郭の下には三方に腰曲輪を巡らせている。主郭からは虎口Ｂよりスロープ状に降りる。腰曲輪には北と南側に幅一・五メートル、深さ五〇センチほどの横堀をめぐらせている。

腰曲輪は西側では凸字状に張り出しを設けているが、これは虎口Ｃに横矢をかけるためである。

**千ノ田城へのアクセス**

愛知環状鉄道四郷駅からとよたおいでんバスさなげ・足助線、足助で乗り換え、稲武・足助線北小田バス停下車、徒歩30分。駐車場あり。

腰曲輪の更に一段下に腰曲輪を設けているが、南側の腰曲輪は横堀状となり、端より竪堀を落としている。これはこの方面に尾根が延びているためである。張り出しの西には浅い堀切を設けている。

堀切 A

城の南には「お方屋敷」と呼ばれている場所があり、近くには古井戸もある。お方屋敷の由来は、わからないが、古い段階の館の跡かもしれない。

このように千ノ田城はコンパクトな城であるが横堀と竪堀を持ち、虎口に横矢をかけるなどテクニカルな縄張を持っている。集落には近いが、城主等の伝承がないのはこの城が戦国末期に大名勢力により極めて軍事的に臨時に築かれたためではないであろうか。

先に述べたように東五〇〇メートルのところに芦ノ入城がある。芦ノ入城は比高一〇〇メートルの山上にあるが、堀切と横堀で城域を画する以外はほぼ自然地形に近い縄張であり、城主等については何も伝えられていない。比較的低い位置にある千ノ田城の情報伝達等の目的で築かれた城と思われる。

千ノ田城を訪ねた時にはセット関係にある芦ノ入城も比較的近くにあるので見学をお勧めする。（石川浩治）

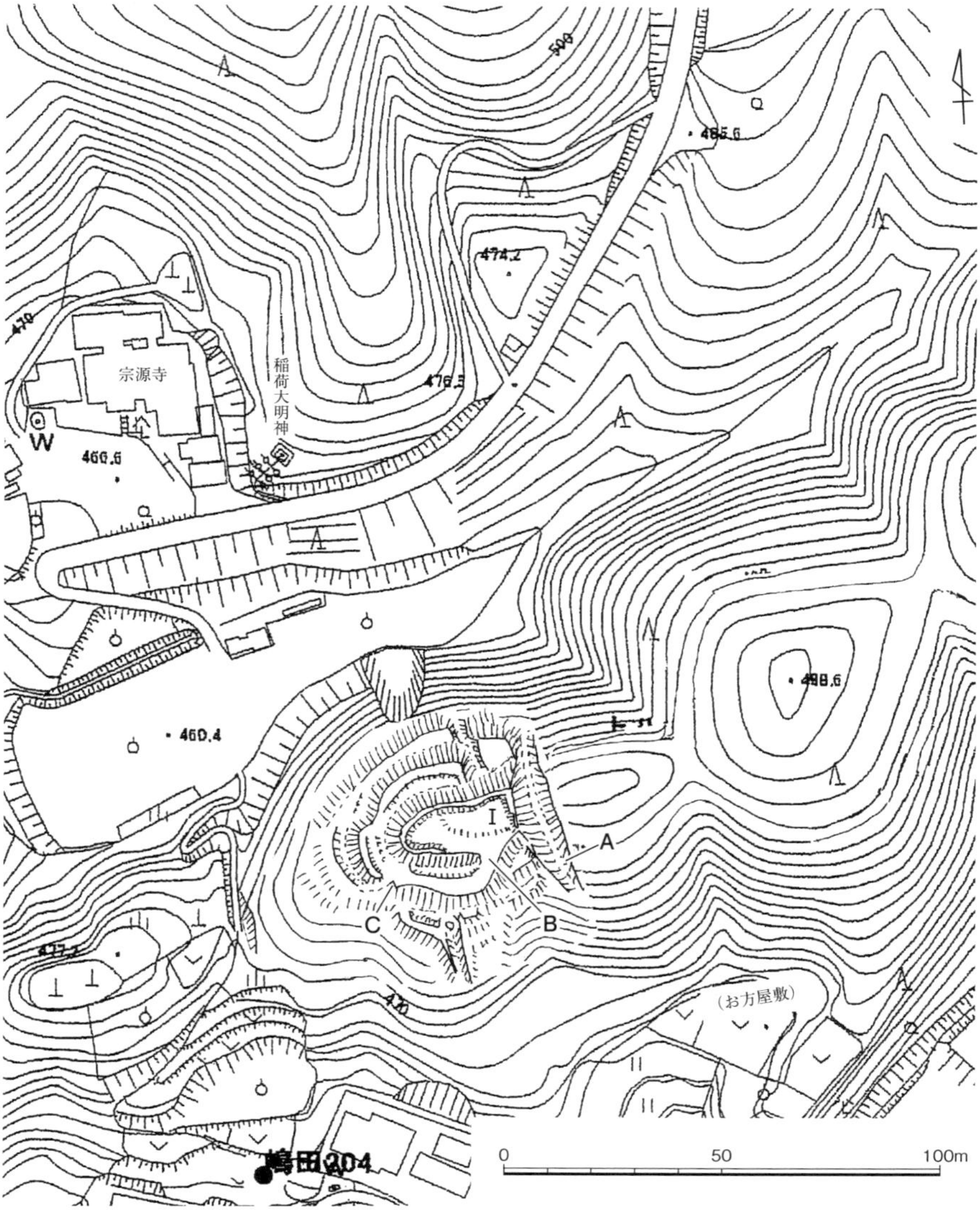


千ノ田城跡概要図（作図：石川浩治）

# 23 市場城《いちばじょう》

★★

**所在地**　豊田市市場町字城
**築城時期**　文亀年間
**標　高**　三九〇m
**主な遺構**　曲輪　土塁　櫓台　堀切　石垣　虎口　畝状空堀群

市場城は、市場古城（市場城の東南方約四〇〇メートル）から移った鈴木（鱸《すずき》）氏の居城であった。文禄元年（一五九二）豊臣秀吉の命に従わなかったため、当時の城主鈴木重愛《しげよし》は退去させられ、市場城も廃城になったと伝えられている。

廃城時期や廃城経過については、良質な史料で明らかにできず、不明な点が多い。ただし現在残る遺構は、豊臣期の成立と見てもおかしくない。虎口の構造は複雑で、織豊系城郭と捉えても矛盾はない。石質の影響は考慮すべきだが、石垣は近隣の大給城や松平城山城よりずっと発達している。しかも主要導線・虎口に限定して石垣を採用する点も注目される。いずれにしろ市場城は、三河ではやや異質で、謎の多い城郭である。

城跡は樹木が払われ、周遊路も整備されている。北側の一部を除けば、夏場でも遺構は観察しやすい状態にある。ただ主郭Ⅰの南側石垣は、近年新たな石材で、新たに積み直したものであるから注意が必要である。

主郭Ⅰは南北に長い。かつては曲輪内部を仕切る土塁が存在したが、わずかに痕跡を残すのみである。広島市立中央図書館・浅野文庫蔵「諸国古城之図」では主郭Ⅰ内部は二つの土塁で三区画に分けられていたとしている。

主郭Ⅰの虎口は二カ所あって、いずれも西側を向く。北側の虎口Aは廃城後の破壊を受けているが、開口部脇の石垣を残している。現在は虎口の北側に遊歩道が付いているが、それは破壊道である。虎口Bは、東側に新造の石垣があり、西側斜面側にオリジナルの石垣を残す。新造される以前の石垣は、崩れた石垣の石材がところどころに認められるものであった。かつては新造石垣に近い姿であったかもしれないが、事前に発掘調査はなされておらず、詳細は不明と言わざるを得ない。

主郭Ⅰの南側にあるⅡ郭は、南西隅に高さ約三メートルの石垣を残している。細部はともかく、旧態を止める石垣である。Ⅱ郭から主郭Ⅰにかけての導線上は、高石垣で固められていて目を惹く。現在は、山麓から堀C中を通ってⅡ郭前に至る遊歩道がついている。遊歩道を上がってきた正面にはⅡ郭石垣がそびえているが、石垣の延長は南側にも連なっている。遊歩道から見える範囲外にも石垣が連なっているのは、遊歩道が後世の破壊道であるからである。東方の尾根続きにあって城主鈴木氏ゆかりの広円寺方面から上がってくる道こそ、本来の大手道である。Eで折り返してから、虎口Dを経由し、Ⅱ郭の西側へ抜けるのである。この道を歩いてみると一層迫力を持って石垣を見ることができるし、防御性の強さを再認識できる。竪堀群Fが存在するのは、敵を大手道から西側へ回り込ませないための処置である。

Ⅱ郭の石垣

**市場城へのアクセス**

名鉄豊田市駅から、とよたおいでんバス小原・豊田線で上仁木行に乗車し約1時間で小原大草バス停下車（ただし本数は少ない）。徒歩約30分で登城口駐車場へ。主郭へは徒歩10分。車利用の場合、猿投グリーンロード中山ICから国道419号を北へ約15km、表示板を右折。

Ⅲ郭は「さんざ畑」と呼称されている。城主家老の尾形三左衛門の屋敷地であったと伝わる。Ⅲ郭の北側には櫓台Gがあり、Gから「く」字形に折れた石塁が突き出している。櫓台とセットになった外枡形虎口である。

Ⅲ郭の南側、三方を曲輪群で囲まれたⅣ郭は、城内で最も広い曲輪である（主郭Ⅰも大きいが、内部は土塁で区画されていたので）。居館部が比定できる空間である。主郭Ⅰの南西に伸びる尾根上に広がる複数の曲輪にも、屋敷地があったのかもしれない。

Ⅰ郭北側の切岸

Hには畝《うね》状《じょう》空堀群《からぼりぐん》が存在する。畝状空堀群とは、堀を三本以上連続させて設け、緩やかな傾斜部分を人口的に凹凸をつけるものである。三河では類例が少ない。凹凸を付けることで、敵の侵入・移動を阻む。市場城では堀が竪堀となっていて、三ないし四本が確認できる。

Ⅴ郭一帯は、位置づけが難しい遺構である。主郭Ⅰとその西側に広がる曲輪群とは、直接連絡できない。いったん虎口D・Gから外側に出ないと連絡できない曲輪である。Ⅴ郭には虎口J・Kも存在するが、内部に起伏を残す部分が多く、曲輪としてのまとまりにも欠けている。主郭Ⅰ周辺部が整備される以前の、一段階古い時期の遺構を止めている可能性が考えられる。

堀切Lは、北側尾根続きとを分断している。底部は堀底道を兼ねており、歩行が可能である。堀切Lから北側へ下がった位置にも堀切Mがある。堀切Mは中央が土橋となるが、西側のみ深さ約二メートルの堀を設けている。一方の東側は堀を設けた形跡がなく、中途な造りとなっている。造りかけのようにも思える遺構である。

堀切M付近も草木が生え、歩行しにくい。見学にあたっては十分注意してほしい。

（髙田　徹）

市場城跡概要図（作図：髙田　徹）

# 24 小渡城《おどじょう》

★★

**所在地**　豊田市小渡町寺下・藪下
**築城時期**　十六世紀
**標　高**　二四〇m
**主な遺構**　曲輪　虎口　堀切　畝状空堀群

小渡城は、矢作《やはぎ》川と介木《けんぎ》川の合流地点にある山城である。小渡地区は矢作川沿にあり、今は小渡温泉で有名であるが、古くから美濃街道の宿場として栄え、また、矢作川を利用した水運の湊としても栄えてきた。今も船戸という地名が残っている。このように陸路と水路の交通の要地であった。『東加茂郡誌』では小渡城として記載されるが、城主は不詳とされている。

　小渡城に登るには、近年風鈴寺として知られる増福寺の裏から登る。境内にたくさんの風鈴が飾られた増福寺の裏道をしばらく登ると、尾根の先端部にあるVに着く。ここは高さ一・五メートルほどの土塁状の遺構がある。その上には二十三夜塔や五輪塔などが祀られている。小渡城の中でもこれほどはっきりとした土塁があるのはここだけであり、また土塁は城側に向けて作られている点からも、ここは出丸として利用されていた可能性はあるが、積極的に城域とは評価できない。

　Vより尾根を伝わって行くと城内に入る。尾根の北側は絶壁となるが、南側は緩斜面となっていて植林の跡の段が続いている。

　主郭Ⅰはいびつな形をしている。曲輪の真ん中あたりに「聖壽万歳」と彫られた石塔が建っているが、城跡を示すような石碑などはない。主郭は南に一段低く曲輪を付属させるが、その南に堀切A、東に堀切Bを入れて厳重に遮断している。

　堀切Bは深さ約五メートルあり、Ⅱの曲輪も不整形で土塁もないが、隅に石像が二体ある。Ⅱの東にも堀切Cを入れて厳重に遮断している。ⅡとⅣの間の法面は高さ約七メートルにもなる。

Ⅳは平坦な地形であるが、東端を掘り切っておらず、小渡城の城域としては疑問が残る。東端の堀状に見えるものは、山道である。現在はブッシュがひどく、分け入ることは非常に困難である。

小渡城跡遠景。北から望む

Ⅲは I の下に位置する比較的大きな曲輪で、内部の削平もきれいにされている。

小渡城の一番の見所はDに見られる畝状空堀群である。畝状空堀群とは文字通り曲輪の下の斜面などに竪堀を畝のように何本も並べた遺構である。畝状空堀群は岐阜県では明知城《あけちじょう》（恵那市）、根本城（多治見市）、篠脇城《しのわきじょう》（郡上市）など比較的多く見られるが、愛知県では小渡城の他は、市場城（豊田市）、白石城（豊田市）、大坪城（豊田

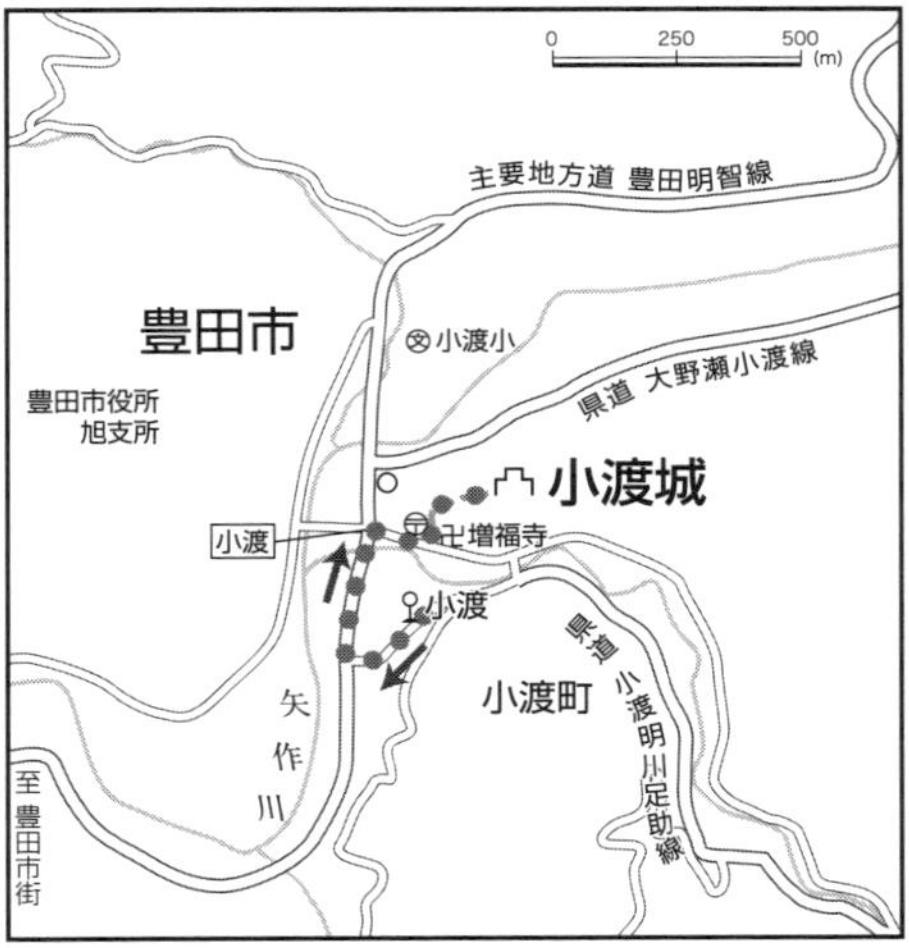


**小渡城へのアクセス**

豊田市駅からとよたおいでんバス旭・豊田線で小渡バス停下車、徒歩10分。増福寺境内から徒歩5分。駐車場なし。

市）などでしかみられない非常に珍しい遺構である。

小渡城の畝状空堀群は横堀と組み合わせたもので、堀の数は五本であるが、上部が土饅頭のようになっている。ただ畝の高さや堀の幅、長さは一定ではなく、横堀も堀底に高低差がみられる。篠脇城にみられるような整然とした畝状空堀群ではなく、未熟さを感じさせる。この谷の部分の防御を強化するためにここに築いたのであろう。

堀切Ａ

小渡城は近世地誌類には現れないが、豊田市の『和徳寺文書』の今川義元安堵状に「鱸《すずき》兵庫助小渡依到取手レ為普請合力岩村衆併広瀬右衛門大夫令出陣〔中略〕阿摺衆馳合遂一戦」とあり、今川方の鱸氏が美濃の岩村衆と広瀬氏（豊田市）と協力して小渡城を普請していることがわかる。また、郷内の土豪が「阿摺衆《あずりしゅう》」という地域連合を結成していることもわかる。

想像をたくましくすれば、城主名が伝わらないのは小渡城が地域支配のための在地的な城館ではなくて、『和徳寺文書』にあるように「阿摺衆」などの地域連合の城だったためではないか。

小渡城に畝状空堀群が築かれた理由についても岐阜県に多いことから、築造の技術を持っていた「岩村衆」が鱸氏や阿摺衆に伝え、それが次第に伝播していったと考えることもできるであろう。

（石川浩治）

小渡城跡概要図（作図：石川浩治）

# 25 槇本城《まきもとじょう》 ★

**所在地**　豊田市槇本町大屋敷
**築城時期**　十六世紀後半か
**標　高**　四四六m
**主な遺構**　曲輪　土塁　空堀　堀切　竪堀　虎口　馬出　土橋

槇本城は介木川《けんぎ》左岸に位置する山城である。介木川沿いの街道は、槇本城付近で狭くなるため川沿いを通らず、槇本城に隣接する尾根の鞍部（概要図A）を通っていたと考えられる。つまり槇本城は、街道を直接掌握できる交通の要衝に築かれているのである。

城の歴史は、天正年間（一五七三〜九一）に松井左近某がいたと伝えるのみで、詳細は全く不明である。後述するが、馬出の構築、あるいは通路の設定から考えて、やはり最終的な改修は天正年間とみるべきであろう。

城跡への案内板は全くないのでわかりづらい。県道から介木川左岸の槇本集落に入る。このとき個人宅の庭先を歩くことになるので、一声掛けて通ってほしい。集落から神社の参道を登ると山頂に槇本神明神社があり、そこが槇本城の主郭Iである。

城跡に鎮座する槇本神明神社は、石造物等から明治時代すでに城跡に鎮座していたと考えられ、したがって現在の道がそのまま城道としてよいのか、再考する余地がある。

神社の参道には食い違い虎口Bが存在しているため、城道をそのまま参道として使用したと考えられる。大変残念なことだが、近年参道をコンクリート舗装にするとき、食い違い虎口Bを破壊してしまった。現在はそのままC地点を通って主郭直下に入るが、当時はこのような直線的に入ったとは考えにくい。恐らく堀切Dの堀底を通り、E地点を一八〇度屈曲し、虎口Fに入ったと考えられる。虎口Fに入るとき、G地点からの横矢が効いている。ここから虎口Hを通って主郭に入ったと推定される。このルートのほうが多く屈曲させ、横矢が掛かる。

そして計画的なルートの設定を読み取ることができる。

北西尾根から進攻する敵兵に対しては、櫓台Ｉや竪堀Ｊを設けて警戒しているが、尾根を遮断していない点に注目したい。

これに対して南西尾根には二本の堀切を設けて遮断性を強めており、特に堀切Ｋは両端を斜面にまで下ろして完全に尾根続きを遮断している。二方向の尾根は、当時通行性という要素に対しては、完全に違っていたことを明確に物語っている。

さて、槇本城の大手は、尾根の鞍部Ａ方向である。この方向に対しては、小規模ながら馬出曲輪Ⅱを設け、その馬出曲輪を見下ろす位置に曲輪Ⅲ、さらに曲輪Ⅲを見下ろす位置に曲輪Ⅳを設けて大手方向を防御している。

槇本城喰い違い虎口Ｂ。神社参道によって一部が破壊された

**槇本城へのアクセス**

豊田市営旭地域バス築羽会館下車、徒歩15分。ただし運行は火・木曜日のみ。車利用の場合、猿投グリーンロード力石ICから国道153号を1時間、県道366号に入り約20分。

別の見方をすれば、各曲輪が主郭を防御していると言えよう。厳重な防御を施しているにもかかわらず、堀切等で完全に遮断していないのは、A地点が城側にとっても交通路として重要だったことを物語っている。斜面を横移動する敵兵に対しては、堀切Lや南東斜面の竪堀群が遮断している。M地点のスロープは、土塁と竪堀に守られた通路と考えられ、恐らく谷底に飲料水設備があって、それを城内に運び入れていたのであろう。

槇本城堀切D

　神社建設によって切り広げられた可能性はあるが、N・O地点を通って主郭に到達したと考えられ、やはりこの時も、曲輪Ⅲ・Ⅳから長時間横矢が効いている。

　P地点にも段や竪堀状の遺構が残っているが、城郭遺構かどうか明確にできない。

　以上が槇本城の縄張の概説である。主郭の各曲輪への求心力が高まっており、また虎口の明確化、虎口から曲輪への通路の設定が確認できる。伝承通り、天正年間に使用されたと考えてよい。

　それでは、誰の築城（改修）と考えれば良いのであろうか。P地点以外の縄張は、うまくまとまっていて時代差を感じさせないため、新規の築城か、あるいは古い遺構を徹底的に破壊した大改修が、天正年間に実施されたと考えられる。それが武田氏あるいは徳川氏なのか、筆者にはそこまで絞り込むことはできないが、遺構そのものが大規模ではないため、在地勢力（松井左近）が築城した可能性も十分指摘することができる。

　一つの可能性として、発達した虎口を構築しているが、枡形までには発達していない。この点天正十二年（一五八四）に改修された尾張の小牧山城とは違っている。また、武田・徳川共に丸馬出曲輪を構築しているが、槇本城の馬出曲輪は、「角」に近い形の曲輪である。以上の点を考慮すれば、天正前半における在地勢力の築城という仮説を立てることも可能であろう。

（佐伯哲也）

槙本城跡概要図（作図：佐伯哲也）

## 26
# 武節城《ぶせつじょう》
★

**所在地**　豊田市武節町城山
**築城時期**　永正年間
**標　高**　五五〇m
**主な遺構**　曲輪　虎口　土塁　堀切　井戸

国道一五三号で道の駅の「道の駅どんぐりの里いなぶ」を過ぎるあたりにトンネルがあるが、この上が武節城である。今は武田勝頼ゆかりの城という大きな看板が立てられている。

武節城は、別名を地伏城ともいい、永正年間（一五〇四～一五二一）に山家三方衆《やまがさんぽう》の一家、田峯の菅沼定信の支城として築城された。武節城は、三河・信濃・美濃の国境の要地に位置するために何度も合戦があり、城主も頻繁に交代している。

弘治二年（一五五六）には武田信玄の家臣・下条信氏の侵略をうけ激戦があった。

永禄三年（一五六〇）には菅沼久助が今川氏真より「去五月十九日於尾州一戦の刻、武節筋堅固走廻之段太神妙也」と判物を受けている。尾州一戦とは桶狭間合戦のことである。

永禄五年（一五六二）には渡辺平内次が今川氏真より「武節之城相籠之刻走廻」と判物を受けており、この頃までは武節城は今川方の城であったことがわかる。

元亀二年（一五七一）信玄は三河侵攻をはかり、田峯の菅沼定直、作手の奥平貞能、長篠の菅沼正貞を降した。この時に武節城も田峯とともに武田氏に降った。

信玄の死後天正元年（一五七三）に松平信康が初陣で武節城と足助城を攻めたとするが（『朝野旧聞裒藁《ちょうやきゅうぶんほうこう》』）、これは近年では疑問視されている。『信長公記』によると天正二年に武田勝頼が東美濃で攻め落とした十八城の中に「ぶせつ」の名がみられる。

天正三年（一五七五）長篠の戦いで敗れた武田勝頼は武節城へ落ち延び、梅酢湯を飲んだという。このことによって武節城は有名になっている。

天正三年七月織田信長の命を受けた佐久間信盛、奥平貞能が武節城を攻めている。

その後、『寛政重修諸家譜』によると松平真乗は「三信の境武節を守るべき旨御書を賜ふ」とあり、武節城は徳川氏の領国の城として機能することになった。

天正十八年（一五九〇）、家康の関東移封にともなって武節城は廃城となった。

武節城は、山頂の主郭Ｉまで車で登ることができる。現在は「本丸」という立て札が立つ。

主郭の背後には高い土塁がある。櫓台であり、現在は八幡神社が建てられている。広島市立中央図書館・浅野文庫蔵「諸国古城之図」は、この櫓台に石垣を描くが、

西から見た武節城跡遠景

**武節城へのアクセス**

愛知環状鉄道四郷駅からとよたおいでんバスさなげ・足助線、足助で乗り換え、稲武・足助線どんぐりの湯前バス停下車、徒歩5分。車利用の場合、東海環状道豊田松平ICから38km。駐車場あり。

現在は見られない。櫓台は高さ六メートルほどあり、天守に相当するような大きな櫓が建てられていたと想像される。

櫓台の背後は山麓まで達する長大な堀切Aを入れて、城を二分している。

主郭の隅には窪んだ穴があるが、「諸国古城之図」に見られる井戸跡と思われる。主郭の切岸はシャープで壁も高い。道路により破壊されているが、虎口は「諸国古城之図」によると枡形状になっていた。

主郭の下にⅡの曲輪、さらにⅢの曲輪が階段状に並ぶ。聞き取りによるとⅢの曲輪のBの部分にはかつて堀があったが、道路を作る際に埋められたという。「諸国古城之図」はⅡの北側に石垣を描き、ⅡとⅢの間に横堀を描くが、Bの堀切はⅢの南の竪堀にまでつながっていた可能性がある。Ⅱには石垣の跡は今は見られない。

Cは蔵屋敷、Dは鐘撞堂と呼ばれていた。武節城は城山全体に削平地を設けている。中腹の一部はグランドの造成により破壊されているものの、全体的に遺構はよく残っている。一部は後世の墓地や畑地によるものも含まれているが、城山全体を城域にした三河有数の城である。

麓には、大門、関屋、市場などの地名が残る。また城跡より二〇〇メートル西には弘治二年(一五五六)十一月、武田信玄の家臣下条信氏に攻められて落城した際にお姫様が身を投げたといわれる姫井戸が残っているので見学しておきたい。

(石川浩治)

主郭背後の堀切

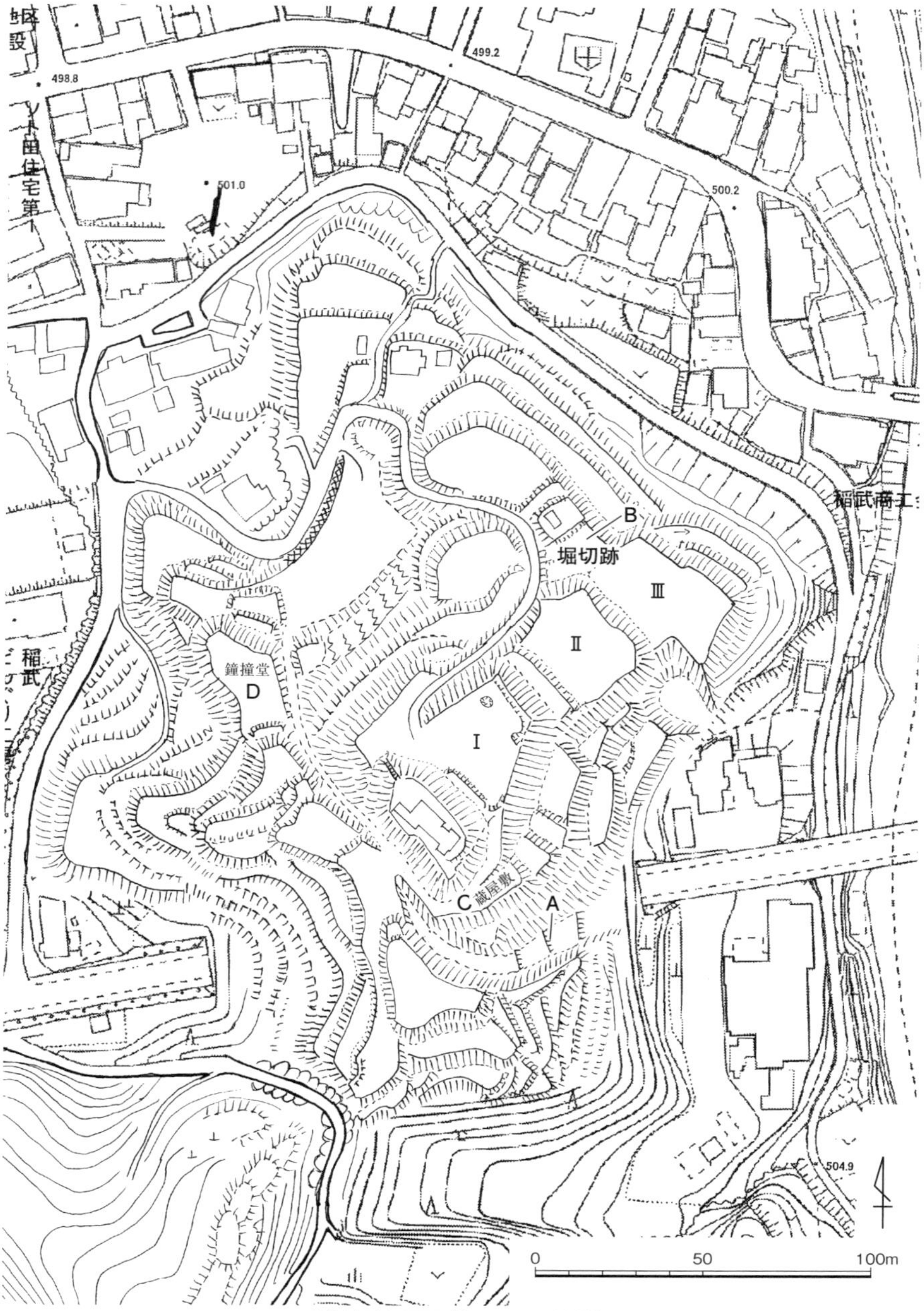


武節城跡概要図（作図：石川浩治）

# 27 津具城《つぐじょう》

★★

**所在地**　北設楽郡設楽町津具麓
**築城時期**　永禄年間（一五五八〜一五七〇）
**標　高**　七七〇m
**主な遺構**　曲輪　土塁　堀切　竪堀　横堀

津具城は信濃との国境近く、周囲を高い山々に囲まれた中の、比較的開けた盆地に位置している。伊那街道から別所街道へと連絡する主要道を押さえると共に三河山間部はもとより、遠江北部や東美濃方面へも分岐できる重要な地点であった。

『三河国二葉松』によると築城・城主共に後藤善心といわれているが、善心は当初、武田氏の支配下にあったようで、ここより東へ一・五キロの白鳥山城を居城としていた。白鳥山城といっても現在の山上に遺構はなく、山麓近くの中腹に館に相当するものを構えていたにすぎない。永禄五年（一五六二）今川氏真の命により渡辺平内次らに攻められた際はあっけなく落城している。この戦いの様子を伝える『三河合戦記』には「ぶざまなる屋敷城なれば、やがて落城す」とあるように規模もたいしたものではなかったのであろう。その善心が先の落城に懲りて天険かつ在地支配をしやすいとして新築したのがこの津具城である。また天正三年（一五七五）には徳川家康が奥平喜八郎に宛てた文書に津具郷の後藤九左衛門らを討ったことが記されている。これらのことから三河山間部における今川氏の没落から、武田氏と徳川氏との勢力争いに津具城も無関係でなかったことを物語っている。また近くには武田氏による津具金山の金堀奉行居館と、その金山坑の存在も伝えられており、この地における金山採掘の利権にも関わっていたものと推測される。

さて、城跡は通称「城ノ腰」と呼ばれ、南は津具川に面し、東に寺ノ沢、西に二ッ入川に挟まれており、北はなだらかな幅広の尾根が続いている。比高も八〇メートルとさほど高い訳ではない。山頂部の主郭Ⅰは草履型の楕円形をしており、東から南へかけてやや高く土塁の痕跡が残る、北側端部よりスロープ状に虎口が曲輪Ⅱへと伸びており、その片脇を堀切Aで画している。曲輪Ⅱはよく目を凝らしてみると周囲全体がわずかに高まりを残しており、内部が土塁で囲まれていた形跡があり、特に両端部は明瞭に高くなっている。

　ここからやや下りながら土塁を伴った横堀状の通路を経てBの虎口へと連絡している。ここでは尾根の東側斜面を竪堀で断ち、なおかつ南の曲輪Ⅲとも行き来できる。堀切Cは西側端部を竪堀として落としているが、尾根からの遮断性は弱い。また西側は曲輪Ⅳへと連絡しているが、堀底との比高差がないことから、むしろ堀底を

津具城跡を南東より望む

**津具城へのアクセス**

東名高速豊川ICから約1時間30分。国道151号、県道80号を北上し、県道427号との交差点を右折、麓バス停より北向いすぐの山。登山道は整備されていないので、右側の林道を沢伝いに250mほど進み、城山の東尾根を直登10分。

通路とし犬走りをしてＢ虎口にバイパスさせる意図がみられる。つまり本来の大手筋かと思われる西側尾根からの侵入に対して曲輪Ⅳで引き受け、先程の堀底を大きく迂回させ、虎口Ｂへと至らせるまで常に上段部の曲輪Ⅱよりの横矢掛けを浴びせられることになるのであろう。

堀切と急峻な切岸

　またヘアピン状になった虎口Ｂを折り返しても狭まった横堀状の通行はこれまた上段部からの格好の的になる。横堀を上手く利用し、かつ馬出し機能をスペースの狭い山城山頂に実によく応用しているといえよう。

　また曲輪Ⅳには畝状の竪掘も認められ、他の堀切Ａ、Ｃとも連動して効果的である。そして主郭部直下から伸びる他の尾根からのルートにもそれぞれ堀切を設けており、こちらも怠りなく配慮がなされている。比較的小規模な山城でありながら軍事的技巧がぎっしり詰まった城、それが津具城見学の醍醐味であるといえよう。

　これまでの歴史背景を考慮すれば、津具城にみられるこのような発達した縄張は、後藤氏による築城の後に、別の新たな勢力によって改修されたものと考えられ、具体的には武田氏あるいは徳川氏の関与が考えられよう。

　病に侵された武田信玄が野田城から撤収する際、秋葉街道ではなく伊那街道を北上したことや金山掌握の拠点を考えれば、武田氏による修築の可能性も高いといえよう。

　なお、城跡への登山道は大変わかりづらいうえに急峻であるため、見学の際はできれば地元の方の案内・教示を受けられるほうが望ましい。

（遠藤久生）

津具城跡概要図（作図：遠藤久生）

# 28 田峯城《だみねじょう》 ★

**所在地**　北設楽郡設楽町大字田峯字城
**築城時期**　文明二年
**標　高**　三八一m
**主な遺構**　曲輪　櫓台　堀切　横堀

田峯城は、文明二年（一四七〇）に菅沼定信によって築かれたと言われる。城主菅沼氏は、長篠菅沼氏、作手奥平氏とともに山家《やまが》三方衆《さんぽうしゅう》と呼ばれた。定信から四代後の城主定忠は、甲斐武田氏の配下として天正三年（一五七五）の長篠の合戦にも従軍している。織田・徳川軍に敗れ、撤退した武田勝頼、定忠らは田峯城にいったん入城しようとする。しかし留守を任されていた城代今泉道善の裏切りにより、入城を果たすことができなかった。やむなく勝頼らは北上し、武節城（豊田市）で休息するに至った。翌四年、定忠は田峯城を急襲して城内の人間を惨殺、裏切りの張本人である道善を処刑したと伝わる。

　その後、田峯城には定忠甥の定利が入城し、天正十八年（一五九〇）には吉田城主池田照（輝）政家臣の戸井弥八郎が入城している。廃城時期は定かではない。

　城跡は、現在「歴史の里田峯城」として整備されている。主郭Ⅰには平成五年に主殿、厩、物見櫓、棟門、柵列等が建設されている。いずれも発掘調査を踏まえて建設されているわけではなく、本来の遺構とは全く関係がない。主殿は『匠明《しょうめい》』に著された「武家造主殿之図」を元に設計されているとみられ、田峯城に同様の建築が存在したとはとても考えられない。ただ中世の主殿建築を比較的忠実に再現した大型模型と見なせば、別の見方、楽しみ方もできるであろう。

　主郭Ⅰは楕円形に近く、南東端には高さ約一メートルの櫓台Aがある。上部には模擬物見櫓が建設されている。櫓台Aの北側には、枡形虎口がある。主殿建築時に門・柵が建てられて整備されているから、旧状ははっきりしない。

さてⅡ郭は「御台様屋敷」と呼ばれ、城主奥方の屋敷跡であると伝わる。Ⅲ郭は「畷曲輪」と呼ばれる。「畷《なわて》」とは、縄のように細長く伸びた道を指す。遺構に照らせば、細長く伸びた帯曲輪をこのように呼んだのであろう。

Ⅳ郭は「道寿《どうじゅ》曲輪」と呼ばれる。道寿とは、菅沼氏家老城所道寿のことで、その屋敷跡と伝わる。現在は墓地となっている。Ⅴ郭は「蔵屋敷」、Ⅵ郭は「井戸曲輪」と呼ばれている。

Ⅱ～Ⅵ郭は、主郭Ⅰの裾にある帯曲輪、腰曲輪である。いずれも面積は狭い。各曲輪に一、二棟の建物は建てられるであろうが、屋敷地と呼べるほどであったかは疑問である。城の北方にある田峯小学校周辺には、家臣後藤喜四郎、赤根惣左衛門、星野五郎左衛門屋敷跡が伝えら

田峯城主郭の切岸

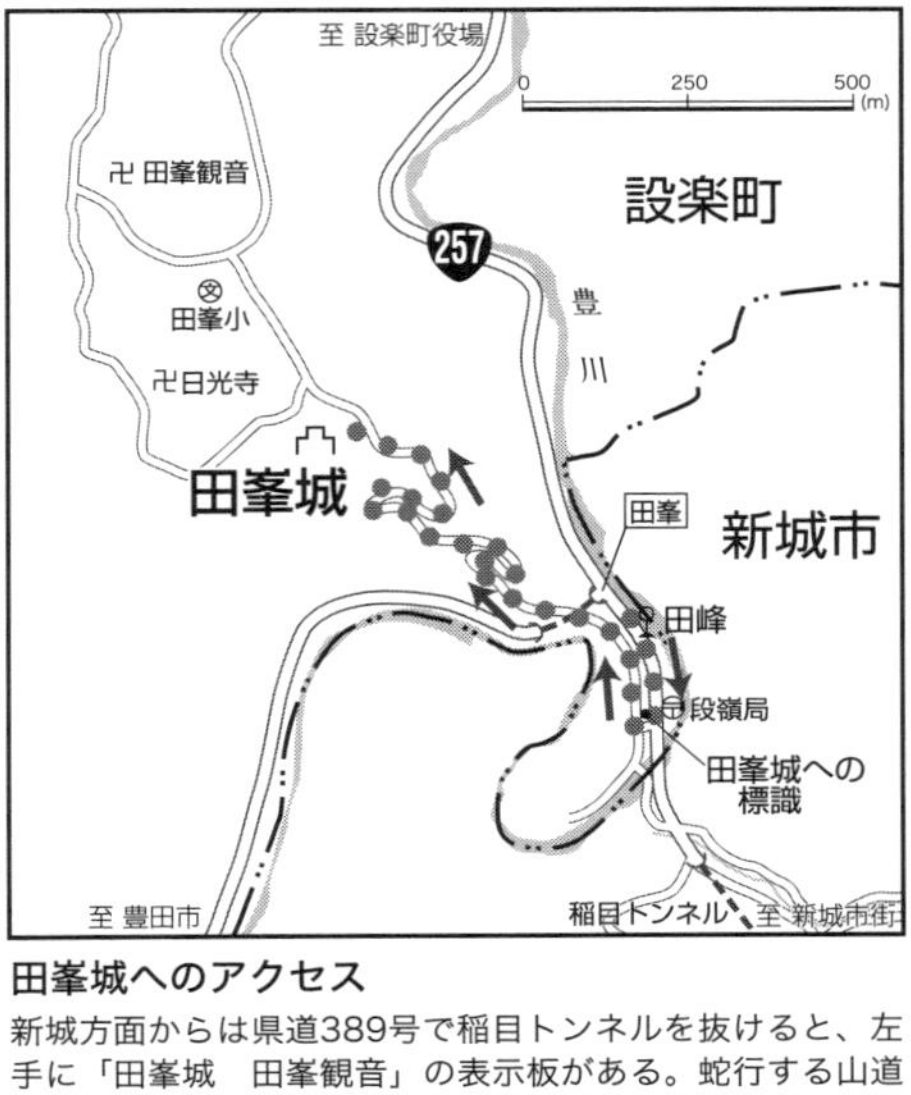


**田峯城へのアクセス**

新城方面からは県道389号で稲目トンネルを抜けると、左手に「田峯城　田峯観音」の表示板がある。蛇行する山道を表示板に従い徒歩約30分で到着。表示板は小さいので見落とさないよう注意。駐車場あり。

れている（今泉宗男『雲海に漂う田峯城』、平成十四年）。また付近には字根古があり、下級家臣の居住地であった根小屋の転化と考えられる。詰所のような建物はあったかもしれないが、家臣層の屋敷は城外に存在したのではないだろうか。それはともかくⅡ～Ⅵ郭の切岸は切り立ち、下から見上げると迫力がある。

Ⅶ郭は帯曲輪で、畑・山林となっている。付近には菅沼氏家臣の伏木久内、今泉万五郎屋敷等があったと伝えられる。

堀切D（南側から）

Ⅶ郭の西側には、堀Bがある。堀Bは幅約二〇メートル、深さ約二・五メートルである。

Ⅶ郭から南東方向へ約五〇メートル離れた場所には、竪堀状のCがある。単独で不自然に折れ、しかも中途な位置にある。城郭の遺構ではない可能性が高い。

堀切Dは幅約一五メートル、深さは約三メートルである。堀切D対岸のⅧは、「仕置場」と呼ばれている。一部土塁状の高まりが見られるが、全体は東に向かって傾斜する。堀切Eは、Ⅷからは一〇メートル以上下がった位置にある。堀切底部の北側を山道が通っている。この山道を西へ進んだG付近は、「搦手」と呼ばれている。堀切Eは、「搦手」方面通じる道を規制する役割も持っていたと思われる。堀切E東側のⅨは「馬屋」と呼ばれる。

ちなみに主郭Ⅰに入るには、入城料として小・中学生一〇〇円、高校生以上二〇〇円が必要である。ただ模擬物見櫓に上がると、周囲の山並みの雄大さを十分堪能できる。南側麓には豊川（寒狭川）が流れている。その下流域に長篠城があり、長篠城から豊川沿いに遡る道は、武田勝頼の敗走路でもある。

時間があれば、管理人の方から山々の名称、田峯城の伝承をお聞きするのも楽しいであろう。

主郭Ⅰ以外の曲輪は無料で立ち入れるが、堀切Dの東側一帯は道が整備されておらず、荒れ気味である。足下には気をつけたい。

（高田　徹）

田峯城跡概要図（作図：髙田　徹）

# 29 設《し》楽《たら》城《じょう》 ★

**所在地**　北設楽郡東栄町中設楽城山
**築城時期**　平安末期〜鎌倉初期
**標　高**　二九四m
**主な遺構**　曲輪　土塁　堀切　竪掘　馬出

北設楽郡は三河の北東部で、長野県と静岡県に隣接しており、そのほとんどが山岳地帯である。その間にいくつかの小盆地が点在しており、設楽城はその中でも比較的開けた本郷盆地内に位置している。別所街道を足下に押さえ、北は津具方面、西は田峯方面に通じ、遠江秋葉街道へも近く、南へは長篠城へ連絡する重要地点でもあった。

この城の築城者とされる設楽氏については三河大伴氏の後裔といわれ、『保元物語』には「三河国には志多良」とあるように、古くからこの地に居住した勢力であったことが考えられる。また別の説として、「設楽系図」によれば菅原氏の後裔ともされており、左馬頭《さまのかみ》時清より九代後の重清の時、正和元年（一三一二）に振草荘設楽郷から岩瀬郷に移り設楽氏を称したともいわれる。いずれにしても、その歴史はかなり遡っており、鎌倉時代あたりには北設楽郡の山間部から現在の新城市にかけて勢力を伸長していたものとみられる。戦国期になると、貞道の代には菅沼定則の娘を妻として川路（新城市）あたりに居住し、今川義元・氏真に属した。その後、義元が戦死して氏真の代になると菅沼氏や西郷氏ら有力土豪とともに徳川氏に属した。戦国末期になると伊藤氏がこの地に台頭し、居城するところとなった。

長篠菅沼氏の家臣とされる伊藤氏は天文年間（一五三二〜一五五五）頃、設楽城より東へ一キロの所に別所城（宮平城）を築いており、長篠の戦いでは武田方に味方したが、敗戦後は甲斐に落ち延びたという。長い間、設楽氏の支配地としてされてきた地に、にわかに伊藤氏が台頭した理由には武田氏が大きく関与していたものと考えられる。

城跡は振草川（大千瀬川）が西から東に大きく蛇行する地点にあり、川に食い込むような半島状に突き出した尾根先端上に築かれている。通称「城山」と呼ばれ南北に長く、比高は三〇メートル程で、主郭Ｉの前面に馬出曲輪IIを設け、半円形の土塁と大堀切で尾根筋に備えた連郭式遺構である。主郭Ｉは北端に構えられ、やや湾曲した楕円形をなしており、現在は大黒杉や石碑がある。一部に土塁を残し若干の段差をつけて南の馬出曲輪へと連絡する。その両脇には竪堀が落としてあることから、かつてこの部分には堀切が存在したものと容易に推測できる。またそれにともなって先程の土塁の延長遺構も存在したであろう。馬出曲輪IIにはこの地帯では珍しい三

馬出曲輪の半円形土塁

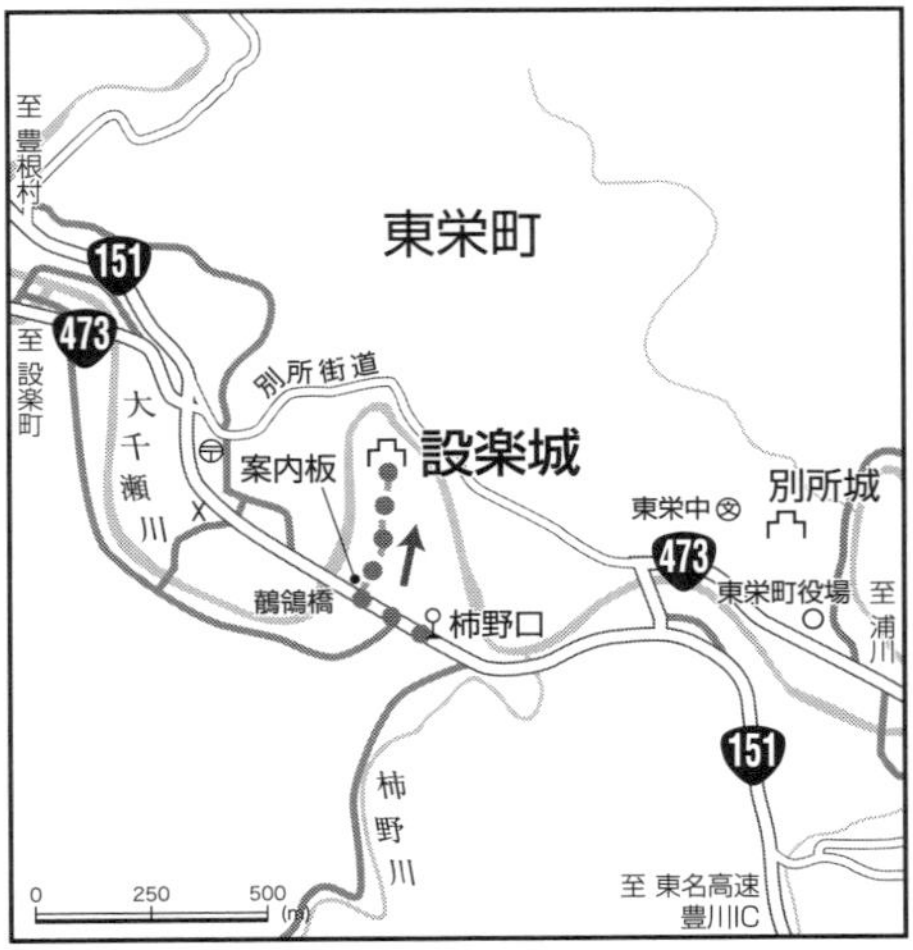


**設楽城へのアクセス**

東名高速豊川ICから国道151号を北上、大千瀬川にかかる鶺鴒（せきれい）橋の手前に城跡への案内板があり、駐車場より徒歩1分。もしくは柿野口バス停より遊歩道にて徒歩10分。

日月状の土塁と大堀切を連動させており、土塁の高さは二メートル、堀の深さ五メートルで長さは二五メートル程あり、竪土塁も並列している。一部、歩道として破壊された痕跡もみられるが、大手筋は現在の歩道ルートもしくは、堀底からⅡの曲輪へクランク状に入るルートであったと所見できる。Ⅱの曲輪から南にはなんら遺構をとどめない、ほぼ自然地形の尾根が続くが、Ⅲのピークに若干の削平地があり、少し下の尾根が最も痩せた部分に堀切を設けてある。

このように一見すると城郭遺構としては無関係そうな尾根筋であるが、柵や塀を構え、将兵たちの駐屯地として根小屋を設けるなどに利用されたことも考えられ、またこうした施設の存在は、東西の麓からの視覚的効果も同時に期待できるであろう。

この地域は武田氏滅亡まで、徳川・武田の両勢力の衝突地として、軍事的緊張が続いており、こうした遺構の規模からすると設楽城は由来こそ古いものの、戦国末期に改修されて現在のような形になったと考えられる。

現在、城跡周辺は遊歩道として整備されており、中設楽地区地域づくり推進協議会「元気城山」の会の皆さんによる案内板や説明書きなどがあり見学しやすい。また駐車場から主郭までは徒歩にして一分足らずで行けるので気軽に散策できる。湧き水を利用した水の手も再現されており、一見の価値がある。先述の別所城もすぐ近くなので、こちらにも足を運んでいただけることをお勧めしたい。

（遠藤久生）

設楽城跡を東より望む

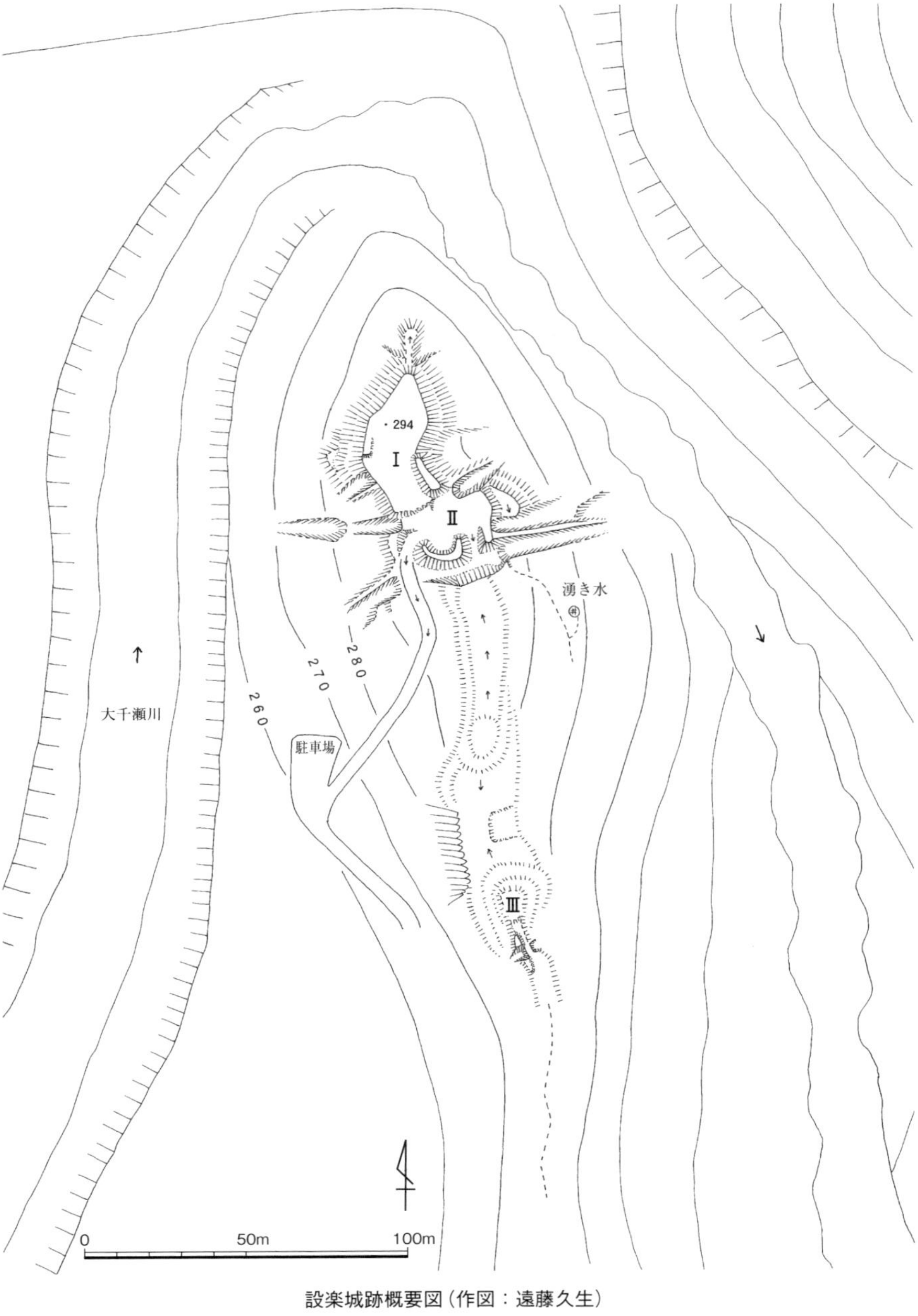


設楽城跡概要図（作図：遠藤久生）

# 30 医王寺城《いおうじじょう》 ★

**所在地**　新城市長篠字碁石
**築城時期**　天正三年（一五七五）
**標　高**　一二〇m
**主な遺構**　曲輪　土塁　虎口　堀切

医王寺城は、天正三年（一五七五）に武田勝頼が長篠城攻めの際、陣城として医王寺の裏山に築いたものとされ、平成五年（一九九三）に医王寺山武田勝頼本陣跡として新城市（旧鳳来町）の史跡指定を受けている。城は、永正十一年（一五一四）に創立した医王寺の境内地内とその背後の裏山に構えられたともされるが、山麓の医王寺境内地内には陣城と思われる遺構は確認されていない。広島市立中央図書館・浅野文庫蔵の「諸国古城之図」のうち、「勝頼陣城」として描かれた絵図には、山麓下の医王寺とともにほぼ現況に等しい描写で記録されている。

この陣城は、丘陵の先端部で比高差約三〇メートルを持つ標高約一二〇メートルの位置に立地している。この場所は、約六〇〇メートルの南方に位置する長篠城に睨みを利かすような位置にあたり、また長篠城包囲における武田軍の各陣をくまなく展望することができる。さらには西方への視野も広がり、豊川下流方向からの長篠救援軍が近づくことも視野に入れることができる。この山の頂部での築城は長篠包囲の拠点であり、救援軍を迎え討つ拠点として家康との対決を視野に入れた選地でもあったことが考えられる。

医王寺の開基は長篠城を築城した菅沼元成と伝えられている。この寺に関して、永禄年間（一五五八～一五六九）に今川氏真から湯茶料五貫文を寄付され、長篠城主であった奥平貞昌から水田一町歩が寄付された記録がある。境内の南西角には、勝頼の設楽原への進撃をアシの精が諫《いさ》めたという伝説のある「弥陀池（別名　片葉のアシの池）」がある。

城跡へは現在、医王寺の裏山を回遊できるよう階段が整備されている。

曲輪は標高約一二〇メートルの丘陵頂部にあり、直線的に三つの曲輪が東西方向に連なり、陣城の主たる防御機能は切岸で構成され、曲輪Iの西側虎口側に土塁状の高まりが認められる。

医王寺と医王寺城

中心に位置する曲輪Iは、他の曲輪と比べ一段高くなっており各曲輪との連絡から、中心的な役割を持つ曲輪であったと考えられ、北東角地にさらに高くなった箇所がある。ここの出入口は東西二カ所に虎口が設けられ、曲輪の南北に帯状の平坦地が配されている。東側虎口は緩やかな勾配を持つ土橋状の通路で曲輪IIへ至り、その途中で曲輪Iの南側にある帯状の曲輪と繋がる。この通路北側は堀切状に比較的大きな窪地となっている。

**医王寺城へのアクセス**
JR飯田線長篠城駅下車徒歩20分。または東名豊川ICから国道151号を北上、40分。

曲輪Ⅱは三つの曲輪のうち一番大きな平坦地で、南北に延びる形状を呈している。この辺りに前述の絵図には登城道のひとつが描かれ、曲輪Ⅱの南西側にわずかに認められる土塁状の高まりは、このあたりの防備を意識していた可能性も考えられる。

東側虎口の土橋

曲輪Ⅲと曲輪Ⅰとの間には土塁が築かれており、曲輪Ⅰの西側虎口はこの土塁の頂部へ行くことができる。ここも、曲輪Ⅰの南側にある曲輪と連絡しており、この南側曲輪の中央やや西よりの位置には曲輪を二分するように竪堀状の落ち込みが入れられている。

これらの縄張の工夫は、曲輪Ⅲで敵の侵入への攻撃性を高めた造りとなっている。各曲輪を結ぶ通路は狭くなっており、曲輪Ⅱの比較的大きな平坦地には兵の駐留も考慮でき、曲輪ⅡやⅢは、南側の麓にある医王寺からの侵入に対して曲輪Ⅰへの防備に対応した計画的な縄張を持っていたと評価することができる。

この陣城の尾根続きの後方地は、幅六〇メートルほどの堀切のような谷地形を挟んで標高一五〇メートル地点に切岸状の段差を持つ平坦地が散見され、後世の改変である可能性も推測されているが、『三川日記』では、武田軍の長篠包囲において本軍の武田勝頼らは医王寺山に三千人、後軍の医王寺山後方に二千人が陣を配置したという記述が見られることは注意しておきたい。

医王寺城は、三河に幾度となく進出した武田軍の陣城のうち小規模でコンパクトながら武田勝頼の本陣として入念に縄張が構築され、天正三年に限定される陣城でもあることから、その価値は高い遺構であるといえる。

（岩山欣司）

医王寺城跡概要図（作図：髙田　徹）

# 31 宇利城《うりじょう》 ★★

**所在地** 新城市中宇利字仁田
**築城時期** 戦国期
**標　高** 一六五m
**主な遺構** 曲輪　土塁　虎口　堀　石積み　井戸

　宇利城は、源平合戦で名を馳せた熊谷直実《なおざね》の後裔である熊谷直利《なおとし》、また忠重の拠る城郭であった。戦国期には駿河の今川氏親に属していたが、氏親死後の享禄二年（一五二九）、三河統一を図る松平清康によって侵攻をうける。吉田城（豊橋市）・田原城（田原市）など攻略されるなかでも熊谷直利は降ることなく抵抗したため、清康は松平一門を率いて富賀寺《ふかじ》の裏山に陣を置き、宇利城の大手口だけでなく搦手方面からも猛攻を加えたことが『三河物語』に記す。熾烈を極めた攻防のなかで、家臣の岩瀬庄左衛門の裏切りにより落城したという。戦後、功績のあった菅沼定則《さだのり》が宇利郷を与えられていたが、天文十四年（一五四五）ころから今川義元の三河侵攻が始まり、今川氏に仕えた近藤満用《みつもち》・信用（のち康用）が在城した。桶狭間の戦い以降も今川氏に従っていたが、永禄十一年（一五六八）、徳川家康の遠江侵攻に伴い家康に属して、その軍兵を案内した井伊谷三人衆（菅沼定《さだ》盈《みつ》・鈴木重時）の一人としての働きは知られている。家康期に宇利城を治めた近藤氏は、武田氏の攻撃を受けたが守り抜き、その後、柿本城（旧鳳来町）に移ったという。

　旧八名郡に存在する宇利城の立地は、豊川流域の新城から遠江国引佐《いなさ》郡に通じる陣座《じんざ》峠、瓶割《かめわり》峠、宇利《うり》峠越えを扼《やく》する要衝の地にある。宇利川上流に広がる中宇利盆地を見下ろす北部に位置する、標高一六五メートルの山上に築かれている。同城の南直下は「市場《いちば》」地名であり、また周辺には「城屋敷《しろやしき》」、「御屋敷《おやしき》」、「馬場《ばば》」と呼ばれる地名があることから、領主権力に関わる根小屋・集落の存在がうかがえる。

　宇利城へは、「市場」から大手と考えられる南の支尾根から山道が付けられ、山腹の松平右京進墓のある小曲輪を経て主要部に入ることができる。また、山道を左に進むと井戸跡Eがある。この主要部には西の曲輪Ⅰが「本丸」、東に「姫御殿」といわれる曲輪Ⅱが並列した縄張で、中央の堀底道Aから左右に分かれて土塁の開口部をお互い背中合わせのように虎口としている。両曲輪はほぼ同じ高さであるが、曲輪Ⅰの方が東・西・北に土塁が設けられ方形的に進んだ整備を施している。また、北辺の土塁は三メートルと高くしっかりしたもので、その北直下は一〇メートルの高い切岸と横堀Bによる強固な防備意識は目を見張るものがある。その下段の曲輪Ⅲは「納所平」といわれ、横堀Bの東隅は土橋状としているので上

南方の市場より望む。全容

**宇利城へのアクセス**

新城市内から国道301号を南下、富岡信号左折し県道81号を東進、中宇利信号を左折。案内板に沿って徒歩約30分。駐車場なし。

部と城内路（連絡路）としていたと考えられ、このように片堀的に隅を掘り残す形態は、東三河の山城に多く見られる。

曲輪Ⅱから東側に八メートル下がって腰曲輪Ⅳ、さらに九メートル下にはⅤの曲輪がある。ややⅣよりに堀底道を挟んで虎口C・Dがあり、主要部と同様な手法によるもので、Ⅴの東端には下部を回り込むように横堀が築かれ、この方面の遮断構造も堅固なものになっている。曲輪Ⅴ方面から主要部につなぐ城内路は、虎口Dより上段Ⅳの下部を左右に分かれて進むことになる。常に上位置のⅣから横矢《よこや》が掛かり、侵入した敵兵を分散し削減させながら、優位に攻撃できる装置と考えられる。

随所に見られる石積み

周知な広島市立中央図書館・浅野文庫蔵「諸国古城之図」に描かれた絵図は大まかなものの、曲輪配置、虎口、城登路などは現状と一致するところが多いが、興味深いのは総石垣のように描かれている。現地考察でも曲輪の山腹、下部など随所に確認でき、総石垣ではないにしても石垣の用法はあったと考えられる。

こうした始原的な石垣形態を始め、主要部の並立した二郭機能、掘り切らない片堀的な横堀、侵入城内路の分散化などの技巧的な形態は、山中城（岡崎市）、長沢山城（音羽町）、月ヶ谷城《わちがやじょう》（豊橋市）、五葉城《ごようじょう》（新城市）などにも類型するところが多い。いずれも今川氏統治下で国人層が軍事運用した城郭でもあるが、こうして三河全域に斉一的に見られることを捉えれば、永禄十一年（一五六八）の家康による遠江侵攻から、元亀三年（一五七二）の信玄の三遠侵攻に伴う改造期が妥当と思われる。

（水野　茂）

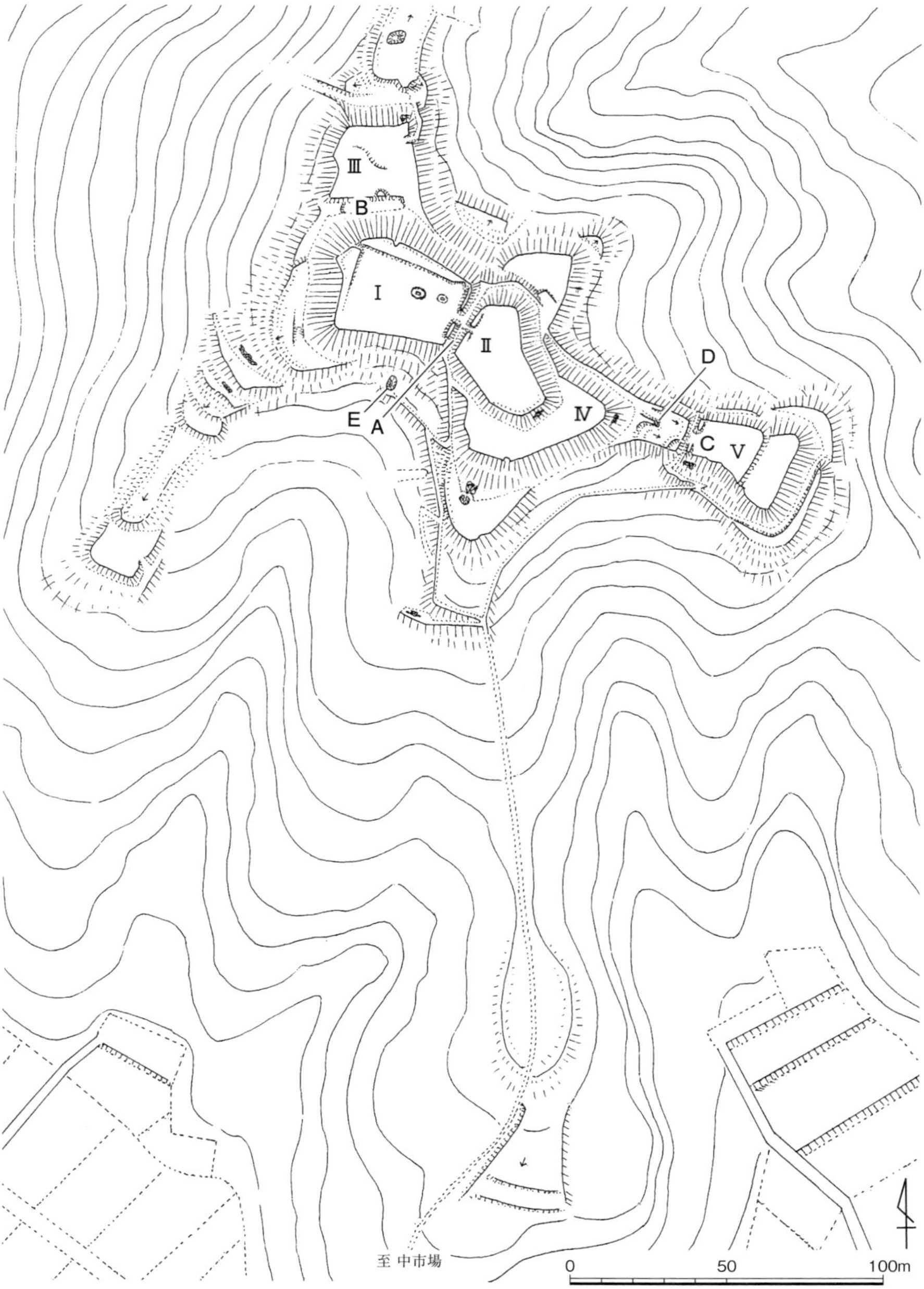


宇利城跡概要図（作図：水野　茂）

# 32
# 文殊山城《もんじゅやまじょう》・賽之神城《さいのかみじょう》

★★★

**文殊山城**
**所在地**　新城市清岳字見徳
**築城時期**　元亀年間
**標高**　六六一m
**主な遺構**　曲輪　土塁　虎口　横堀

**賽之神城**
**所在地**　新城市清岳字本城
**築城時期**　元亀年間
**標高**　六二八m
**主な遺構**　曲輪　土塁　虎口　竪堀

文殊山城の名称は、麓にある善福寺奥院にあたる文殊堂が江戸期に建てられたのに因んでいる。この城は元亀年間（一五七〇～一五七三）に奥平氏が武田氏との和睦の証として築城予定であったが、延引した。武田氏からの催促により一夜で築いたため、「一夜城」と呼ばれたと伝えられている。

一夜で築かれたとは到底考えられないが、縄張は簡素である。主郭Ⅰは東西に長い楕円形であり、中央に文殊堂が建つ。北側には高さ一～一・五メートル、幅約三メートルの土塁が巡る。南側には断片的に土塁が見られるが、本来は曲輪周囲を全周していたと考えられる。

虎口は東西のA・Bである。虎口Bは現在遊歩道がついており、スロープ状の通路でⅡ郭に連絡する。

主郭Ⅰの裾には幅三メートル前後、深さ約五〇センチの横堀Cが設けられている。横堀Cは一部帯曲輪状となり、主郭Ⅰを全周する。

Ⅱ郭は馬出状の曲輪である。堀切Cを渡り、北側尾根上の道を進むと賽之神城に至る。堀切Cの端部はいずれも竪堀となる。南側に落ちる竪堀の内側、Ⅱ郭の南側直下には小規模な曲輪であるⅢ郭がある。Ⅲ郭の中央には直径約三メートル、深さ約五〇センチの穴が開く。現状では水が湧いていないが、井戸跡であろうか。

賽之神城は、元亀年間の奥平氏との和睦にあたって武田氏によって築かれたとも、それ以前に米福長者によって築かれたとも伝わる。本城山砦とも呼ばれ、東側直下に古宮城を見下ろす位置に築かれているから、古宮城の背後を抑えるべくセットで築かれた可能性がある。

主郭Ⅰは南北に長く、東側の一部を除き高さ約二メートルの土塁を巡らしている。曲輪の北側付近に瓦が散乱しているが、近時まで存在したお堂の名残である。虎口はA・B２ヶ所あり、Aを下ると古宮城方面に至る道となる。現在の道はⅡ郭を通過せず、脇をかすめる。本来は虎口AからⅡ郭を経由してⅢ郭に至ったはずである。

文殊山城の堀切D（東側から）

Ⅱ郭は三方を土塁で囲み、東側の虎口でⅢ郭へ連絡している。Ⅲ郭の北東尾根続きには、堀切Cが設けられている。現在の道は、堀切の中央を上り下りするように付けられてる。高低差がある分、上り下りしくいが、元はこのような形で道が付いていたわけではない。堀切は、尾根伝いからの敵の侵入を遮断する。基本は堀切部分で敵の動きを止め、歩きにくい斜面に移動させることを目的としている。したがって堀切の前後には①あえて道を

**文殊山城・賽之神城へのアクセス**

新城栄町から豊鉄バス作手線高里行きで清岳バス停下車。北西方向へ約20分歩き、善福寺を目指す。善福寺から徒歩約20分で文殊山城主郭に至る。ここから歴史の小径を辿り、賽之神城へ。車利用の場合は古宮城を参照のこと。

設けないか、②堀切際から斜面を移動させる道を設けるか、の処置をとる。もちろん堀切に木橋を設ける方法もあるが、遮断性を高めるならあえて木橋を設ける必要はない。尾根伝いの侵入を堀切によって阻まれた敵は、否応なく斜面へ回り込むしかない。そうすれば上方に位置する曲輪からまともに攻撃を受けることになる。賽之神城で言えば、Ⅱ・Ⅲ郭が堀切上方の曲輪に該当する。

賽之神城の竪堀Ｄ

さて主郭Ⅰの虎口Ｂを出ると、土塁囲みのⅣ郭となる。Ⅳ郭の虎口は南西隅にあり、食い違い虎口となっている。

Ⅳ郭の南側斜面には、幅約八メートル、深さ約二メートルの竪堀Ｄが設けられている。竪堀Ｄは途中で底部に段差を持ち、全体が曲がる。竪堀Ｄ下端近くには平坦地があり、そこには直径四メートルの穴Ｅが開いている。井戸跡であろうか。井戸を思わせる穴はⅣ郭北側のＦにも認められる。

Ｖ郭は東と南に尾根が分岐している。東と南の二方向に尾根が分岐しているため堀切Ｇ・Ｈを設けている。堀切Ｇ・Ｈの内側にはそれぞれ土塁を設けているから、当然ながら堀切上に土橋は架からない。城域をコンパクトにまとめ、工事量を少なくするのなら、Ｖ郭東側の鞍部に堀切を一本掘った方が良い。Ｖ郭部分まで城域に取り込んでいるから、二本の堀切を設ける必要性が生じている。

Ｖ郭までを城域に取り込んでいる理由は、曲輪面積の確保とＶ郭東側にある山麓からの道を防御するためであろう。Ｖ郭東側の鞍部には北側および南側に下りる虎口と道が存在する。南側の道から谷に下りれば、古宮城方向に出ることができる。

城内および城外の道は敵の侵攻を想定するとともに、味方の出入りに支障ないよう配慮されていた。安全に山麓部に兵を出し、山際から安全に城内へ兵を引き入れるには道を防御する施設が必要になる。それがＶ郭であり、竪堀Ｄであったと考えられる。（髙田　徹・佐分清親）

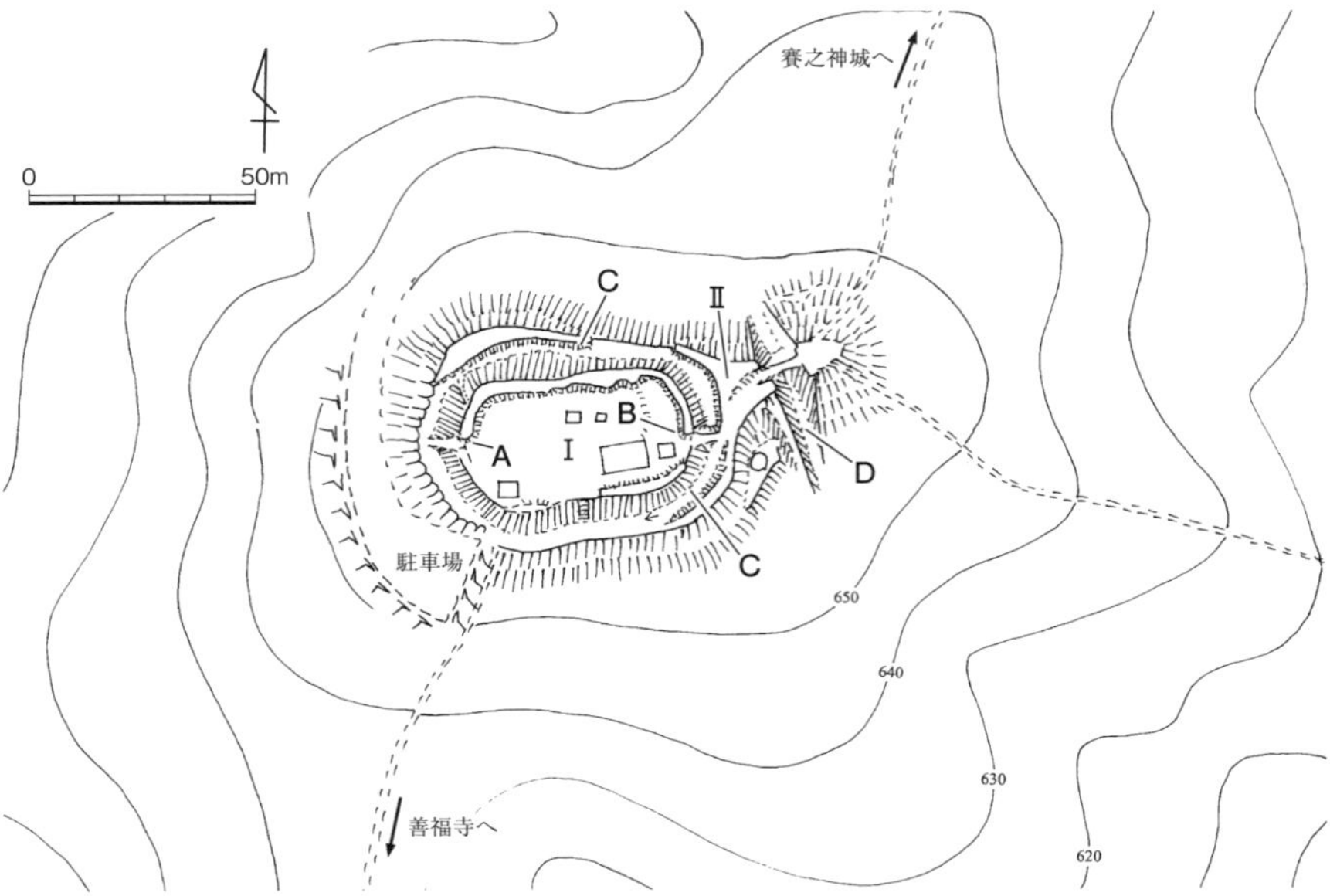


文殊山城跡概要図（作図：髙田　徹）

賽之神城跡概要図（作図：佐分清親）

## 33 古宮城《ふるみやじょう》 ★

**所在地**　新城市作手町大字清岳字宮山
**築城時期**　天正年間
**標高**　五六〇m
**主な遺構**　曲輪　土塁　竪堀　横堀　虎口　馬出　土橋

古宮城は、作手高原の平野部に位置する独立丘陵、通称宮山に築かれた山城である。比高はわずか三〇メートルながら、北・東・南側には湿地が広がり、地続きは西側のみという天然の要害である。

『当代記』に「元亀四年四月、信州通皈陣、長篠在陣中、作手へも人数を遣有普請、被番手入」とあり、元亀四年（一五七三＝天正元年）武田氏によって築城されたとされている。さらに江戸期の地誌類だが、『三河国二葉松』には「甲州馬場氏縄張リニテ築之、小幡又兵衛、甘利左右衛門、大熊備前守等住ス」とあるため、馬場信春の縄張とされている。その後武田氏の東三河進出の拠点として使用されるが、天正三年（一五七五）長篠の戦いで武田勝頼が敗北すると、三河山間部の武田軍は徳川氏によって掃討され、古宮城は廃城になったとされている。

古宮城の遺構は一部破壊されている箇所もあるが、大規模な土塁や竪堀等が良好に残されている。また城跡の南側には白鳥神社が鎮座し、城跡への案内標識や説明看板も立っていて、比較的観察しやすい環境になっている。

古宮城の周囲には二重の横堀（一部水堀）が巡っている。南側は道路設置によって完全に消滅してしまったが、かつては全周に巡らされていたと推定される。山麓部の空堀は、開発によって破壊された城郭が多い中において、山麓部の空堀を比較的良好に残存している古宮城は、貴重な事例といえよう。

周囲に湿地が広がっていた古宮城の唯一の地続きは西側で、防御の主眼も当然のことながら西側に置かれている。虎口Aが大手虎口で、虎口を突破した敵兵は曲輪Ⅱ前面の土塁通路を歩かされて虎口Bに到達する。ここから曲輪Ⅲ・虎口Ｃを経由して曲輪Ⅱに入るのだが、この間主郭Ⅰからの横矢が効いていることに着目したい。曲輪Ⅱの中央には仕切り土塁があって、敵兵は曲輪Ⅱ東部に出る。東部の土塁が西部の土塁より低いのは、東部が敵兵に占領された場合、主郭Ⅰから敵兵を狙いやすいためと理解できよう。

南側から見た古宮城。周囲にはかつて湿地が広がっていた

主郭Ⅰの西側には城域を二分するほどの大竪堀があり、さらに防御力を増強するために竪土塁を伴っている。曲輪Ⅱと主郭Ⅰを連結しているのは土橋Ｄしかなく、必然的に土橋Ｄを渡って虎口Ｅに到達する。虎口Ｅは主郭の正門に相応しく高さ・幅共に約四メートルの巨大な土塁を設けており、さらに一段高い場所に設けられているため、通路から主郭内部を見通すことはできない。主郭Ⅰの内部にも仕切り土塁が設けられている。大竪堀に面している西部が戦闘空間、東部が居住空間と推定されよう。

このように大手虎口Ａから主郭虎口Ｅまで統一された計画で通路を設けており、改修の時代差を見出すことは

**古宮城へのアクセス**
JR飯田線新城駅下車、新城栄町から豊鉄バス作手線高里行き鴨ケ谷口下車、徒歩10分。車利用の場合、東名高速豊川ICから国道151号経由、国道301号を北へ約60分。

できない。主郭Ⅰが古く、曲輪Ⅱが新しいという説も存在するが、両者は一貫した共通プランでもって、同時に築城されたと考えられよう。

　それでは築城者を従来どおり武田氏として良いのであろうか。確かに虎口Eは両袖枡形虎口と言われるもので、新府城《しんぷじょう》（山梨県韮崎市）・諏訪原城《すわばらじょう》（静岡県島田市）等の武田氏城郭で良く見られる形式の虎口である。曲輪Ⅱも武田氏城郭で良く見られる丸馬出の性格を兼ね備えている。しかし山麓を横堀で囲い込む縄張を持つ武田氏城郭は、管見の限り存在しない。

　横堀で山麓を囲い込む縄張は、小牧・長久手の合戦で徳川家康の本陣となった尾張小牧山城で見られる。また武田氏特有の縄張と思われていた丸馬出も、徳川方の城郭（丸根城、豊田市）でも確認されている。両袖枡形虎口はまだ徳川氏城郭で確認されていないが、武田氏城郭の有効性を認めた徳川氏が、丸馬出の他に両袖枡形虎口も採用したという推測も十分成り立つ。さらに曲輪Ⅳのように曲輪Ⅱの前面に位置し、虎口Aを防御する土塁囲みの曲輪は、近隣の亀山城にも存在する。亀山城は天正三年以降、徳川方の城郭として使用されている。

古宮城主郭虎口E。通路から主郭内部を見通すことはできない

　このように古宮城は、武田氏城郭の特徴を示す一方、徳川氏城郭の特徴も持っている。従来は武田氏城郭のみで語られていたが、縄張論的にはそうとは言えないのが実情である。元亀四年の「有普請」も別の城郭かもしれない。大規模な土塁や竪堀から、築城者は武田・徳川の両氏に限定されるが、武田氏に限定するのは早計である。ここでは結論を保留し可能性を示すのみとさせていただきたいが、天正三年武田氏撤退後、徳川家康が拠点城郭として築城したという仮説も成り立とう。

（佐伯哲也）

古宮城跡概要図（作図：佐伯哲也）

# 34 亀山城《かめやまじょう》 ★

**所在地** 新城市作手清岳字シロヤマ
**築城時期** 応永三一年（一四二四）
**標高** 五四七m
**主な遺構** 曲輪　土塁　空堀　虎口

亀山城は愛知県東部の奥三河地域で新城市作手清岳地内で、新城市北西部の山間地にある作手地区のほぼ中央部に位置し、地形は低い丘陵地に囲まれた盆地状の土地が形成されている。

立地場所は、戦国時代に今川・徳川方の拠点であった吉田城のある東三河平野部や徳川氏の居城であった岡崎城のある西三河地域までの直線距離はほぼ等しく、東西三河への至る陸上交通の要にあたる。

亀山城を中心にして、周辺には武田氏と関係の深いいくつかの城跡が集中して見られることがこの地域の特徴として挙げることができる。元亀年間には、北北東へ一キロ離れた場所に武田方によって築城された古宮城跡、北方正面の山頂には奥平氏の築城とされ「一夜城」とも称される文殊山城跡、さらに尾根続きの東方に「本城山砦」と別名のある武田方が築いたとされる塞之神城跡が立地している。

また、亀山城跡の半径五〇〇メートル以内には、倉屋敷、姫屋敷、馬呂《ばろ》遺構、奥平氏の一族が居住したとされる石橋城跡、奥平氏の居住施設ともされる清岳城屋敷跡、タイコ屋敷など奥平氏に関係する可能性のある城館跡が丘陵地に挟まれた帯状に広がる空間に展開している。

亀山城は、応永三一年（一四二四）に奥平貞俊によって築城された。貞俊は、天授年間（一三七五～一三八〇）に現在の群馬県からこの地に移り住んで川尻城を築いた後、亀山城に居城したとされている。その子孫は、この地で支配者としての地位を確立し、後に山家三方衆と呼ばれる有力土豪となった。十六世紀になると、今川氏、松平氏、織田氏といった武将の配下を転々としながら、天正三年（一五七五）に徳川方となって長篠城の城主となった奥平貞（信）昌の長篠の戦いでの功績により、奥平氏は歴史に名を残すこととなった。

存続期間については、応永年間から城主が長篠城へ変わる天正年間の時期と慶長七～十五年（一六〇二～一六一〇）に奥平信昌の四男松平忠明が城主となっている二時期が知られている。

亀山城は、曲輪の頂部を標高五四七メートル、比高差約三〇メートルを測る半独立性の丘陵上にある平山城の形態をとっている。

亀山城の遠景

曲輪Ⅰは丘陵頂部の東寄りに位置し、東西六〇メートル、南北二八メートルの楕円形を呈し、周囲は土塁で囲まれている。北側は切岸となっており、この斜面途中には腰曲輪状の平坦部が認められる。南側は上部幅一六メートル、堀底幅四メートルの大型の堀を配している。この堀は空堀で堀底道としても利用されていたものと思われる。虎口は東西二カ所に設けられ、東側の曲輪Ⅱとはスロープ状、西側の曲輪Ⅲとは土橋によって連絡する。

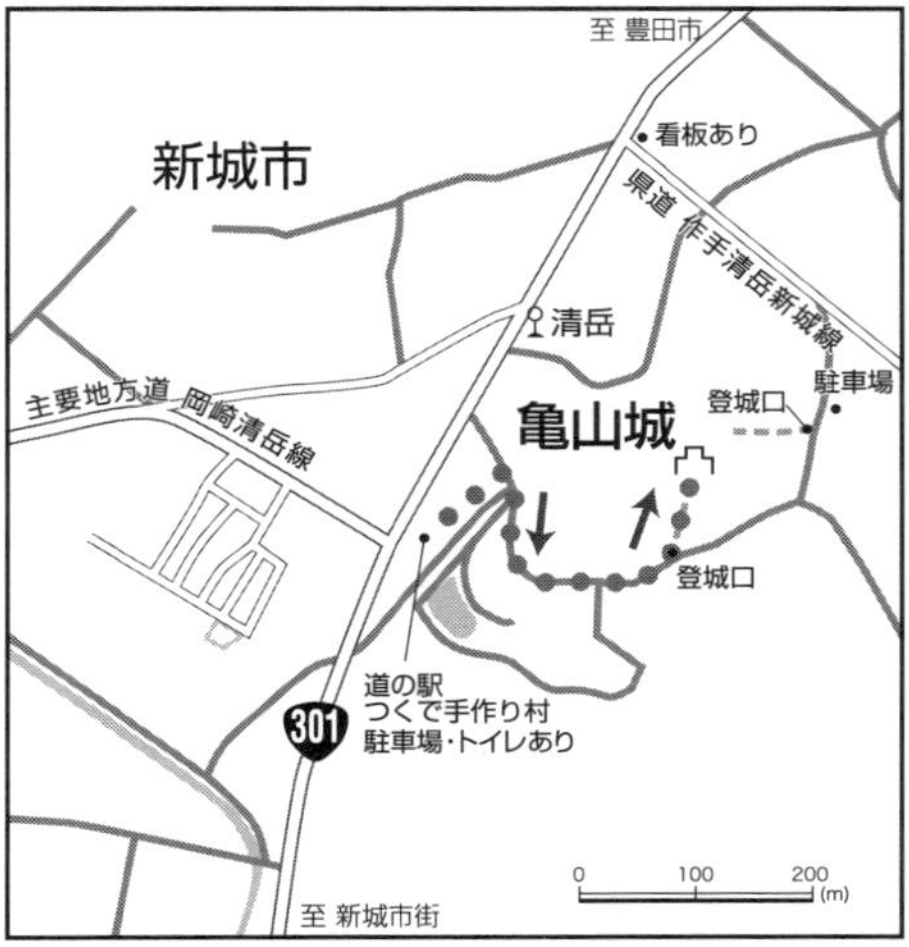


**亀山城へのアクセス**

東名豊川ICより国道151号を北上し、国道301号を経由して60分。道の駅つくで手作り村に隣接。道の駅や資料館にある「歴史の小径」パンフレットは散策に便利。

曲輪Ⅱは約三〇メートル四方の不整形な方形を成し、土塁で囲まれている。虎口は東と南西方向にあり、東側虎口は下段の平坦地に至り、南西虎口は曲輪Ⅰの南側堀へ通じている。

曲輪Ⅲは曲輪Ⅰの西側虎口と土橋によって連絡する。この西側の一部に土塁状の高まりがあり、地形からコの字状に土塁があったと考えられる。それらから、ここは馬出しであったことが考えられ、南北二カ所に虎口が推定されている。北側虎口の北方は、現状は平坦地となっている。しかし、「諸国古城之図」では堀と曲輪が描かれていることから、現状を注意して見ておく必要がある。また、このあたりに大手口の伝承も残されている。曲輪Ⅲの西側下段や南側には腰曲輪状の平坦地が配され、さらに北西方向には南北に竪堀が延び、登城道への防備性が高い構造となっている。

西側虎口と主郭

これら東西部の山腹に展開した曲輪群は、その東側では多数の侵入が容易である地形から曲輪Ⅱでの防備を高めた構造となっている。また西側曲輪群では、複数の小規模曲輪や竪堀によって分散して登城の防備を意識した構造となっており、地形に即した土木工事が行われた縄張であったことが考えられる。

しかし、わずかに土塁で囲まれた曲輪Ⅳと丘陵地が連なる南方に見られる大きな堀切状の窪地以外、丘陵頂部の西方や南方には遺構が認められず、周辺地への防備については判然としない。

最後に、曲輪Ⅰで行った発掘調査の結果から、十六世紀後半の遺物にほぼ限定され、生活に伴うような甕や茶碗といった土器がほとんど出土しなかったことから、亀山城は奥平氏の居住的拠点でなく、軍事的拠点であった可能性が高いと考えられる。

（岩山欣司）

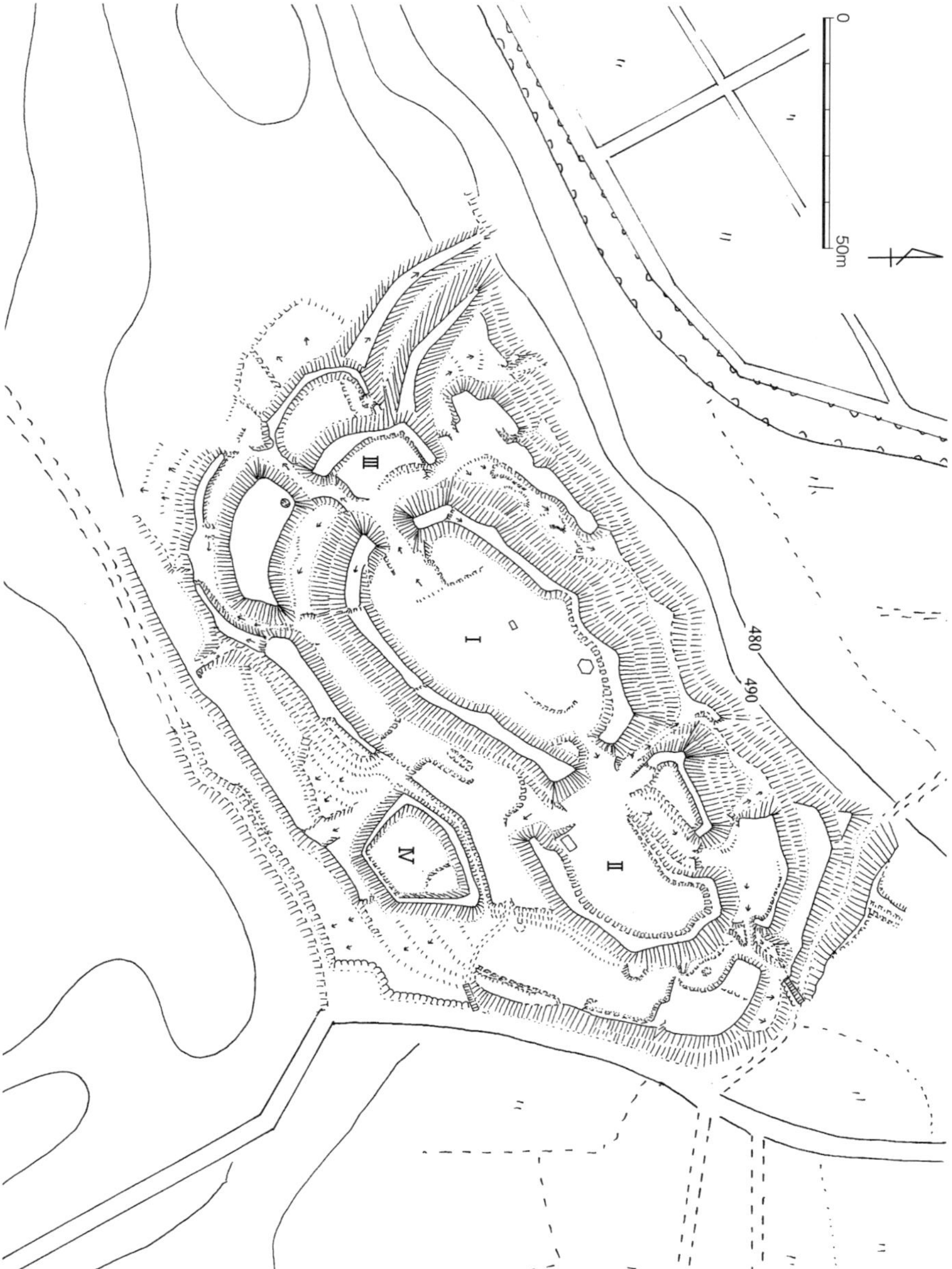


亀山城跡概要図（作図：高田　徹）

# 35 滝山城《たきやまじょう》

★★★

**所在地**　岡崎市宮崎町字堂庭（主郭想定地）
**築城時期**　天正期
**標　高**　三八〇m
**主な遺構**　曲輪　堀切　土塁（痕跡）

岡崎市の東部山間部明見《みょうけん》町・中金《なかがね》町の男川《おとがわ》流域に、宮崎郷万足平《まんそくたいら》と呼ばれる豊かな耕地を含む盆地が広がる。盆地北側には高峰が連なるが、滝山城はその主峰である滝山を中心に所在する。滝山城に入るには、南側の明見町の宮崎神社裏からか道路端の滝山城案内板（亀穴城石碑）から北方の主峰を目指せばよく、入るにはわかりやすい。しかし、その比高差と傾斜は山城探訪に慣れた人でも容易なものではなく、超健脚向きと覚悟してほしい。峰を廻り込んで北側から尾根に乗るルートからは歩行距離を含めば大変楽に登れる。しかし、林道の入口と尾根道の取り付き口は地元の人でもわかりにくい。

滝山城の城域は、滝山の山頂（奥の峰）を主郭と想定し、その南側天守岩・東の峰・本城峠と呼ばれる尾根端を南端とする。北側は、山頂から堀切を経て尾根道伝いに延長されるが、その範囲は後述のようにはっきりしない。

主郭想定地と周辺の尾根および北側に延びる尾根道伝いに「曲輪」が連続する。しかし、「曲輪」の一部には人工的な削平を感じさせるが、おおむね自然地形とみなされる。曲輪を連続して配置し構成された曲輪群とは判断されない。遺構で明確なのは、山頂から一五〇メートルほど北東側にある堀切のみである。堀切は二重堀切といわれ連続する二列の切り込みが認められる。しかし二重の堀切部の間を小土塁の痕跡と見ることができ、実態は北（外）側の堀切と南（内）側の武者隠しと考えてよい。この遺構は明確で、城域を設定すればここまでが第一案である。

近年、この地点より尾根道で結ばれる北東側八〇〇メートルの地点で新たな「遺構」が見つかった。これは、「滝山山麓堀切状遺構」とも呼ばれ、一見しては堀切の様子を示している。堀切状遺構は、鞍部へ下る途中に長さ五〇メートル、幅一〇メートル程である。深さは深いところで二メートルを超えるが、通路部では一メートル以下である。堀切状遺構の南東側（谷側）は土塁状に工作されている。この遺構が人工的なものであることは、明らかである。遺構は尾根下方の鞍部ではなく、尾根の中腹に構築されている。堀切にしては長大過ぎ、しかも注意される点は尾根に対して屈曲していることである。しかし、遺構の地点は主郭想定地から尾根道伝いであり、下方の鞍部は山麓の主要な集落を結ぶ峠道であっ

宮崎神社と滝山

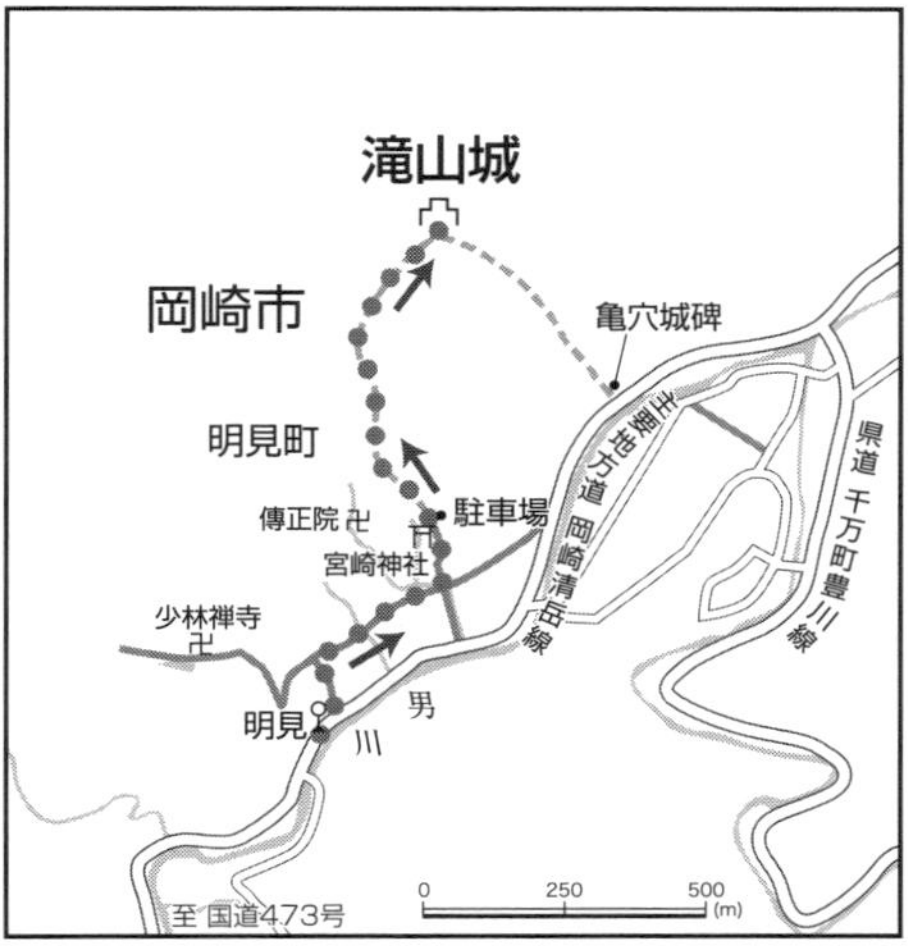


**滝山城へのアクセス**

名鉄本線本宿駅から名鉄バスで約25分、明見バス停下車、徒歩5分で宮崎神社へ。神社裏から主郭部まで徒歩40分。亀穴城碑からの直登ルートは極めてハード。車利用の場合、国道1号本宿沢渡信号から国道473号を北上、県道37号を東へ。

た。したがって、その位置は戦略上意味があったと考えられ、尾根道の制圧を主要な目的の一つとする滝山城の一部と考えられないではない。現在の所、この遺構の性格については断定することができず、城郭関連遺構である可能性も完全には否定できない。ただし、遺構の堀切とは構築の時期や主体が異なるようである。城郭遺構であれば、城域の第二案はこの地点までであり、九〇〇メートルにも及ぶ城域が考えられことになる。

伝奥平貞勝の墓（左端　宮崎神社境内東側）

甲斐の武田氏は文亀末年に三河北部に侵入し、奥三河の作手（新城市）を本拠とした奥平氏も武田氏に従った。滝山城は、奥平氏の版図南端部に当たり、武田氏の監視所として利用されたとされる。天正元年（一五七三）に、奥平貞能は武田氏に離反し敵対する徳川家康に従属するために作手を退去し、宮崎へ移転した。この時、退去する奥平氏勢を武田氏勢が追撃し、滝山合戦が戦われた。遺構の堀切は、北側からの尾根道を南下する敵勢を迎撃する地点として、有効な防御施設となっている。しかし、この時は緊急時であり、堀切普請の時間的な余裕があったのであろうか。堀切と武者隠しの組み合わせは山中城や長沢城で千田嘉博氏が徳川氏城郭の特徴としてあげている。三河山間部には天正期に属す城郭が点在する。この遺構も天正三年を前後する時期に徳川氏によって構築された可能性が大きい。

『当代記』では滝山合戦は、「滝山」で戦われたと表現されている。滝山城といわれはじめる時期には注意する必要があろう。滝山城は、堀切を城郭の一部と見ることで城郭が想定されたといえる。堀切は厳密に言えば「阻塞」であり、城郭ではない。しかし、そこは戦国時代の戦場であったことは間違いなく滝山合戦の舞台であった。

（奥田敏春）

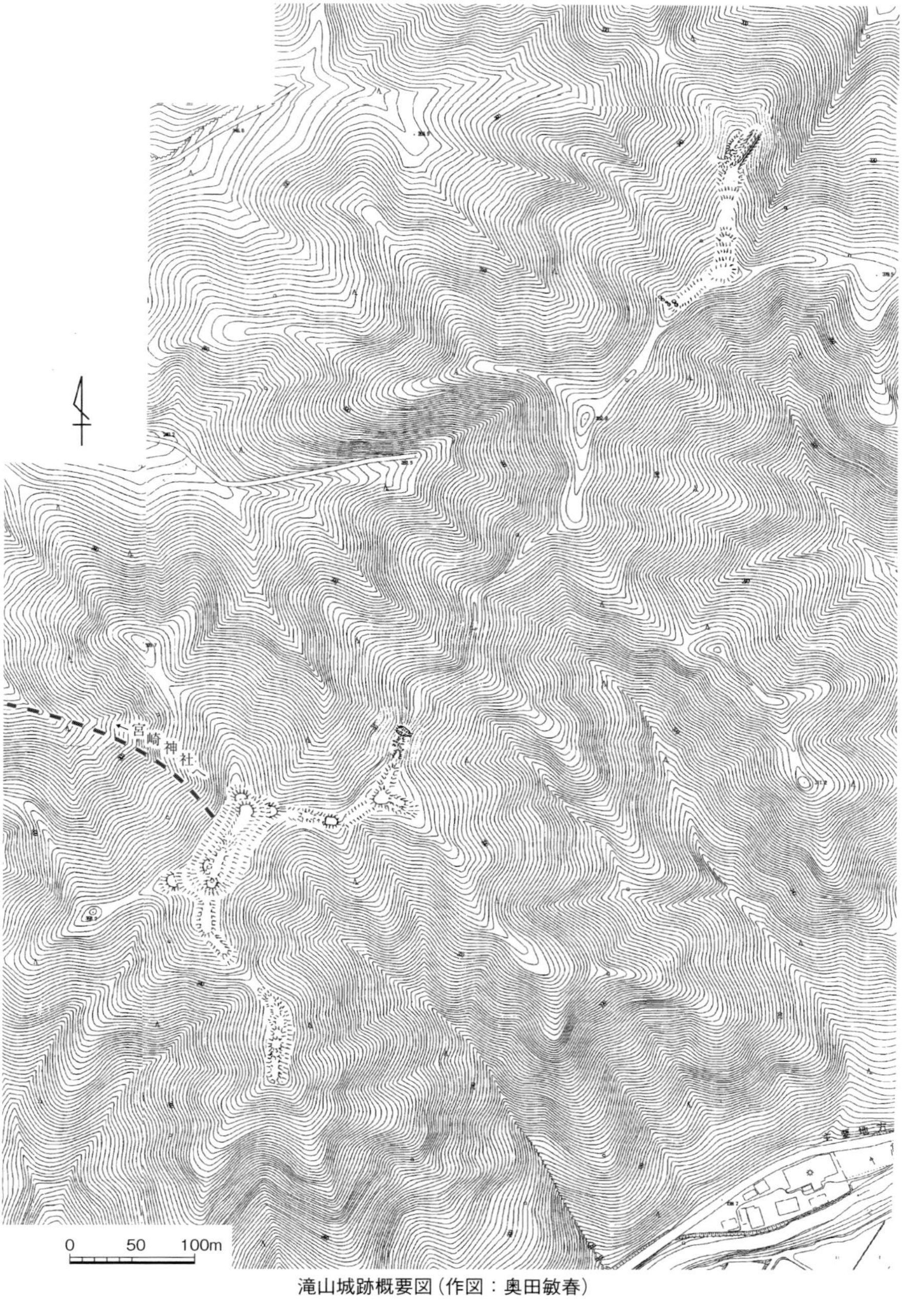


滝山城跡概要図（作図：奥田敏春）

# 36 日近城《ひぢかじょう》 ★★

**所在地** 岡崎市桜形町
**築城時期** 文明年間
**標高** 二七五m
**主な遺構** 曲輪　土塁　虎口　堀切

日近城は、一般に作手《つくで》奥平貞昌の子、貞直によって文明年間（一四六九～一四八七）に営まれたと言われる。日近奥平氏は作手奥平氏と対立し、弘治三年（一五五七）には没落した。そして日近は作手奥平氏の所領となった。その後、日近奥平氏が旧領を回復している可能性も考えられるが、確かなことはわからない。

ところで日近城から北西へ約四〇〇メートル、桜形駐在所の背後一帯は「オヤシキ」と呼ばれている。谷地形を造成し、数段の平坦地が形成されている。同様の立地、縄張である城館は、旧額田町域に類例が認められる。「オヤシキ」は若干位置が異なるけれども、広島市立中央図書館・浅野文庫蔵「諸国古城之図」に描かれた「奥平久兵衛居屋敷」に比定できる。日近奥平氏は、代々久兵衛を名乗っている。したがって「オヤシキ」こそが日近奥平氏の屋敷（城館）であった可能性が高い。

日近城は広祥院の背後にある比高約七〇メートルの山上に位置する。主郭Ⅰは東側から北側にかけて、高さ約一・五メートル、幅約三メートルの土塁を巡らしている。土塁は南東部で外側に突き出し、南側の堀切Hや虎口Dを威圧する配置になっている。主郭Ⅰへは、Ⅱ郭の北西側から入るようになっている。現状ではⅡ郭の虎口Bからほぼ直進する形になり、あまりに単純に過ぎる。本来の虎口は、主郭Ⅰの南東隅にあるAに比定できる。虎口BからⅡ郭内部を横断し、Aに至らせたと考えられる。「諸国古城之図」でも、同様の表記をしている。

Ⅱ郭の虎口Bは、高低差を利用した虎口である。虎口周辺には、石積が見られる。日近城では土塁の基底部や虎口縁辺等に、石積が散見できる。

Ⅲ郭は、広祥院側から上がってくる道を見下ろし、制圧できる位置に築かれている。虎口Ｃは直接虎口Ｂに連絡し、Ⅲ郭脇をかすめる配置となっている。

Ｖ郭はⅠ郭の南側に広がる、細長い曲輪である。南側には、石積みを伴う虎口Ｄを備えている。虎口Ｄから南側へ下る道は、Ｖ郭と竪土塁Ｅに挟まれて隘路となる。

土塁Ｆ

Ｖ郭の東側には高さ約五メートルの土塁Ｆがある。土塁Ｆは、本来主郭Ⅰ側から南へ伸びていた尾根を利用している。上部を幅五メートル前後に加工し、南側に向かって次第に下降させている。土塁Ｆの役割は虎口Ｄを保護し、かつ南東側の尾根続きからの侵入を防ぐことにある。土塁Ｆの存在により、堀切Ｇ東側からの見通しは効かない。堀切Ｇは土塁Ｆとセットになって、尾根続きからの侵入を遮断している。現在、土塁Ｆから堀切Ｇ底部を経て、南東尾根続きに連絡する道が付いているが、破壊道であることは言うまでもない。

堀切Ｈは、主郭Ⅰと土塁Ｆを断ち切る役割を持ってい

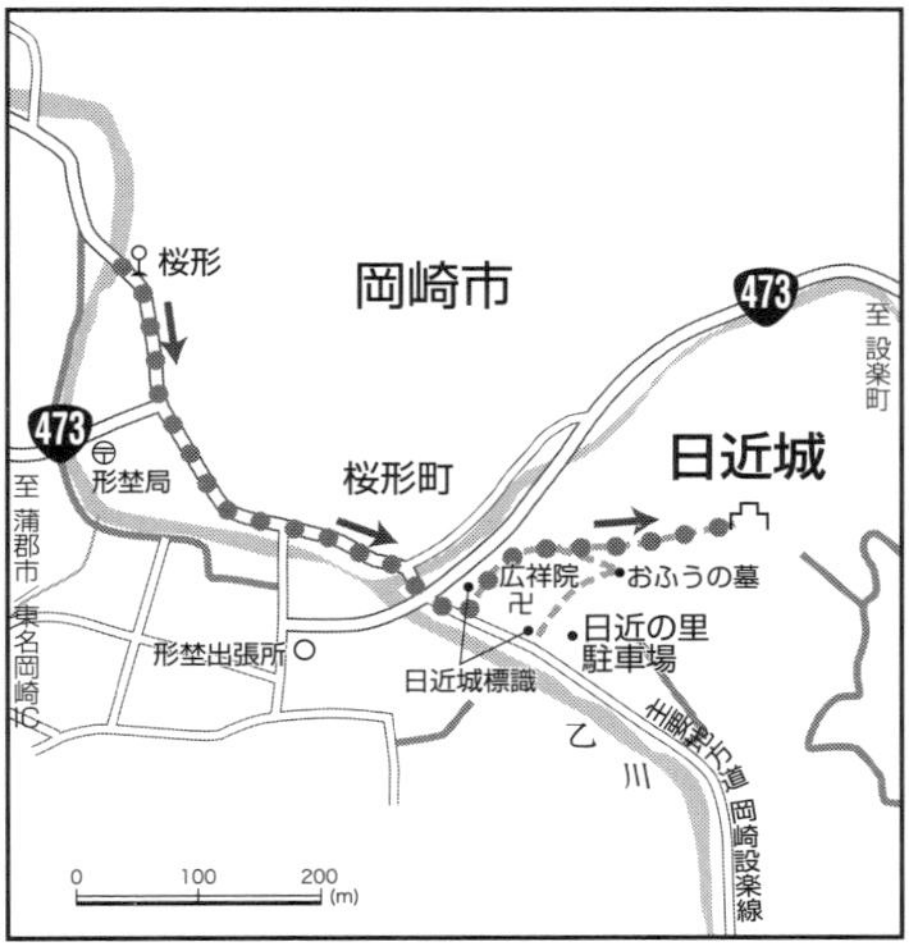


**日近城へのアクセス**
名鉄名古屋本線東岡崎駅から名鉄バス桜形線で終点まで約１時間（本数は少ない）。下車後広祥院を目指し、門前より山道を登り、約10分で主郭に至る。車利用の場合は東名岡崎ICから国道473号を北へ約40分。

る。主郭Ⅰに対して土塁Fの上端は、約二メートル低い位置にある。さらに堀切Hを設けることで、両者の高低差を大きくしている。注意したいのは堀切Hの底部はV郭よりも約一・五メートル高くなっている点である。堀底部が高くなっているから、反対側にある横堀J側からの見通しと直進を阻んでいる。その上で横堀JとV郭を結ぶ虎口・通路の役割も備えていたと言える。

Ⅱ郭からみた主郭Ⅰ

横堀Jは幅約四メートル、深さ約五〇センチであり、北側に向かって下降する。Jの北側延長はいったん犬走り状となり、Kで小規模な堀切状となっている。Kの西側延長も犬走り状となり、Lで深さ約五〇センチの横堀となる。Mは小規模な尾根をそぎ落とした、切岸のラインである。地形の影響で途切れた部分もあるが、横堀J〜K〜L〜Mは、主郭裾部を防御する一連のラインとして構築されている。

広祥院から東側に上がったところは、「瑞屋敷《ずいやしき》」と呼ばれる。奥平貞友の隠居屋敷があった場所と伝わる。貞友は貞直の子である。貞友の女であったおふうは、甲斐武田氏へ人質に出されていたが、天正元年（一五七三）処刑された。瑞屋敷東側には、おふうの墓がある。瑞屋敷から南へ下がった畑地を武家屋敷跡に比定する考えもあるが、はっきりしない。石垣もみられるが近代の造作である。

日近城は、小規模ながら虎口や横堀等に技巧性が認められる。周辺域（旧額田町）に城館遺跡は複数存在するが、日近城のように曲輪・虎口・土塁が明瞭な城郭は他に存在しない。地域的に見ると、かなり異質な城郭なのである。「オヤシキ」を日近奥平氏の城館と捉えると、日近城は作手奥平氏、あるいは上位権力である徳川氏により築城（改修）されたと考えるのが妥当であろう。（高田　徹）

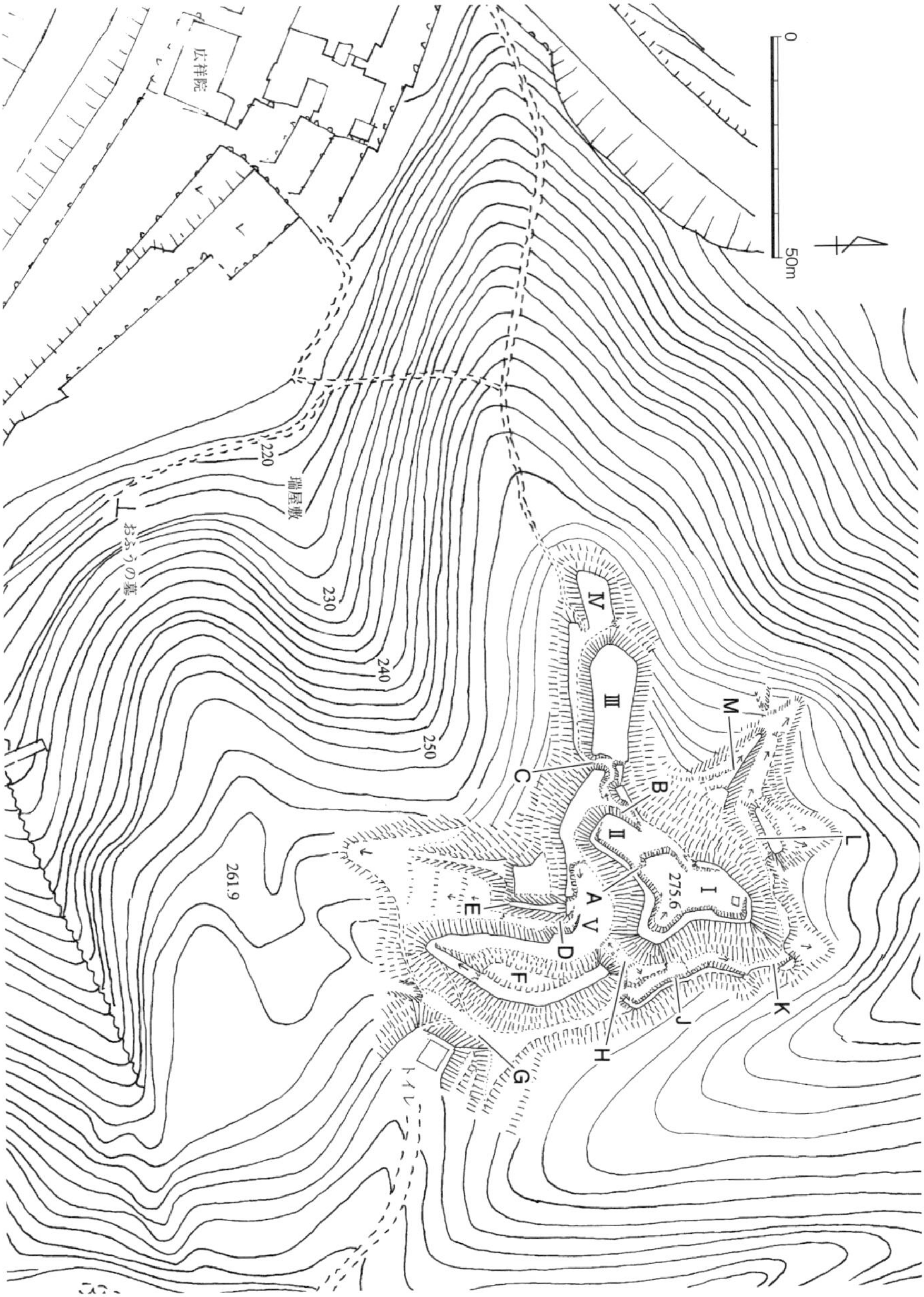


日近城跡概要図（作図：髙田　徹）

# 37 山中城《やまなかじょう》 ★★

**所在地**　岡崎市羽栗町・舞木町
**築城時期**　大永四年
**標　高**　一九五m
**主な遺構**　曲輪　土塁　虎口　堀切　竪堀

山中城は東海道を北に見下ろす、城山、岩尾山、医王山とも呼ばれる比高約一〇〇メートルの山上一帯に築かれている。築城は西郷氏とも、岡崎松平氏であったとも伝わる。大永四年（一五二四）岡崎松平氏の持城であった山中城は、安城松平清康の命を受けた大久保忠茂による夜襲により陥落した。今主郭Ⅰ内部に建っている石碑を揮毫した子爵大久保忠言は、忠茂の後裔にあたる。

天文十七年（一五四八）に尾張の織田信秀軍と駿河の今川義元軍が激突した小豆坂の合戦時、山中城は今川軍の重要拠点と位置づけられていた。山中城は史料上「医王山」として頻出するようになる。

永禄三年（一五六〇）桶狭間の合戦後、松平元康（徳川家康）は今川軍が籠もる山中城を奪取している。同七年（一五六四）から天正十八年（一五九〇）まで山中郷は、家康重臣の酒井忠次の所領となっている。この間、山中城も酒井氏によって維持・管理されていたと思われる。

主郭Ⅰは南北に長く、内部は二段に分かれている。このうち東側が約五〇センチ高く、中央に石碑が建つ。東端に土塁の痕跡を思わせる高まりがあるが、はっきりしない。一方の西側は、高さ一メートル前後、幅三メートル前後の土塁をほぼ全周させている。虎口はA・B・Cの三つがあり、このうちAがメインであったと考えられる。いずれも平入状の虎口であるが、主郭Ⅰ裾を廻らせてから到達させる造りである。回り込む間、主郭Ⅰ側から横矢掛りが効くようになっている。

山中城を描いた絵図として広島市立中央図書館・浅野文庫蔵「諸国古城之図」中の「三河羽栗」図がある。廃城後に、江戸期の軍学教材用に作成された絵図であるが、現状の虎口・通路と大きな違いを認めない。現在の遊歩道は道幅を拡幅したり、若干のルート変更はあるが少なくとも江戸期から大幅な変更がないと考えられる。遡って城郭が機能した時からも変更されていない可能性が高い。ただし虎口BからⅡ郭南を経由するFの道は破壊道である。本来はⅡ郭内部を北上して馬出状のⅢ郭に入り、Ⅳ郭もしくはⅤ郭に至るのが正しいはずである。問題はⅤ郭南西に続く尾根を断ち切るように設けられた堀切D・Eと虎口・道の関係である。堀切D・Eは、やや距離を開けて設けられた二重堀切である。尾根筋が弱点となるから、二重に堀切を設けた上、Ⅴ郭にも土塁Gを設けて遮断している。「諸国古城之図」では付近に虎口を描き、道が西側尾根方面に伸びるように描いている。現

山中城主郭土塁

**山中城へのアクセス**

名鉄名古屋本線名電山中駅下車。県道324号を南西に徒歩約15分。2つ目の信号を右折し、「しろやま橋」を渡ると、前方に表示板が見える。そこから徒歩約20分で主郭。付近に駐車スペースはない。

状を踏まえると、堀切Eを越えて西側尾根続きに連絡する道があったとは考えがたい。多少の改変があるのだろうが、堀切Eから南に下って羽栗町方面に至る現遊歩道ルートが妥当であろう。山中城の選地は、北方約一キロにある東海道へ進出できる利点が大きい。同時に南側の羽栗町方面から峠越えで幸田町方面、竜泉寺川沿いに下って美合町方面にも進出できる選地である。選地をフルに活かすためには堀切E付近から羽栗町方面に至る虎口・道が不可欠となる。

山中城堀切

　Ｖ郭の北側には堀底道を兼ねた堀切Hがある。堀切Hは深さが約五メートルあり、遮断性が強い。堀切Hから東側の谷筋Jに下り、そのまま北上すると東海道方面に至る。谷筋Jが大手口と見て問題ない。谷筋に面した曲輪は土塁を伴い、斜面には複数の竪堀を落として敵の侵入を警戒している。

　主郭Iの東にあるⅥ郭は谷筋Jを見下ろすと共に、北・東側に分岐する曲輪群にもにらみを効かせた曲輪である。注目されるのは、Ⅵ郭の北東裾にあるⅦ郭である。Ⅶ郭は小規模な馬出であり、前面に土塁を巡らしている。Ⅶ郭の西端（Ⅵ郭東裾）には道が通じていてⅨ郭側と相互に行き来できる。これに対してⅧ郭方面からⅥ郭へ至る道は、Ⅶ郭の南外側を通過し、Ⅶ郭内部に入るにはⅥ郭の裾まで進まなければならない。またⅧ郭の東側は堀切Kで区画している。つまりⅦ郭とⅨ郭側とのつながりに対し、Ⅶ郭とⅧ郭側とは遮断性の方が強い。Ⅶ郭以西が城郭の中枢（内側）であり、以東は外縁部と言えよう。

　Ⅷ郭は内部に小規模な段差を持っている。その東にある堀切Lは北側斜面に落ち、南側に達してない。南側は遊歩道と土塁状のMが仕切っている。後世の改変が及んでいるが、本来Mの上部からⅧ郭へ連絡していたと考えられる。

（髙田　徹）

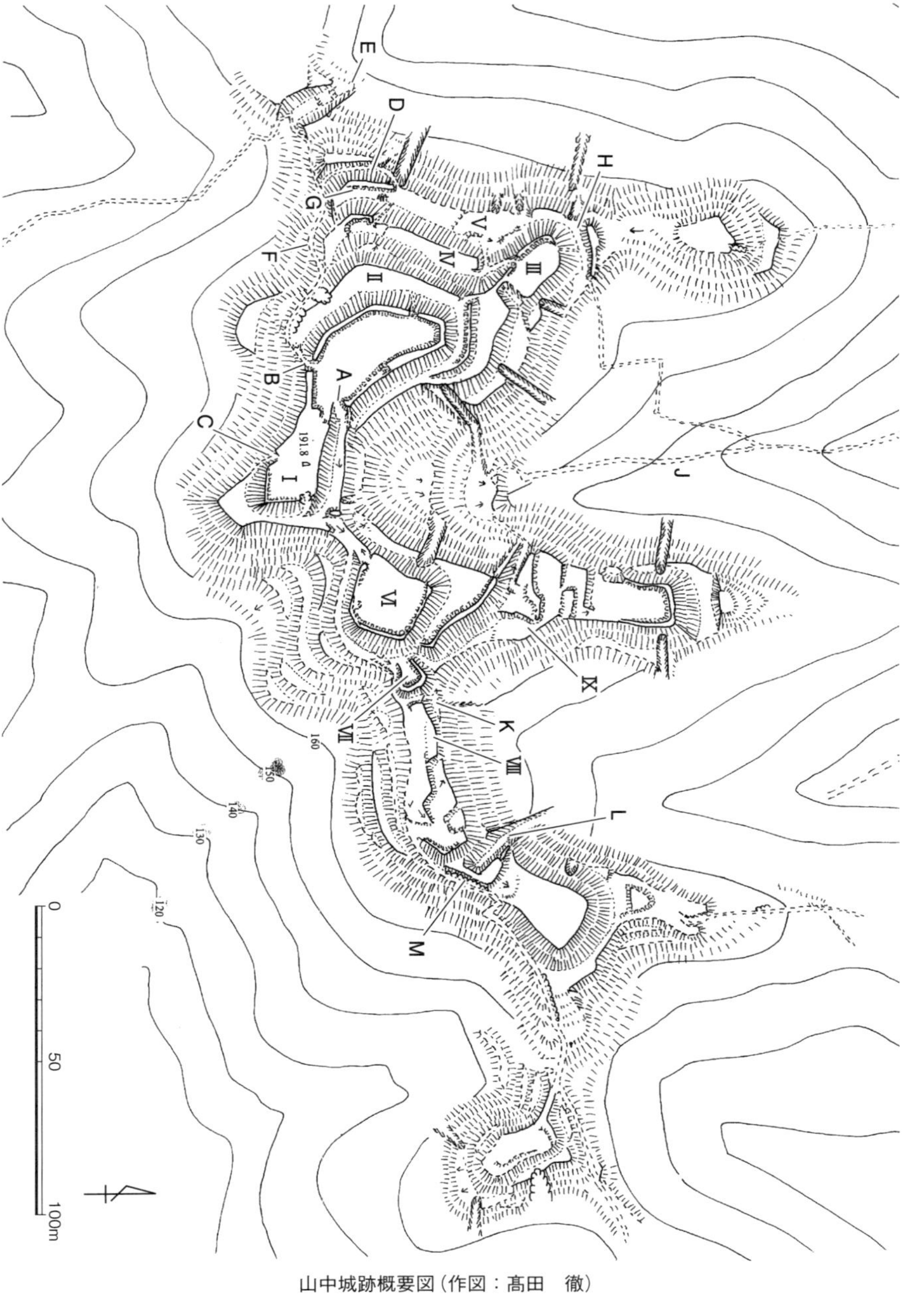


山中城跡概要図（作図：髙田　徹）

# 38 室城《むろじょう》 ★

**所在地**　西尾市室町城山
**築城時期**　永正年中か
**標　高**　二〇m
**主な遺構**　曲輪　虎口　土塁　堀切　井戸

室城は、地元で城山とよばれる林松寺の裏の標高約二〇メートルの小高い岡の上にある。

『三河国二葉松』によると「富永半五郎　永禄五年九月十三日討死」とあり、富永氏の居城であった。築城時期は不詳であるが、『林松寺由緒』によると永正年中（一五〇四～一五二一）に室城主富永祐玉の帰依を受けて室城の近くに堂宇を移転していることからこの頃築城されたたと思われる。

富永氏は、代々吉良氏に仕えた豪族で、伴五郎の父の忠安の妻は、松平長親の娘である。

この室城には徳川家康の父広忠が一時いたことがある。いわゆる守山崩れで松平清康が急死してから混乱を避けるため伊勢に避難していた広忠は天文五年（一五三六）九月に形原を経て室城に入っている。これは富永氏と松平氏が縁戚となっているために助力したものである。

その後、桶狭間合戦後の永禄四年（一五六一）に家康は吉良氏の居城東条城を攻めた時に富永伴五郎は藤波《ふじなみ》畷《なわて》の戦いで討ち死にしている。その後に廃城となったと思われる。

『楽しみ草』によると「古来城山と称ス東西四十間、南北二十五間周囲三町余直立十丈在リ中央ニ大ナル古井アリ」とある。

室城に登るには城跡と神明神社の間にある駐車場に車を置いて、室城の説明看板のある脇の細い道をしばらく登ると堀切の間の土橋を越え主郭に入る。駐車場付近は随分削られており、登城道も当時のものではない。

広島市立中央図書館・浅野文庫蔵「諸国古城之図」によると北側より登る道は一旦主郭下の曲輪に入って東西

に分かれて描かれている。

主郭は現在墓地となっている。中央部分には井戸跡がある。この井戸は「諸国古城之図」にも描かれているので、現在はほぼ埋まっているが直径は三・五メートルある大きなものである。また、城跡の各地からは炭化した兵糧米が出土するという。

主郭の東西の端部には高さ五〇センチほどの土塁が残っている。主郭の西は一段低い曲輪を設けてそこより林松寺に降りる道がある。

現在神明神社が建つ場所は、「諸国古城之図」によると蔵屋敷といい、そこより大手口と記されている。近隣

室城跡遠景

**室城へのアクセス**
名鉄西尾線西尾駅から名鉄バス岡崎・西尾線で家武バス停下車、徒歩5分。駐車場あり。

の米津城（西尾市米津町）や荒川城（西尾市八ッ面町）などにも同様に蔵屋敷地名がみられる。それらは城内ではなくて、大手門の外側に位置している。大手門の外にあることでは、籠城用の米蔵というよりは、恐らく地域の年貢米を収納するセンターなどの場所であったと思われる。

主郭の土塁

　神明神社の紋は三つ葉葵である。社伝によると松平広忠は、この神社を特に崇敬して奉納したと伝えられる。屋根の瓦に葵の紋を見ることができる。

「諸国古城之図」は城の北側に大きくカーブする水堀を描くが、この堀は今も用水路として残されている。城とこの堀の間には「家中跡」とあり、富永氏の家臣の屋敷があったと記されている。井戸も二ヵ所描かれているが、現在はその跡はみられない。

　室城の北側には中世集落の遺跡である室遺跡がある。室遺跡は十二〜十五世紀にわたる中世集落であり、愛知県埋蔵文化財センターにより発掘調査がされている。その成果によると室遺跡は蘇《す》美《み》御《み》厨《くりや》を背景とした都市的性格をもつ遺跡で、区画溝を伴う屋敷地が複数確認されている。室城の築城に伴い集落の移転がされたのではないか。

　室城の南の麓には林松寺がある。この寺の山号は古城山である。林松寺の境内は、周囲の田より一メートルほど高くなっている。この林松寺の場所はその立地からも富永氏の居館があったことも想定できる。

　先の『楽しみ草』によると室町には、市場、大屋敷、殿屋敷などの城館に関係の深い地名が残されていた。これらが現在のどの位置に比定されるかはわからないが、現在の集落は室城の南方に広がりを見せている。

（石川浩治）

室城跡概要図（作図：石川浩治）

# 39 東条城《とうじょうじょう》 ★

**所在地** 幡豆郡吉良町駮馬字城山・東条
**築城時期** 不明
**標　高** 二八m
**主な遺構** 曲輪　土塁

茶臼山(二九一メートル)から伸びる尾根状丘陵の先端部、幡豆《はず》郡吉良《きら》町字城山に東条城は所在する。現在は街道(現在県道)で断ち切られ独立丘陵に見えるが、かつては細道の北(字東条)と一体の城域であった。城域の東から南側は湿地(沼田)で、矢崎川と支流の炭焼川が自然の堀の役割をしていた。

平成元年に整備される以前は、周囲の曲輪群と八幡宮の一部に小規模な土塁および主郭に櫓台の一部が残存していたのみであった。主郭は二段に分かたれているが、ほぼ五〇メートル四方の矩形《くけい》に整形されている。上段の東北隅にわずかな残土様の土塁が遺存する。広島市立中央図書館・浅野文庫蔵「諸国古城之図」は櫓台と理解している。主郭北側に八幡社が鎮座している。敷地は径三〇メートル程の円形であるが、一部に土塁が残存している。八幡社の南に主郭についで広い曲輪である「三の丸」がある。八幡社と三の丸の間を北西に城道が下り、城下に通ずる大手道となっていたと思われる。大手口の南側には三段の土塁状の削平地が見える。

整備後には、大手門と櫓台が設置され、門の脇には食い違い状の土塁が新設された。両者とも『一遍聖絵《いっぺんひじりえ》』を参考に復元されたものである。現在は、県道からの坂道を八幡社と主郭の間の堀切状通路へ至り、「三の丸」から主郭の復元大手門に入る。

県道の北側に、法応寺の跡があり、松井康親と松平義春・家忠の墓があった。寺院跡周辺には「諸国古城之図」などに空堀を描いており、南側とは一体化していたようで城域は東西二〇〇メートル×南北一五〇メートルにも及ぶ規模と見られている。しかし、東条城は主郭が城域

復元された城門（表門）と櫓（物見櫓）

中の最大面積を占めており、他の曲輪はその周辺の地形に従って配置された形態を基本としている。大手の城道周辺にも、特別な防御施設を施した形跡はない。したがって、領主の屋敷が置かれた居館であり、館城に分類される。

大永年間（一五二一～一五二七）に二人の文人がここを訪れている。ひとりは、冷泉為和《れいぜいためかず》で吉良持清に面会している（『為和卿集』）。もう一人は、連歌師の宗長《そうちょう》で、はじめて東条城を訪れ二、三日逗留している（『宗長手記』）。為和は館の庭にあった老松を主題に一首詠じている。宗長は館から望まれた海と波頭を詠じている。十六世紀初頭の東条城は、旅の客人を滞在させ、和歌や連歌を吟じあう場であったことが知られる。館の庭には、年を経た松が茂り、その向こうには青い海の眺望が広がっ

**東条城へのアクセス**

名鉄西尾線上横須賀駅から北東に徒歩30分で古城公園へ。車利用の場合、県道42号寺嶋信号を東に、県道318号を500m。古城公園駐車場5台スペースあり。

ていたらしい。

永禄四年（一五六一）、西三河の制圧を進めた徳川家康は吉良氏の拠った東条城を攻めた。周辺を固めた家康勢の前に東条城は陥落した。この結果、青野松平氏が東条城主となり岡崎市青野町の青野城から本拠を移した。永禄五年松井忠次（康親）が、家康から東条城の城代を命じられている（松井文書）。

法応寺裏山墓地の松平義春・家忠の墓（移転前）

「三州東條絵図」「三州東條古城図」（『吉良町史』）が伝えられ、城下の様子が知られる。前者には、大手に「松井屋敷」、主郭北側には「御袋様屋敷」、西側には「石川屋敷」、北東に離れて「岡田屋敷」が描かれている。「家中屋敷」も含めてみれば、主郭の城主屋敷の周辺を家臣屋敷が散在していた様子を表している。一方後者によれば、東条城の城下には、「城下」や「上市場」「横町」などの城下集落が開かれ、いくつかの寺院が点在していた。

これらの家臣屋敷や城下集落は、城山と一体化していた可能性が考えられる。やや模式的な図で信憑性に問題もあるが「東条城図」があり（『吉良町史』）調査の上で描かれた様子が伺える。それによれば、城山を中心に、その北側も含んで城下が一体化されている様を描いている。こちらは、永禄五年または三河一向一揆を経て、天正年間の東条城下を表していると考えられる。

東条城は、吉良氏在城時から館城としての基本的な性格を変えることなく保ち続けていたものと理解される。しかし、東条松平氏時代には、周辺の屋敷地や城下集落がおそらく拡大し、また城山に一体化されていたものと考えられる。これは、天正期の徳川氏国衆城下の一側面を表していると見られる。

（奥田敏春）

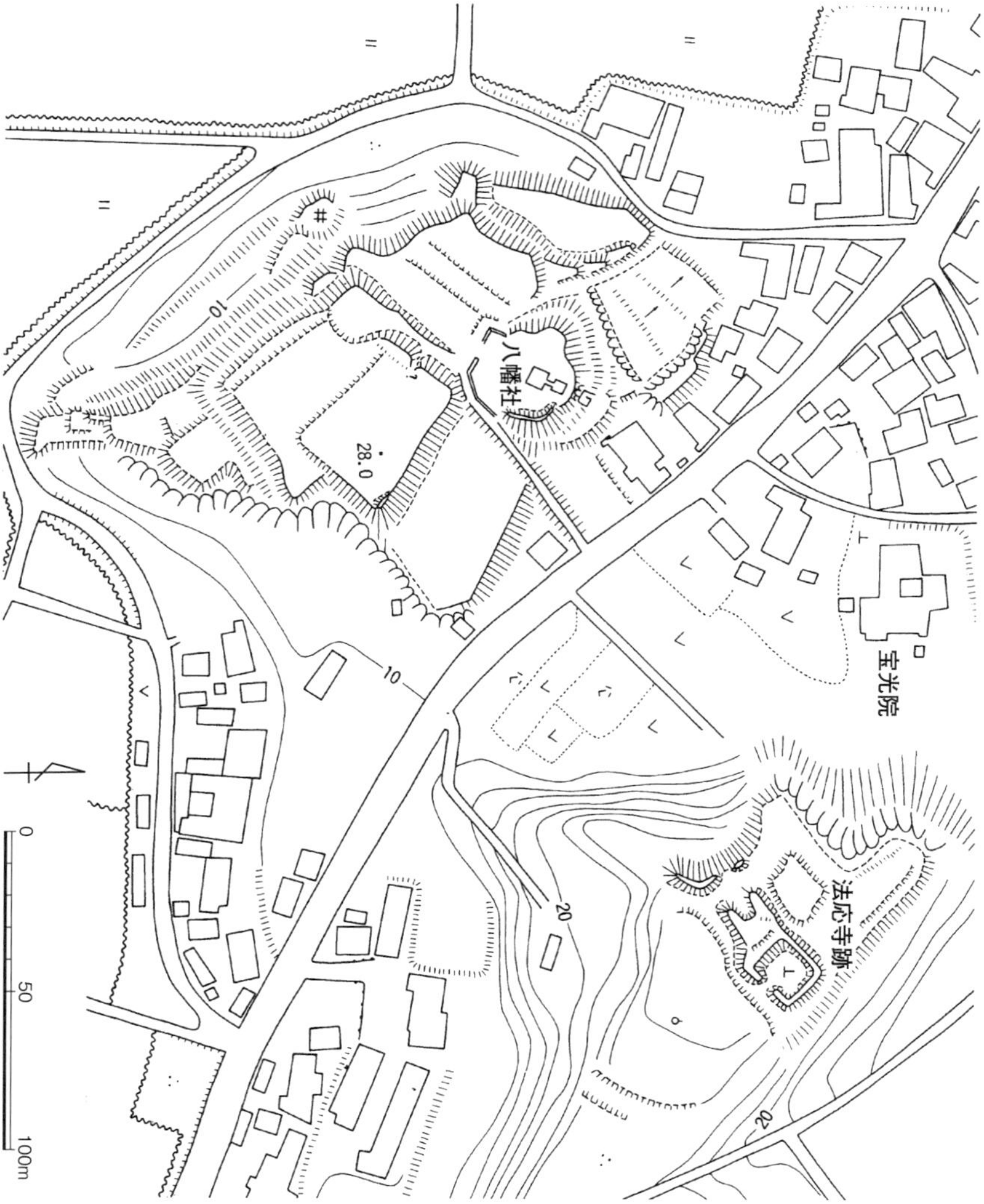


東条城概要図（作図：石川浩治　※整備以前）

# 40 寺部城《てらべじょう》 ★

所在地　幡豆郡幡豆町大字寺部字堂前
築城時期　不明
標高　三〇m
主な遺構　曲輪　土塁　空堀　竪堀

寺部城は、幡豆郡幡豆町の寺部港を眼下に臨む現在の海岸から二五〇メートル隔たった標高三〇メートルほどの丘陵上に位置している。城域の東方向には標高八〇メートル余の山陵があり、それより南方に延びる丘陵が、寺部地区中心域の東を画す。西方は小屋野川が同様に区切る。城域の東側は、今は道路となっているがかつてはおそらく大きな谷間で区切られていた。

現在は主郭北側の道路から、散策路が作られている。散策路は主郭の北側から東側にかけての横堀である。この横堀は主郭南東部で終わり、南側に開放されている。現在ここに木橋が架かり、主郭への通路に連なっている。主郭は、二〇メートル四方ほどの広さであるが、主郭東から北側にかけて高さ二メートルほどの土塁が築かれている。主郭の西側には「二の丸」が並び、南側を中心に帯曲輪が取り巻いている。

横堀から東側は耕作地などによって不明になっていることが広島市立中央図書館・浅野文庫蔵「諸国古城之図」から判断される。絵図は北側に二重の堀を描くが、外側の堀は城域の東側の谷間から主郭北側に回りこむ堀の役割を果たした自然地形（現在は主郭北側の道路）を描いていると見られる。

寺部城の遺構からは、主郭周りに大量の土木量を排出する工作が施されていることがわかる。主郭東側の切岸は散策路に使われている横堀の開削によって形成されたものである。また、主郭の西北側で「二の丸」の北側に当たる地点に竪堀があるが、これも主郭西側の切岸と「二の丸」北側の切岸をシャープに形成している。主郭の比較的規模の大きい土塁は、横堀に対応しており、築城者の土塁を設置した目的・意図が判断される。いずれも、主郭周りの普請とその北側切岸の形成を重視して構築されていることが、理解される。

寺部港（手前）と寺部城跡

さて、「諸国古城之図」には遺構の南側に「ヤシキ」区画を描いている。この範囲は古代寺院遺跡である寺部堂前遺跡と重なっている。平成十四年に寺院遺跡の調査が実施され、その際に中世の溝の遺構が見出されている（『幡豆町史』）。この溝が「ヤシキ」の堀とは確定されてはいないが、「ヤシキ」の施設に何らかの関係があり、あるいはその区画を表している可能性は強いと考えられる。「諸国古城之図」の注記には他所の「新屋敷」とも言って

**寺部城へのアクセス**
名鉄蒲郡線西幡豆駅から徒歩10分。車利用の場合、国道247号から町道に入り、幡豆町役場前交差点を南へ。

おり、ここに絵図の描く「ヤシキ」があったと判断される。

　絵図によると、「ヤシキ」は寺部城の遺構の南側に連続している。ここで先述の横堀を想起すると、横堀は南側に開放されていることが注意される。横堀は「ヤシキ」の区画と連続していたとは言えないが、「ヤシキ」区画と連携していた可能性が考えられる。横堀の遺構は「ヤシキ」と密接な関係を持っていたと見てよい。寺部城の遺構は北側重視の形態であり、これは「ヤシキ」の北側を構成するもので「ヤシキ」と寺部城遺構の全体で領主の居館を作っていたと判断される。

主郭東側の横堀

　城主とされる小笠原氏は三河時代の由緒から、近世には幕府の船手奉行を務めた家であるにも関わらず、文献では三河国人時代に小笠原氏が海事に関係していた事柄は見出せないとされている。しかし、寺部城は小笠原氏の本領に所在し、海上からは寺部港背後の目印になったと思われる。屋敷の南は、「吉良への道」が通り、町場があったと見られる。寺部城の北側の厳重さに比して、南側の街道と海が開放されていることは、小笠原氏の海の領主としての志向を雄弁に物語る。

　永禄七年（一五六四）に小笠原左衛門佐（重広）と富田新九郎（安元）に対し、徳川家康は「両城」を安堵し寺部を含む所領を確定している（『譜牒余録』所収文書）。しかし、これに至る時期に幡豆地区には不安定な様子が見える。今川氏領有時には、吉良一族の荒川氏が幡豆から片原（蒲郡市）を固めていたらしい（年月日未詳今川義元書状写　江川文庫蔵）し、永禄六年には幡豆取手（砦）で戦闘があったことが知られる（松井文書）。寺部城の遺構は、小笠原氏が徳川家臣として安定して以降の普請と考えられ、当時の小笠原氏の徳川家臣団での「重み」が推し量られる。

（奥田敏春）

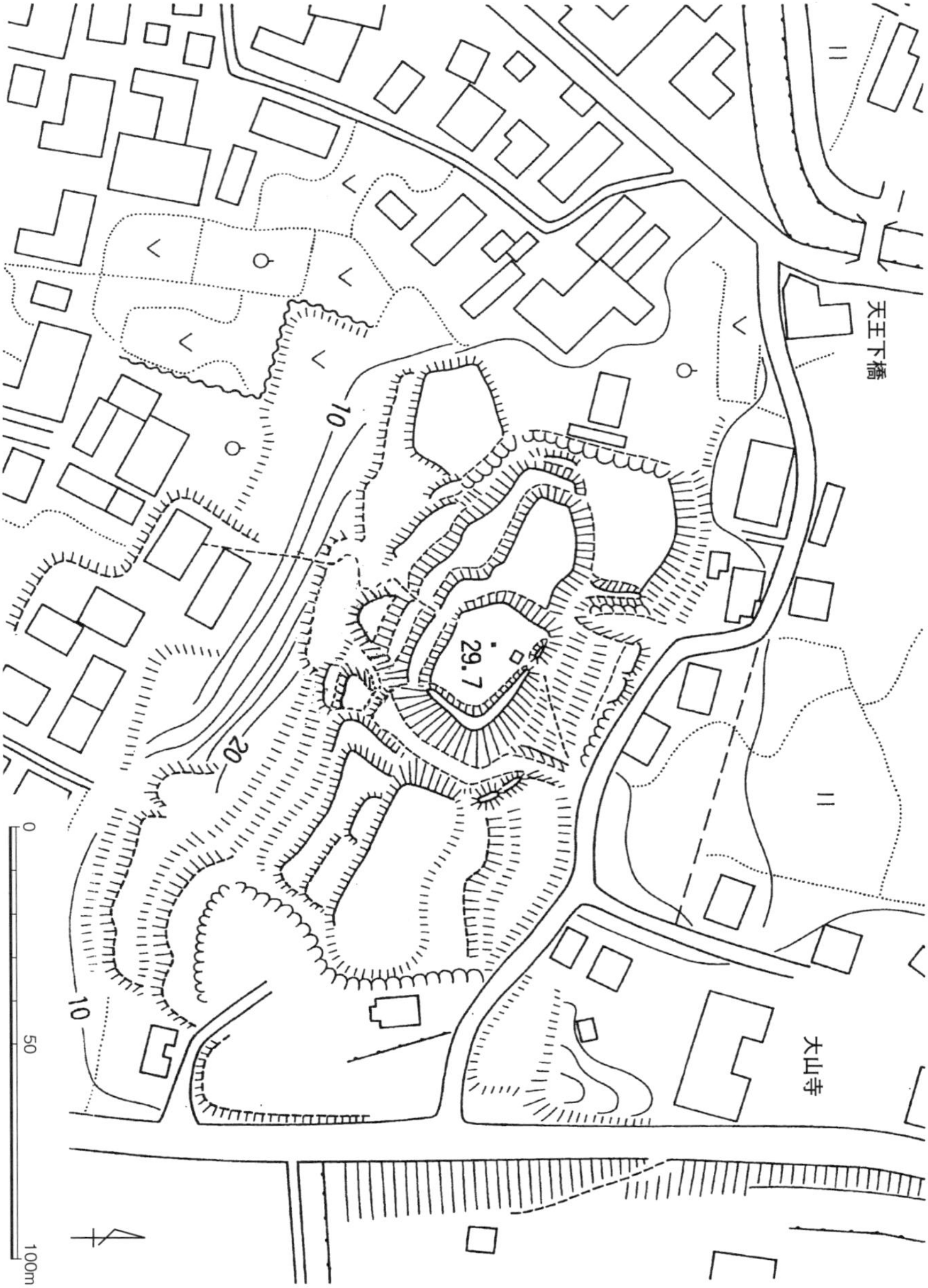


寺部城跡概要図（作図：石川氏原図に奥田敏春加筆）

# 41 竹谷城《たけのやじょう》 ★

**所在地**　蒲郡市竹谷町泉
**築城時期**　十六世紀初頭か
**標高**　一五m
**主な遺構**　曲輪　土塁　空堀　虎口

竹谷城は、蒲郡《がまごおり》市の西部の北側から伸びる丘陵の先端部でもとの海岸線から三〇〇メートル程の地点に所在する。現在は主郭とその南側に空堀が遺存する。空堀の南側にあった付属の曲輪は、平成二十年（二〇〇八）に宅地開発のため曲輪内部の一部を調査した後に破壊された。

主郭は、東西三五メートル×南北七五メートル程でほぼ長方形の曲輪である。主郭の北西部に虎口が開き、その両側に土塁が残存する。西側の土塁は規模が大きい。南側の空堀はやや屈曲して主郭南側を画すが、それ以上に延長されていたかは地表面では不明である。平成二十年以前には、空堀を隔てて南側に三角形の付属の曲輪が遺存していた。主郭とほぼ同じレベルであったが、北西の隅部はやや高かった。

広島市立中央図書館・浅野文庫蔵「諸国古城之図」には、主郭と南側の曲輪および現在宅地となっている南東部を含む城域が描かれており、遺構の現況とほぼ一致する。主郭と南側の曲輪（一段高い部分）は橋で結ばれ、城外への道に連なる。つまり、南の曲輪はそれを経て南東部への城道に連なる主郭の虎口と理解されている。主郭の東側に直接開く虎口は現在もあり、見学者の入口になっている。主郭の南西隅に櫓台が描かれている。

蒲郡市教育委員会によって、主郭と南の曲輪の一部および空堀の内部が発掘調査された。主郭内は約二五〇平方メートルが調査され、建物の柱穴や柱の基礎が約六〇カ所見出された。出土遺物は、土師《はじ》質の羽釜や内耳《ないじ》鍋の破片、陶器片などであった。空堀の内部は長さ五メートルが調査され、築造当初の堀は幅約七メートル、深さ約三・五メートル、底の幅は約一・五メートルであった。堀底は平坦で、石敷きが施されて、城域内の通路として使用されていたと推定されている。南の曲輪は約二〇〇平方メートルが調査され、建物の柱穴などが七〇カ所と建物の区画溝が見出された。主郭より簡易な建物があったと推定されている。なお、南の曲輪では、古墳の石室が確認された。（以上は現地見学会資料による）

主郭は松平氏一族の標準的な規模・形態で、十六世紀初頭の構築が想定される。以後の改修は、建物の建て替えに準じて行なわれたと推定される。その一つが虎口である。しかし、主郭の主要な虎口は、主郭の北側なのか南側なのかが不明である。北側虎口は、主郭の土塁とその外側に一部遺存する虎口を造る曲輪で構成されている。虎口の城道は、「諸国古城之図」に描かれる主郭北

主郭南側の空堀（左側が主郭）

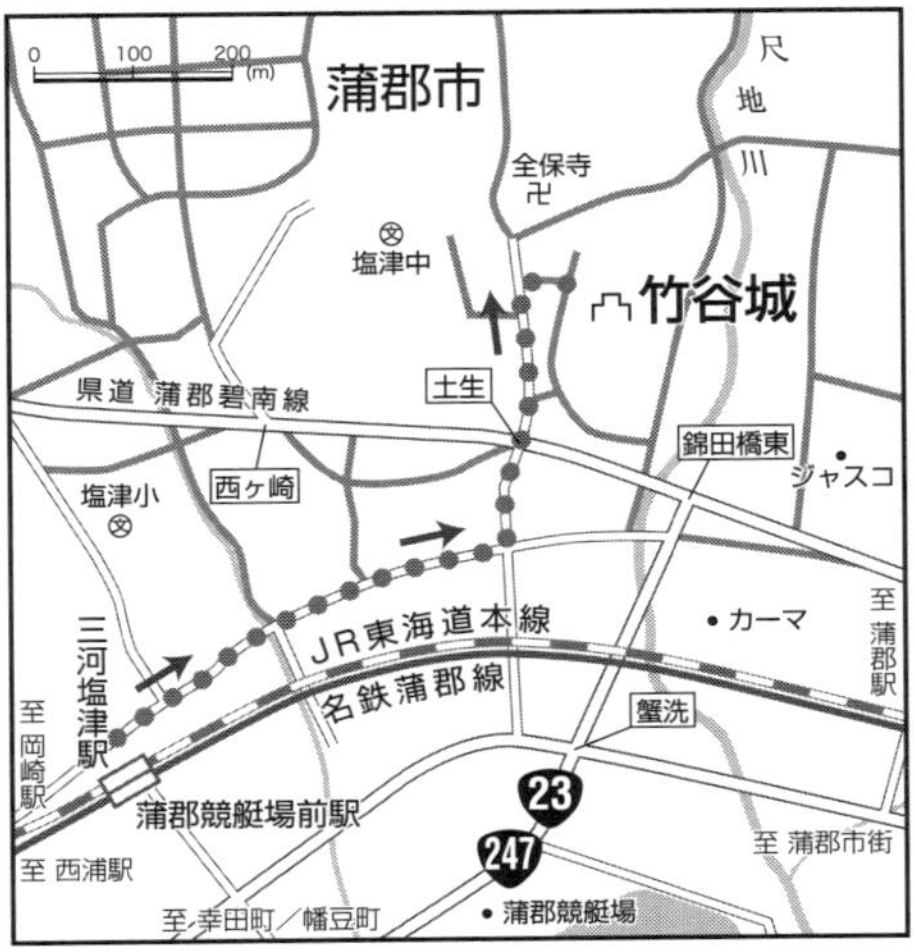


**竹谷城へのアクセス**

JR東海道本線三河塩津駅から北東に徒歩15分。車利用の場合、国道23号から県道383号に入り、土生信号を北へ。駐車場なし。

西部の腰曲輪（現在は不明）に接続していた可能性があり、その八〇メートル正面に城主の菩提寺全保寺《ぜんぽうじ》がある。南側を主要虎口とする想定は、南側曲輪またはその一部を馬出様の曲輪ととらえる「諸国古城之図」の理解である。空堀は、南側曲輪の高みに対応して屈曲している。高みが櫓台であった可能性があり、南側曲輪の防御機能の高さから虎口が想定される。いずれにしても、竹谷城は竹谷松平氏の居館であり、全体としては厳しい防御の施設は乏しい。

主郭北側虎口脇（東）の土塁

『家忠日記』には、天正十六年だけでも竹谷松平家主催の連歌会《れんがえ》が年間五～六回も開かれている。すべてが、竹谷城内で開かれたとは判断できないが、居館は連歌など地域領主の交流拠点でもあり、防御機能ばかりが求められていたわけではない。石敷きの城道や発掘された白金のキセルは、在地支配や海上交通に果たした竹谷松平氏の大きな役割を想起させる。

竹谷松平氏には、初代守家が竹谷の土地を七〇〇貫で買い求めて、竹谷に移転したという興味深い伝承があり注目されている。文亀元年（一五〇一）の松平一門連判状（大樹寺《だいじゅじ》文書）に竹谷秀信が現れ、秀信は守家の子守親とされる（『蒲郡市史』）。『寛政重修諸家譜』では、守家は文亀三年（一五〇三）没、竹谷の「西の岳」に葬られた。二代守親は大永六年（一五二六）没、三代親善は享禄四年（一五三一）没、四代清善は天正十五年（一五八七）没。四代の墓は、城域西側の丘陵上墓地内に伝えられる。

（奥田敏春）

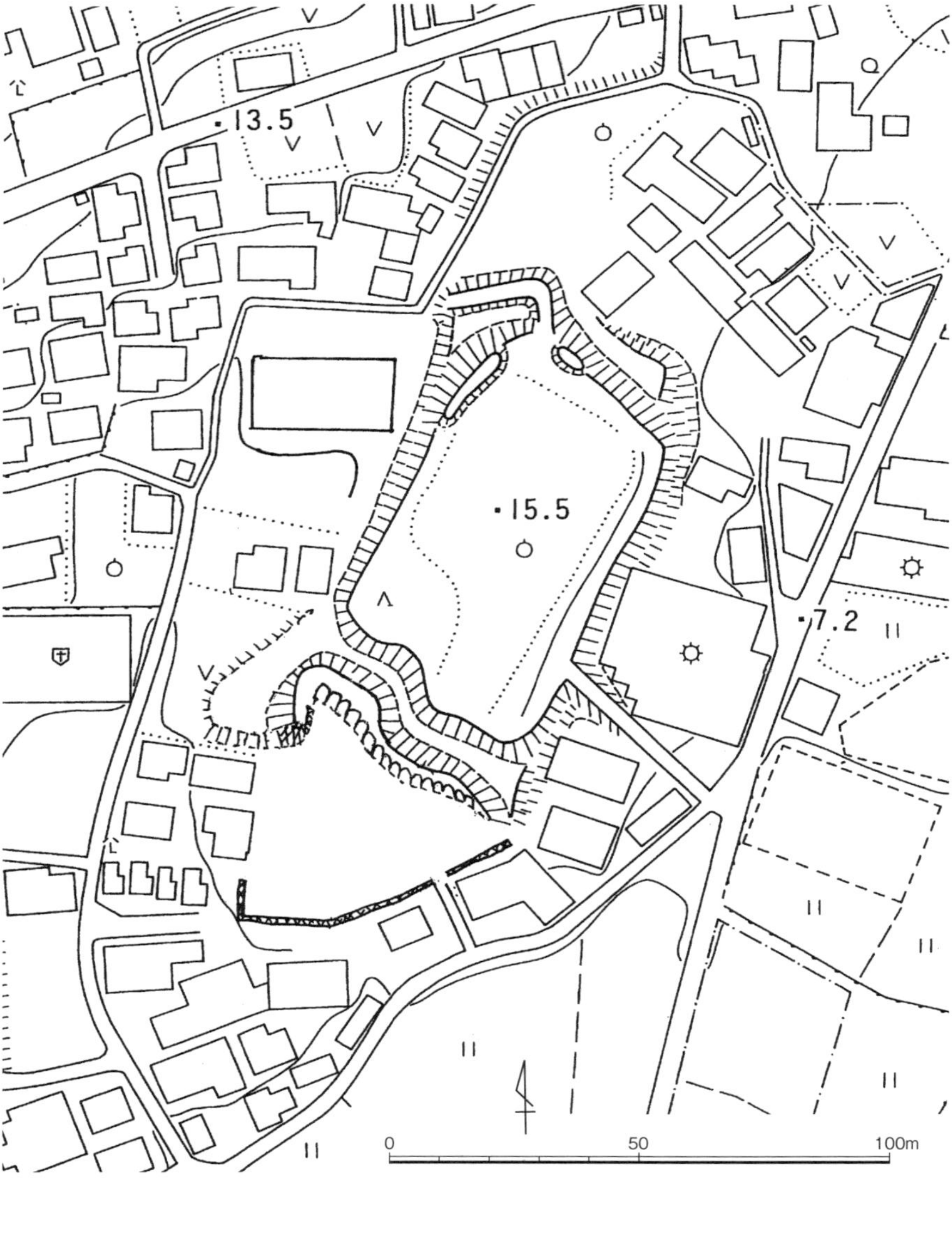


竹谷城跡概要図（作図：奥田敏春）

# 42 上之郷城《かみのごうじょう》 ★

| | |
|---|---|
| **所在地** | 蒲郡市神ノ郷町城山 |
| **築城時期** | 不明 |
| **標　高** | 五二m |
| **主な遺構** | 曲輪　土塁　空堀 |

蒲郡市は南側の三河湾を前にし、北側には五井《ごい》山系が連なっている。上ノ郷城は、山系西端の遠望峰《とぼね》山から伸びる丘陵の南端部に当たる神ノ郷町城山に所在する。同所は蒲郡市城域のほぼ中央山寄りの地点で、城山からは市内はじめ三河湾一帯が見わたせる。城跡の南側には、式内宝飯《ほい》郡内六座の中の赤日子《あかひこ》神社が鎮座する。

現在の主郭周辺は蜜柑《みかん》果樹園が広がっているが、赤日子神社西脇からの見学ルートは案内板が示されている。主郭Ⅰの南側の大土塁の切れ目西側上に上ノ郷城を示す石碑が建つ。現在は土塁Aの切れ目から、東側の土塁B上を進み主郭に入る。まず、この大土塁の規模に驚かされる。大土塁の内側と外側は幅が一〇メートル以上にも及ぶ空堀（曲輪とも）であるⅡ。主郭は三〇メートル×六〇メートル程の楕円形で、周囲に土塁はない。主郭の西側八〇メートル程を隔てた地点に、小土塁と堀が五〇メートル程南北に残っているC。主郭の東側には腰曲輪に沿って水堀であった池が残る。城跡の北側から東側にかけて兼京《かねきょうがわ》川が取り巻き、外堀とされていたと思われる。

広島市立中央図書館・浅野文庫蔵「諸国古城之図」は主郭周りを堀と曲輪が取り巻く形態を描いている。土塁の切れ目を虎口と理解し、馬出を想定する。この虎口左右が、前述の大土塁で、その内側と外側に主郭を囲む円形の空堀を復元している。南側に居館部を想定しているが、その西端が、先述した小土塁に当たると思われる。つまり、「諸国古城之図」は三重の堀と土塁を想定・復元しているが、現在の遺構のあり様とほぼ一致すると考えられる。上ノ郷城の城域は二〇〇メートル×一五〇メートル程が推定される。城域と遺構の規模および絵図による復元された構造と合わせて、上ノ郷城は高い防御性を備え堅固な守備が施されていたと理解されている。

　蒲郡市教育委員会は、平成十九年より城域整備のために数次の発掘調査を行い、現在までに主郭全域を調査している。さほど広くない主郭に四～五棟の建物跡が認められ、東から西側にかけて一メートル程の比高で、段差を伴って配置されている。低い東側には井戸と石組みの水路があった。調査前にもやや高みであった主郭西端では、比較的大きな石材を立てて縁飾されたとみられる土壇があり土壇内部の柱穴のあり様から、郭内で中心的なあるいは精神的な建物が推定されている。中央の建物南東部縁辺では、隅石で区画された土孔に土師器が人為的に重ねて配置されていた。投棄とはいえず、目的を持っ

城跡南の式内社赤日子神社

**上之郷城へのアクセス**

JR東海道本線蒲郡駅から北へ徒歩30分。赤日子神社西側に案内板あり。車利用の場合、国道23号栄町交差点を北へ約2km。神社西側に駐車場あり。

た納入品であったと考えられている。仏具の瓔珞《ようらく》の残片や豪華な埋納物も見出されている。一方、主郭内全域で、生活用品の出土がある。遺構の時期は特定されないが、鵜殿氏在城時代のあり様であり鉄砲玉の出土から永禄五年（一五六二）の落城時に至る時期であろうと考えられている（現地見学会資料他）。発掘調査の結果では、主郭はもっぱら軍事的に用いられたとは考えられず、精神生活を重視した生活の場とみられる機能が目立つ。

主郭南側の大土塁（左端に城址碑がみえる）

上ノ郷城は十五世紀の半ばに鵜殿氏の拠点となり（『蒲郡市史』）、十六世紀の半ばには「城」といわれている（『東国紀行』）。その遺構からは拠点的な城郭が想定される一方、主郭の調査からは屋敷の置かれた館城とも見られ、全体像の把握が難しい。その構成から元来はいくつかの屋敷が集合した姿であった可能性がある。改修されるのに伴い、要害化が進んだと考えられる。

鵜殿氏の退去後久松氏が城主になったが、その時代に大須賀康高による改修が伝えられる（『寛政重修諸家譜』）。遺構が鵜殿氏によるものか大須賀氏の改修によるものかは即断できないが、その規模からは後者の可能性が強い。

上ノ郷城は鵜殿氏の本宗である上ノ郷鵜殿氏の拠点で、城郭西北部と推定される城下集落の「繁昌」の様子が知られる。その後の徳川家康による落城、そして久松氏城主時代にかけて現存遺構への縄張解釈や地域における機能など課題が多い。今後、蒲郡市よる遺構を生かした整備が期待される。

（奥田敏春）

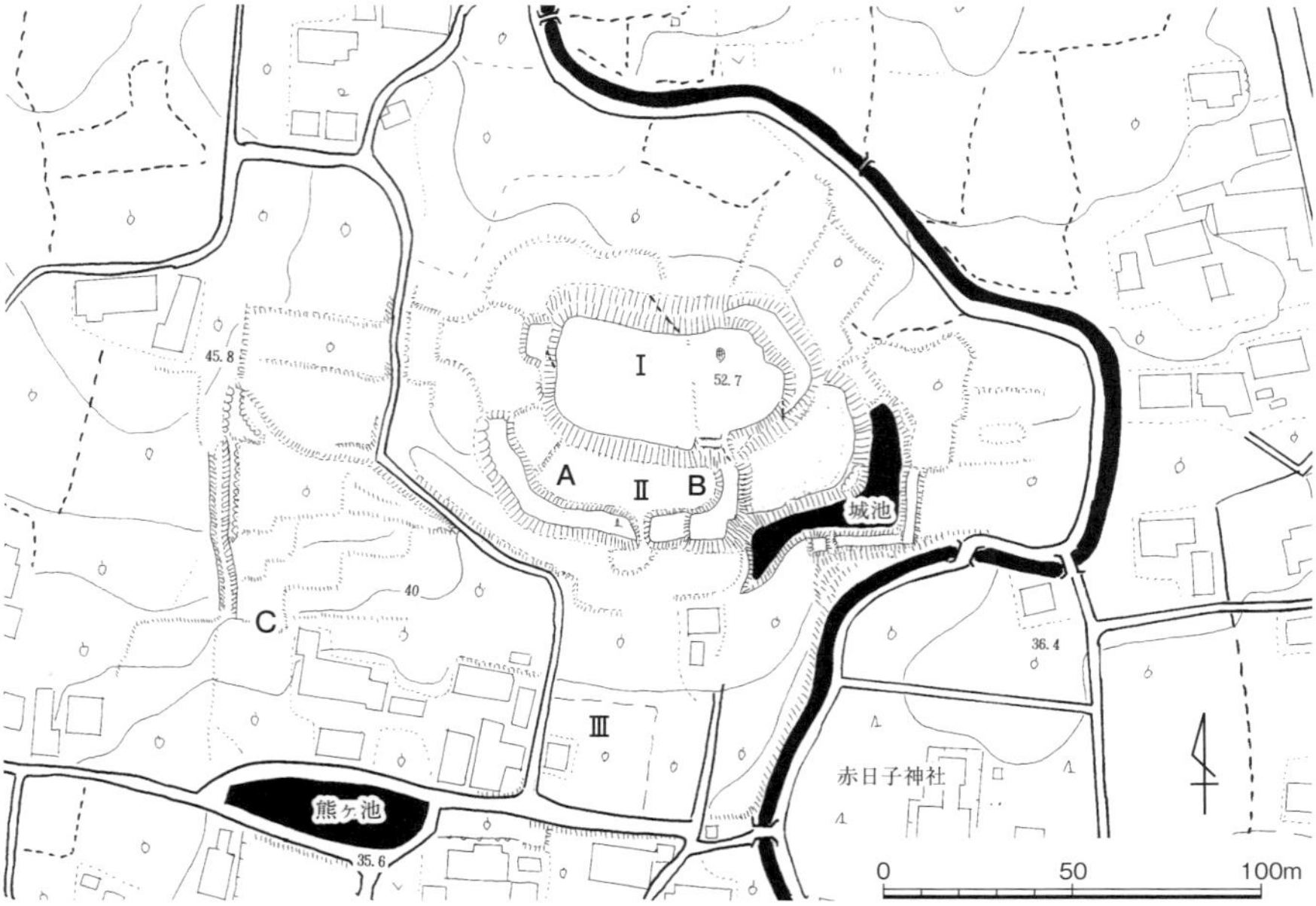


上ノ郷城跡概要図（作図：石川浩治）

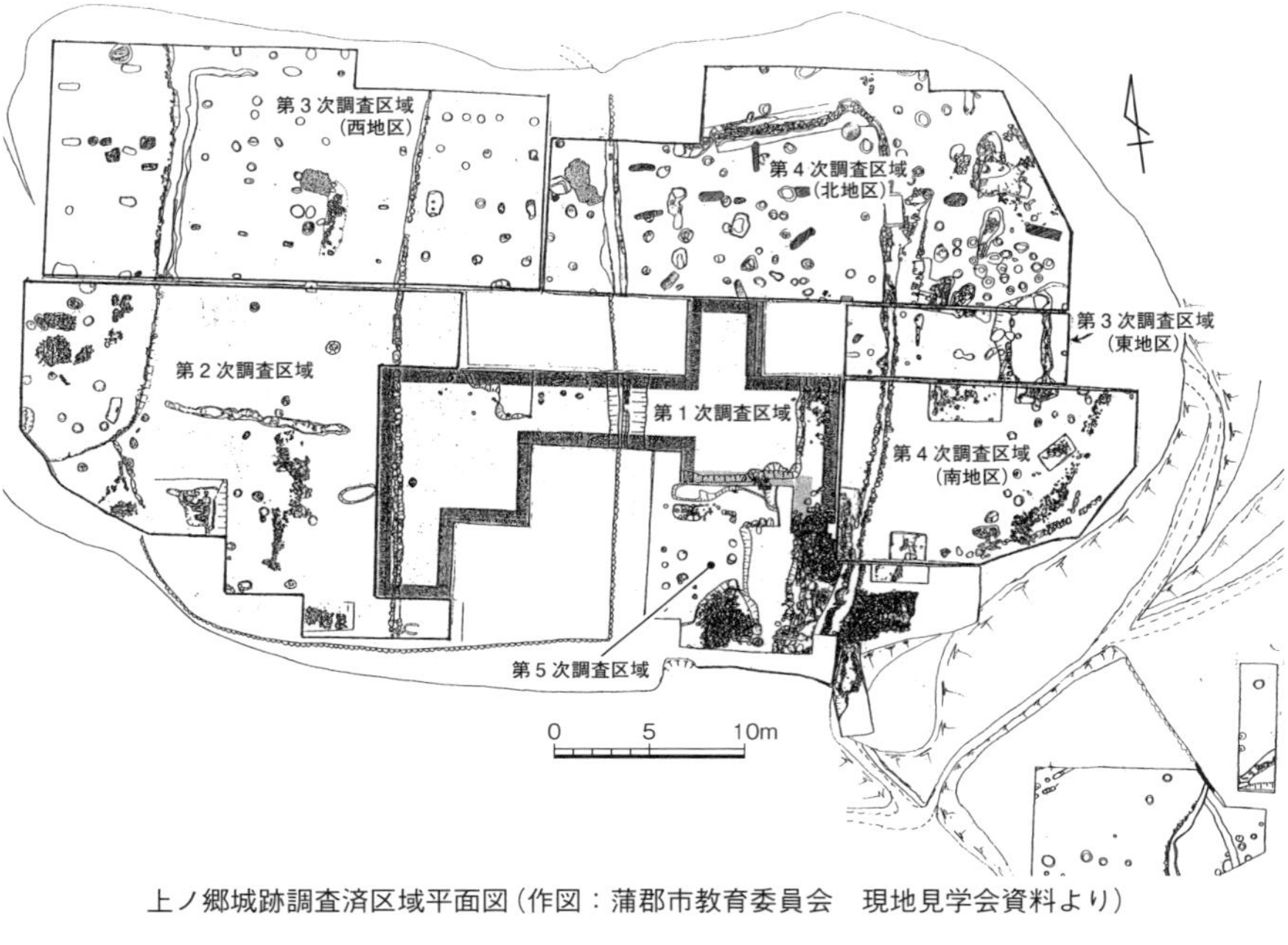


上ノ郷城跡調査済区域平面図（作図：蒲郡市教育委員会　現地見学会資料より）

# 43 岩《がん》略《りゃく》寺《じ》城《じょう》 ★

**所在地**　豊川市長沢町御城山
**築城時期**　長禄二年（一四五八）
**標　高**　一七四m
**主な遺構**　曲輪　虎口　土塁　堀切　井戸

岩略寺城は、西三河と東三河の接点で、現在も国道一号、東名高速道路、名古屋鉄道が併行して通っている狭い谷地形である交通の要地にある。

岩略寺城は、長沢山城とも言われる。この地区には山城である岩略寺城と平城である長沢城と登屋ケ根城《とやがねじょう》が近接して存在している。長沢城の名は文献にもしばしば登場するが、どの城を指すのかが不明なことも多い。

岩略寺城が築かれたのは、『長沢松平家譜』に「長禄二年（一四五八）戊寅親則築城於同国長沢」とあり、この頃とされる。文亀元年（一五〇一）の松平氏一門連判状に「長沢七郎親清」の名が見られる。ただこの長沢城が岩略寺城のことかどうかはわからない。

天文四年（一五三五）松平清康が守山崩れで横死すると、三河は次第に今川氏の勢力下に入った。天文十五年（一五四六）には今川氏の軍師雪斎が田原城（田原市）攻撃のため長沢に五十人配置するように命じ、天文二十年（一五五一）には、今川義元が匂坂長能《さぎさかながよし》に長沢城在城と普請を命じている。このときの文書には「根小屋、あき屋敷」とあるので、長沢城の周辺にはこのような施設があったことがわかる。

しかし、永禄三年（一五六〇）桶狭間合戦で今川義元が討ち死にすると、翌四年には、徳川家康は糟谷善兵衛が守る長沢城を落とした（『松平記』）。

長沢松平康忠は、永禄五年に家康から宝飯郡内の所領を与えられている。また、『長沢松平家譜』によると永禄六年（一五六三）に「長沢与敵境相接、依為要害之地、松平主殿助伊忠為加勢」とあり、深溝松平氏が加勢として入っている。

また、疑問視されているが、『寛政重修諸家譜』によると桜井松平家次は「永禄六年今川氏真三河国岩略寺に出城を構え、侍大将七かしらをして守らしめ」たので、岩略寺城を落としたとある。長沢八王子神社の永禄十年（一五六四）の棟札には「松平清四郎親吉」の名が見られる。『家忠日記』の天正十四年（一五八六）四月に「長沢普請」とあり、小牧・長久手の合戦に際して修築されている。

東側からの遠景

天正十八年（一五九〇）の小田原の役の時には豊臣秀長の軍五百が長沢城に入ったという（『旧岡崎市史』）。『新訂三河国宝飯郡誌』によると城の西に「関白ノ入」と言われる所があるが、このことと関係するか。

これらのことから岩略寺城は、長沢松平氏の居城ではなく、今川氏、徳川氏の時代を通して在番制をとるような領国の城として機能していたと考えられる。

岩略寺城は、林道を登ると堀切の下の駐車場に入ることができる。駐車場は堀切Dの内部にある。

主郭Ⅰは山上にもかかわらず三方に土塁を廻らせて方形を志向している。主郭には枡形虎口Aがあり、横矢をかけるため南の土塁を張り出している。

主郭より東に伸びる尾根に曲輪を段階的に造成してい

**岩略寺城へのアクセス**

名鉄名古屋本線名電長沢駅から徒歩20分。車利用の場合、国道1号を1.5km。駐車場あり。

る。Ⅱはそのポイントとなる曲輪で、非常に高く鋭い切岸を持ち、両尾根ににらみを利かせている。Ⅱより尾根は二本に別れるが、Ⅲの先は堀切Cを入れている。Ⅳは周囲に低く土塁を巡らせており、その下の曲輪は武者隠しの横堀を入れている。その下も曲輪は続くが、途中からは植林の段となる。

Ⅴは東側に土塁を設けるが、その下に食違いの虎口Bを開く。従来はここが大手口と考えられてきた。

Ⅵ曲輪下の三日月堀

しかし、広島市立中央図書館・浅野文庫蔵「諸国古城之図」では、堀切Cの下を通りⅢの下を通過して虎口Gに至る道を描く。堀切Cの先の尾根は途中に浅い堀切を経て山麓まで続く。麓は字向屋敷で、『新訂三河国宝飯郡誌』は家中屋敷があったとする。ここが天文二十年の今川義元文書の「根小屋」ではないか。このように考えると、このルートが岩略寺城の大手道と考えられる。

Ⅵは主郭の櫓台の下にあり、横矢をかける曲輪である。裾に半円形に堀を廻らせていて、「三日月堀」と言われているが、丸馬出の堀ではなく、Ⅵの切岸を高くするための堀と思われる。

Ⅶより先の尾根は緩斜面となり、堀切Eで遮断している。Fは長い石垣と堀が見られるが、城の遺構ではなく、猪垣である。

岩略寺城の特徴とされる物の一つに井戸の多さがある。現在は六個の穴が見られるが、いずれも水は認められず、また主郭の櫓台の中など井戸を造るには不自然な位置にある。井戸については、落し穴とする見解もある。豊川市内では猪垣と落し穴を組み合わせている事例もみられるので、特にFの猪垣付近の穴は落し穴の可能性が高い。

岩略寺城は三河では最大級の山城であり、枡形虎口、食違い虎口、横堀、高い切岸、横矢掛けは境目の城として最新の技術で改修されてきたことを物語っている。

（石川浩治）

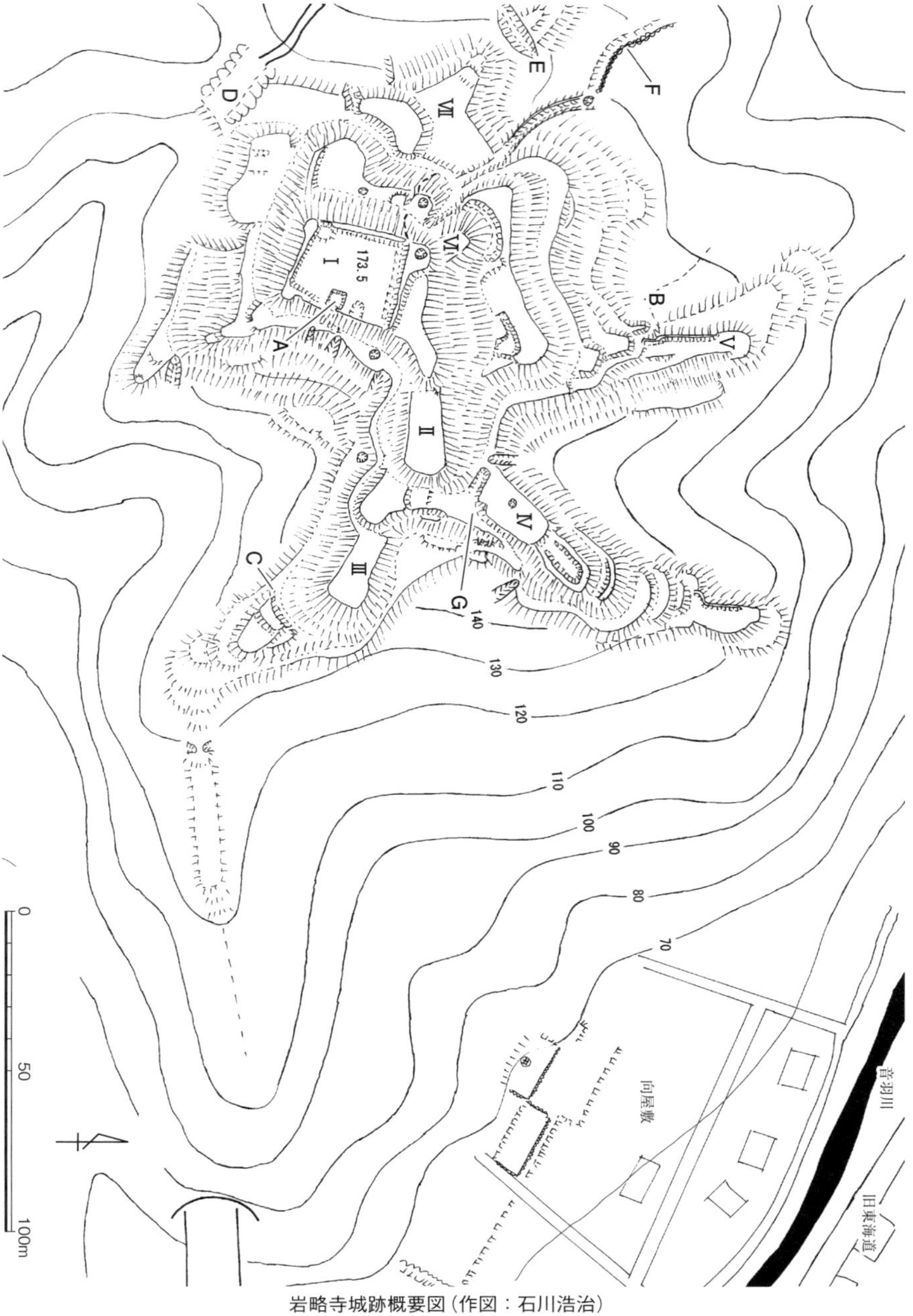

岩略寺城跡概要図（作図：石川浩治）

# 44 茂松城《しげまつじょう》

★★

所在地　豊川市御津町広石高坂
築城時期　十六世紀前半
標　高　六〇m
主な遺構　曲輪　土塁　井戸　空堀　堀切

　茂松城は、宮路山《みやじさん》（標高三六一メートル）から南東に延びる先端の新宮山《しんぐうさん》（標高八五メートル）から少し宮路山寄りの標高七八メートルの小山付近に築かれている。城域は南北二〇〇メートル、東西一二〇メートル程で、後述する竹本城《たけもとじょう》からは北側約七五〇メートルに位置する。『宝飯《ほい》郡誌』には、「現状山ナリ。東西二百九十五間、南北二百六十五間、周囲五町、面積二千五百坪。塁形ヲ存ス。老松古井アリ」と記している。

　城跡は尾根の先端付近に築かれ、背後の山に連なる尾根線上には堀切が設けられ、城跡とは画する構造をとっている。主郭と推定される曲輪Ⅰは南北三五メートル、東西二五メートルの規模を有し、尾根を削平して構築したと考えられ、南側を除く三方には土塁が認められる。虎口は南側と東側に設けられたと推定され、南側には腰曲輪と考えられる曲輪Ⅱ、東側には井戸曲輪に連なる曲輪Ⅲが設けられている。井戸は非常に規模が大きく、直径三メートル、深さは現状で六メール程である。

　城主については判然としないが、平安時代末に源範頼、享徳・文明期に細川勝久が居城したと伝えられるが、信用性に欠ける。『三河国二葉松《みかわのくにふたばのまつ》』には「茂松村古城　牧《まき》主計《かずえ》」とあり、この人物は城主の可能性が高い。牧主計については詳細がわかっておらず、『広石村誌』には牧野城を築いた牧野成時《まきのしげとき》（古白《こはく》）の六男で、はじめ惣次郎と称した人だとあるが、牧野家の諸系図にはこの人の名はない。牧野一族もしくはその家臣の可能性は高い。

　牧野氏が御津に進出するのは牧野成時の代の明応二年（一四九三）で、御津《みと》地方に勢力基盤を持っていた一色《いっしき》城主波多野全慶《はだのぜんけい》を滅ぼしてからである。全慶に勝利した

茂松城遠景（南から望む、左手は御津高校）

成時は、一色城と波多野氏の旧領御津を同時に手に入れることとなった。

天文十五年（一五四六）の御津神社の棟札に「当刺史平朝臣保成　牧野田三郎」、同二十二年（一五五三）の大恩寺阿弥陀堂位牌に「大旦那牧野出羽守・牧野右馬允成守・家督伝三郎成元」などとあり、今川氏の三河進出後も牧野氏が御津地方を治めていたことが推察される。

牧野氏が御津支配の常の本拠地としていたのは、立地

**茂松城へのアクセス**

名鉄名古屋本線国府駅から御津高校を目指し徒歩40分。高校正門付近から登城する。駐車場なし。

曲輪Ⅰ付近（後方は土塁）

条件のよい竹本城であったと考えられることから、茂松城は竹本城の詰城としての機能を持っていたと考えられる。

永禄五年（一五六二）、御津は松平元康によって長沢松平の知行地とされ、天正十八年（一五九〇）まで長沢家が支配する。今川方の牧野家が家康に服従する永禄八年（一五六五）までは、御津をめぐって長沢家と牧野氏の緊張関係が続いていたことから、茂松城は長沢家の城として機能していたことも考えられる。

城跡を訪れる際は、登山道がないため県立御津高校正門付近から尾根伝いに上るしか方法はない。比較的標高が低いため、一〇分程で曲輪まで到達することができるが、私有地であるため、見学の際は注意が必要である。

（林　弘之）

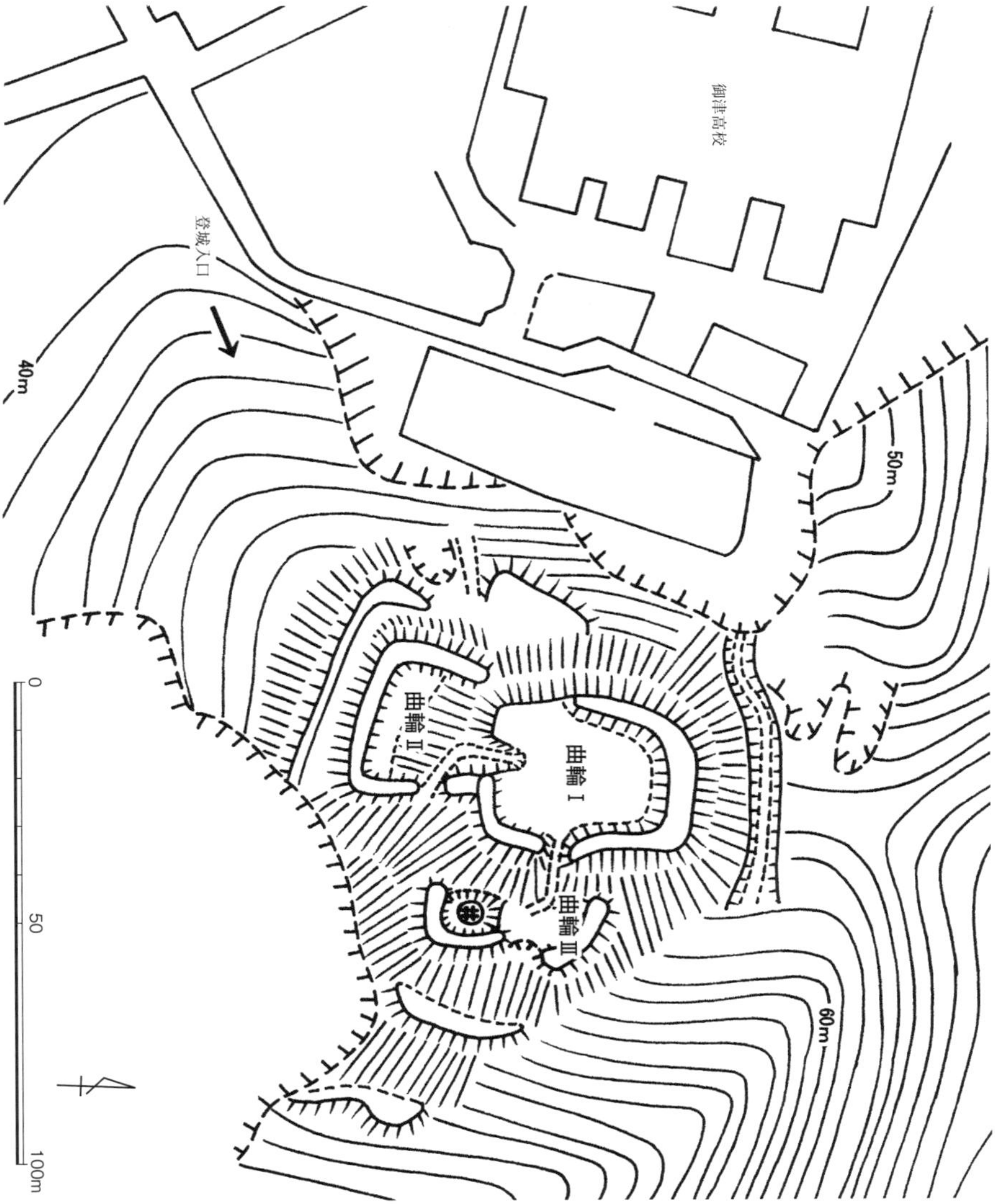


茂松城縄張図（奥田敏春氏原図を参照し林弘之作図）

# 45 五葉城《ごようじょう》 ★★★

**所在地** 新城市富岡字南川
**築城時期** 戦国期
**標　高** 三四八m
**主な遺構** 曲輪　土塁　虎口　横堀

五葉城は、八名《やな》郡南部の西郷（石巻中山町）と月ヶ谷《わちがや》（崇山町《すせ》）の一円を領した西郷氏の山城と考えられている。戦国期、西郷正勝は駿河の今川義元に仕え、天文十六年（一五四七）、今川軍の東三河から西三河への軍事行動とともに、西郷谷が駐屯基地となっていた。しかし、永禄三年（一五六〇）の桶狭間での義元戦死に伴い徳川家康に属したため、翌永禄四年には今川氏真家臣の朝比奈氏《うじ》泰《やす》に攻められ正勝・元正父子は討死した歴史がある。このとき、西郷氏とは縁戚にある野田城の菅沼定盈《さだみつ》が逃れて西郷の「高山」（五葉城）に砦を築いたことが知られている。

その後の西郷氏は、家康の東三河制圧に伴い元正の子義勝が継いだが武田氏との抗争で戦死し、その弟家員《いえかず》が継いだ。武田氏との抗争が佳境をむかえる天正二年（一五七四）、武田勝頼の家臣山県昌景が西郷に侵入した折、家員は菅沼定盈とともに撃退している。それから天正十八年（一五九〇）の家康の関東移封まで、家員は西郷を本地としていたという。

五葉城について後世の記録であるが、『参河名所図絵』の「西郷氏古城之図」に「五要城跡或ハ高城トモ云フ（中略）一ニ古与宇ト称ス」とあり、五葉城の別称を高城と呼んでいる。また広島市立中央図書館・浅野文庫蔵「諸国古城之図」の「三河五葉」には、五葉城の南東峰つづきの高地を「高城」として別個のものとしているので、現況の縄張から見解を後述してみたい。

五葉城の存在する西郷地域は、東から南方を標高四〇〇メートル前後の山塊となっているが、その鞍部地形を宇利《うり》峠と中山峠越えがあり遠江国引佐《いなさ》郡とつながる。

そして同城からは、北方の豊川筋の新城方面へ結ぶ宇利地域を見下ろし監視できる要地に位置している。同城への登城口は、東名高速道路の新城パーキング西から五葉湖（大原調整池）の東側を経て林道を行くこと四五分ほどで辿《たど》りつく。本来の大手道は、「諸国古城之図」に南方の西郷谷方面から登城する「七曲坂大手口」とあり、西支尾根の曲輪Ⅳに入るように描かれている。そこには堀切状から続く横矢が掛かる強固な横堀が施され、その横堀を沿うように最高所の高城Ⅵとつなぐ道と、反対に曲輪Ⅰへもつなぐ連絡路状の道が描かれている。

　南北四〇〇メートル以上の痩尾根上に配置された城域の北端に曲輪Ⅰを置き、北を除いて三方に土塁が巡り、虎口も土塁のある三方向に築かれている。大手となる虎

手入れが進んでいない曲輪Ⅰ

**五葉城へのアクセス**
県道81号富岡信号を南下、東名高速新城パーキング西のガード下をくぐり、五葉湖の林道分岐点から徒歩45分。五葉湖に駐車場あり。

口はAで、その前面には馬出状の曲輪Ⅱと虎口Bにより導入は重層的となり、この曲輪Ⅰ・Ⅱの山腹には横堀が取り囲むように防衛機能も高めている。曲輪Ⅰの東側には曲輪Ⅲが配置され、自然地形で特に防禦するための遺構は存在しないが、北の「出丸」へつながる曲輪である。「出丸」は北方宇利地域を見張ることができ、この小ピークが主要区域を目隠し的に存在している。

曲輪Ⅰより「高城」を望む

ⅡからⅣの曲輪までは林道建設により破壊されているが、「諸国古城之図」には西側面に横堀が描かれている。その反対側の東緩斜面Ⅴは自然な地形ながら、兵員を収容できる空間を要している。

最上段の「高城」と呼ばれる曲輪Ⅵは、小規模な楕円形の中にL字状の高まりを残すが土塁はない。南側六メートル下に虎口受けの腰曲輪と、また七メートル下には横堀状曲輪の二段築いているが、腰曲輪だけで固める構えは、北側下部に広がる技巧的な主要部とは運用時期の違いが認められる。しかし、両者間の尾根上には防禦遺構がまったく見られないことは、一体化した機能と考えられ、菅沼氏が入ったときに既に縄張されていたのであろう。

五葉城の利点は、遠江国へ通じる宇利峠と中山峠越えを扼《やく》す中間に位置し、北方の宇利地域を見降ろし監視できる高立地に構えていることである。そして、曲輪を固める横堀と、折《お》れ・横矢《よこや》を意識した虎口と導入路は重層化が進み、周辺地域の国人層の城郭とは規模、技巧性、占地的にも軍事性の高いものが構築されている。

今川期の西郷氏・菅沼氏よりも、永禄八年（一五六五）以降、家康の遠江侵攻から武田氏の三河侵攻に伴い、家康の手により築き上げられ陣城として機能・運用したと考えられる。

（水野　茂）

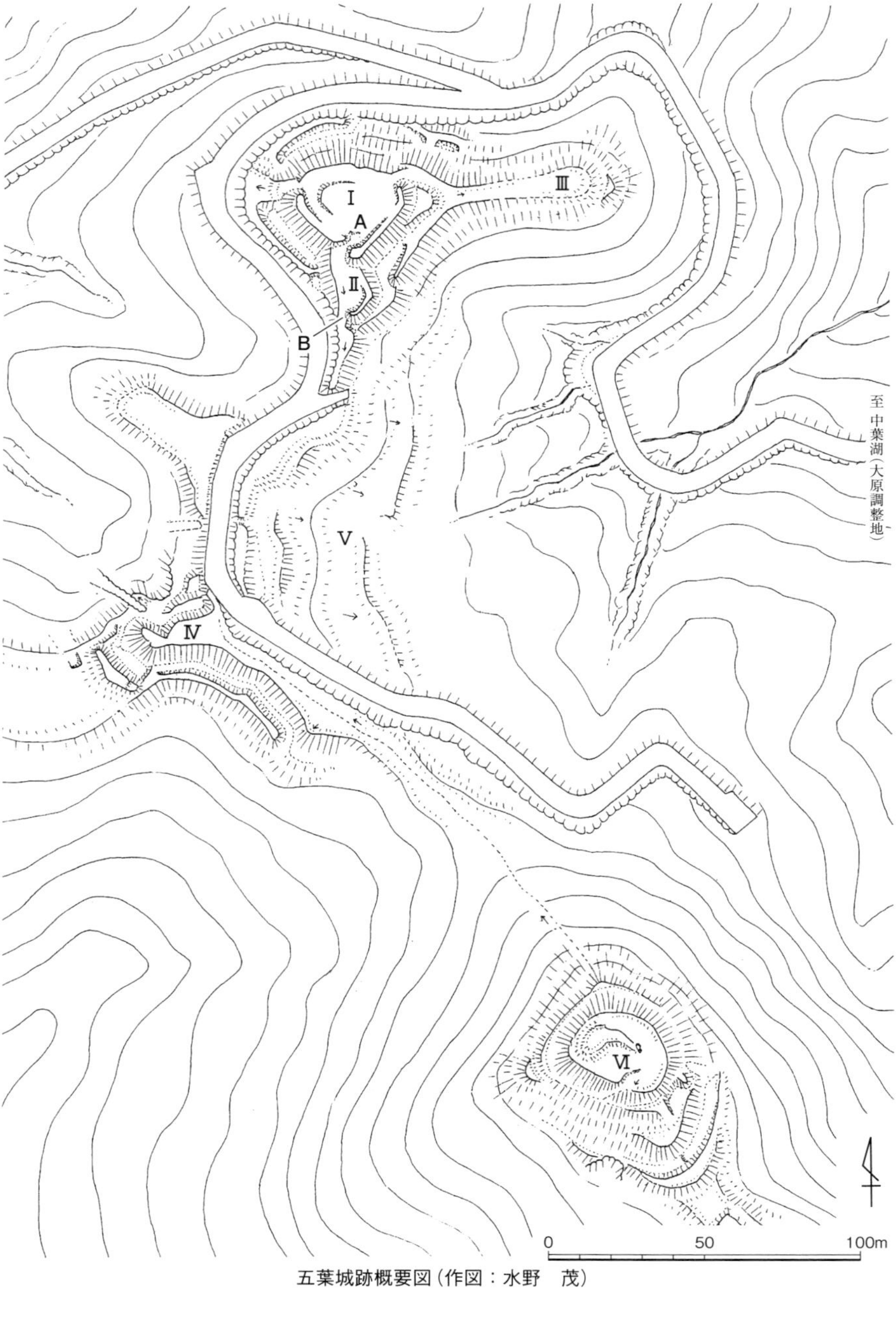


五葉城跡概要図（作図：水野　茂）

# 46
# 萩平山城《はぎひらやまじょう》
★★

**所在地**　豊橋市石巻萩平町字城山
**築城時期**　十六世紀後半
**標　高**　一五六m
**主な遺構**　曲輪　土塁　堀切

萩平山城は、標高一五六メートルの山頂にあり、豊橋市石巻中山町の西端に近いところにあたる。石巻中山町は北西を除く四方を丘陵に囲まれた盆地のような地形となり、東の丘陵を超えれば遠江国（静岡県西部）である。三河・遠江の国境地帯であるこの地には、古くから中山峠越えの重要な交通路が通っていた。

この地は、豊橋市北部に勢力を持った西郷氏の本拠地である。かつては「西郷谷」とも呼ばれ、現在でも西郷地区と呼称されている。東三河の西郷氏の祖は、肥前より八名《やな》郡に移った盛政からとされるが、文献上で確認できるのは十六世紀前半の信員《のぶかず》からである。当初は豊橋市北部の嵩山《すせ》（石巻中山町からは丘陵を挟んで南側の地域）に本拠地を置き、東三河に進出した松平氏や今川氏に属していた。西郷正勝は、はじめ今川氏に属していたが、のちに松平家康が東三河を制圧すると、その配下となった。今川氏の重臣である小原鎮実《おはらしげざね》は、今川氏に背いた西郷氏を討つため、永禄四年（一五六一）に嵩山の市場口を攻め、その後に正勝は西郷谷に移転して本拠を構えた。

石巻中山町周辺には、こうした西郷氏に関わる城館跡が多数存在し、「西郷地区城館群」とも称されている。谷奥の山麓には本拠であり、家臣団の屋敷地を周囲に配した居館である五本松城が存在し、周囲の丘陵上には東・西砦や五葉城・高城が取り囲むようにして存在する。西郷地区城館群は、構造の違いから見て複数時期にわたる遺構であり、すべてが西郷氏の手によるとは言えないものである。しかし、これほど濃密に城館が集中するのは、西郷氏の本拠地であると同時に、三遠国境地帯における軍事拠点としての重要性を示している。

萩平山城は、こうした西郷地区の入口に相当する独立丘陵上にある。ここからは東の西郷地区と、西に広がる平野部の両者を広く見渡すことができ、防備と偵察とを同時に可能とする重要な城であったことがわかる。

城へは、北側山麓にある中部電力の保守通路入口を利用する。しばらくは保守通路に沿って進み、途中で保守通路が東へと分岐しても、さらに直登する小道に沿って尾根を目指す。道がつづら折りになり尾根に出たところでしばらく進むと、城跡へたどりつくことができる。

尾根を横断する堀Aより先が城内である。尾根の最高所にあたる曲輪Ⅰには、現在秋葉神社の社殿が建っている。その東側には自然地形を利用した緩やかな平坦面となる曲輪Ⅱがあり、さらにその周囲を帯曲輪状の曲輪Ⅲ

城山の全景、後方は中山峠

**萩平山城へのアクセス**

豊橋駅前から豊鉄バス豊橋和田辻線四ツ谷行きで、西郷小学校前バス停下車、徒歩40分。車利用の場合県道81号石巻萩平交差点を東に入る。

が取り囲む。曲輪ⅠとⅡは高低差がわずかなため、曲輪Ⅲとの用途の違いは明らかである。

堀Aは城域の内外を区画するのに対し、堀Bは曲輪Ⅰ・Ⅱを隔てるごく浅いものである。堀Aの底は曲輪Ⅲに接続しており、一連の防御ラインと理解すべきだろう。

虎口は曲輪Ⅰにとりつくかたちで二カ所存在する。虎口Aは曲輪ⅠとⅡの境界にあり、虎口Bは曲輪Ⅲへと接

曲輪Ⅰ

続する。虎口Aは土橋状の通路となるが、ごく浅い堀Bを迂回するように鍵の手に屈曲して曲輪Ⅰに至る。また虎口Bは直線的な坂道ではなく、大きく屈曲した通路となり、また曲輪Ⅰが南東に張り出すことで、通路への側面攻撃を可能なものとしている。

このほかに、曲輪Ⅲから北西、あるいは南東方向にかけて小規模な腰曲輪がひな壇状に連続している。こうした小曲輪群は周辺にもう少し展開しても良いように思われるのだが、現状ではこの付近しか確認されていない。

以上のように、萩平山城は居館に対する詰城ではない。曲輪Ⅱの規模が比較的大きいだけでなく、その北東側の尾根の上は多数の兵を駐屯させるのに十分な平坦地である。平野部から西郷地区への侵入者に対し、攻撃をしかけるには有利な構造といえるだろう。一方、城の西側はすぐに下り傾斜となるため、眺望に優れる反面、尾根上に多数の兵を置く余裕がない。小曲輪群は曲輪Ⅰを守るために設けられたと考えるのが妥当である。

萩平山城は、その立地から三遠国境守備が目的ではなく、あくまで西郷地区の防御と外部への監視を意図した城であったといえよう。

（岩原　剛）

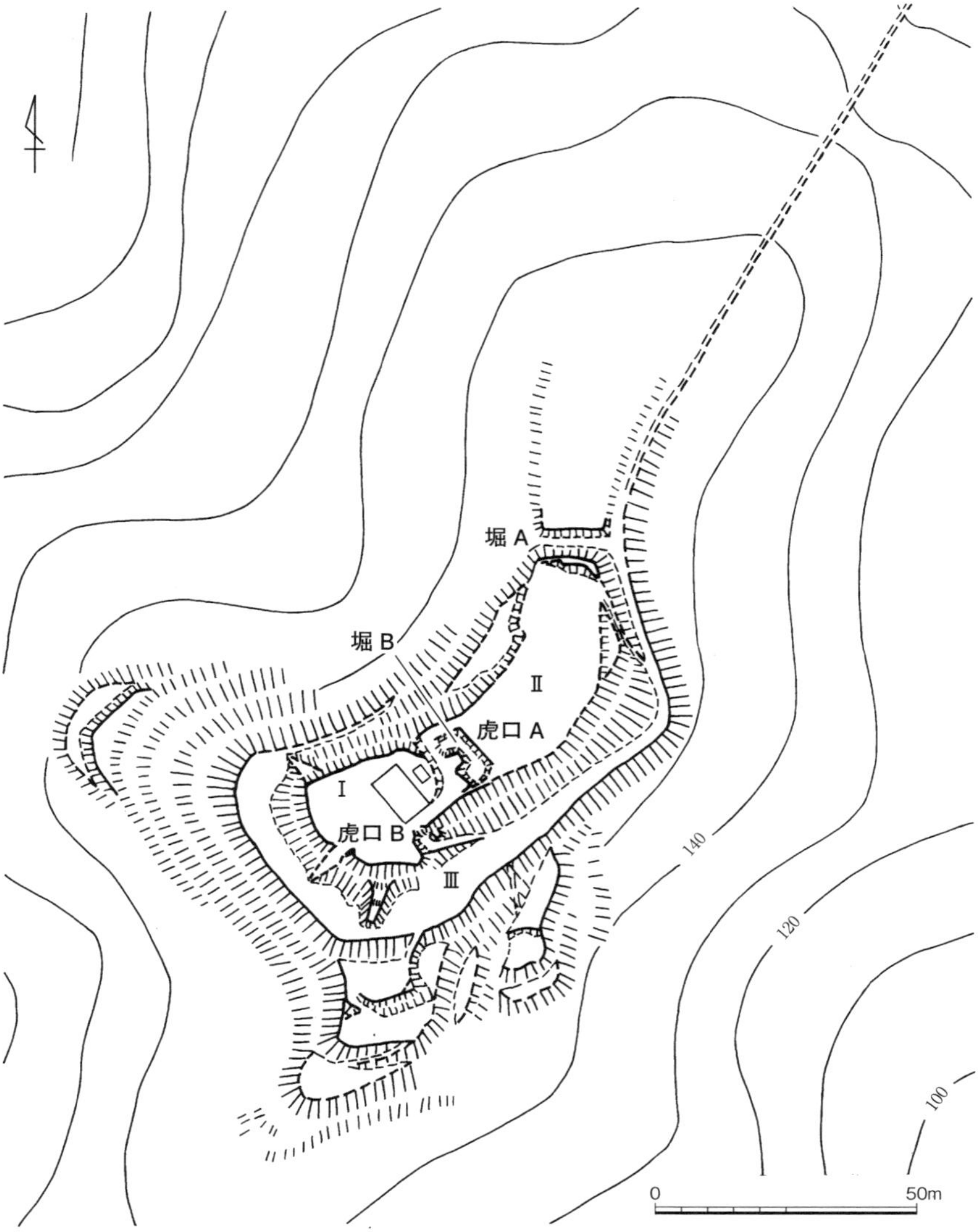


萩平山城跡概要図（作図：髙田徹氏の原図を岩原が一部改変・再トレース）

# 47 月ヶ谷城《わちがやじょう》 ★★

**所在地**　豊橋市嵩山町字山軍場
**築城時期**　十六世紀
**標　高**　二〇五m
**主な遺構**　曲輪　土塁　横堀　井戸　石組

月ヶ谷城は、標高二〇五メートルの山頂に立地している。城のある嵩山《すせ》町は、豊橋市の北部にあり、丘陵にはさまれて東西に細長く延びた谷地形の最奥部に位置する。この地には、近世以前から「本坂道《ほんざかどう》」と称する街道が貫通し、本坂峠を越えて遠江へと続いている。本坂峠は先述した中山峠以上に街道の要所として知られている。

　西郷氏は当初、この地を本拠地としていた。『宗長《そうちょう》手記』によれば、大永二年（一五二二）条に「（遠江から）本坂といふを越えて、西郷宿所あないして」とあり、十六世紀の前半には嵩山付近が西郷氏の本拠地であった可能性が高い。また、今川氏の将・小原鎮実が永禄四年（一五六一）に嵩山市場口を攻め、後に西郷氏は本拠地を西郷谷に移すわけだが、西郷氏が十六世紀の半ばごろまで嵩山地区を本拠地としていたのは間違いあるまい。

　ところで、嵩山地区には複数の城館跡が知られており、西郷氏が居館としたのは、そのうち山麓の平坦地に存在した市場城と考えられている。そして月ヶ谷城は市場城の北東山頂に存在し、両者は近接した位置関係にある。永禄四年に西郷正勝が本拠地を西郷谷に移した後、長子の元正を月ヶ谷城の守備に置いているので、遅くとも永禄四年までには月ヶ谷城は存在していた。位置関係から見て、おそらくそれ以前から居館としての市場城と、詰城としての月ヶ谷城は存在したと考えられる。

　城は山頂にあり、城跡へと通じる登山路はいくつかある。このうち、西側山麓からの登山路は傾斜が比較的緩やかで登りやすい。また近年、地元の有志によって矢印看板が道中に立てられ、道に迷うこともなくなった。入口にも小規模ながら「月ヶ谷城址入口」と書かれた矢印と用水を渡る簡易な橋が架けられている。

月ヶ谷城の遺構は、山頂に所在する曲輪Ⅰを中心にして、その南側に帯曲輪状の曲輪Ⅱを配置する。曲輪Ⅰは一・五メートルの高低差を持った二段の平坦面からなり、南側の一部を除いて土塁が設けられている。下段の南側と西側には一カ所ずつ虎口が存在し、両者とも導線が直角に屈曲する。虎口Aの側面にある土塁には石積みがあり、虎口付近のみに行われた造作とも考えられる。曲輪Ⅱの中央南側にも虎口(虎口C)が一カ所存在し、ここから南西側の尾根上に向かうことができる。興味深いのは、虎口Cの南側が高さ一メートルほどの土塁に限られて通路が直角に折れると同時に、横堀Aを形成することである。これと一連になるかたちで、曲輪Ⅱの南側にあ

全景(南西側から)

**月ヶ谷城へのアクセス**

豊橋駅前から豊鉄バス豊橋和田辻線嵩山行きで、嵩山市場バス停下車、徒歩50分。

る幅の狭い帯曲輪も、東端付近で土塁を築いて横堀Bを形成する。つまり、主要部の南側一帯を画するようにして横堀が設けられていることになる。曲輪IとIIの間にある切岸は急傾斜で高低差があり、また曲輪IIと南側の帯曲輪との間の切岸も急である。

ところで、虎口Cのすぐ横には、井戸と伝えられる穴がある。深さは現況で三メートルほどであり、すでに底が埋没している可能性もある。ただし、その位置が虎口のすぐ横にあるのは不可解で、井戸以外の用途を考えるべきとの意見がある。

曲輪I内部

このほかの遺構についてもふれておく。横堀Aよりさらに南西側には明確な遺構は伴わないものの、自然地形による平坦面が広がっており、十分な兵力をここに置くことが可能である。一方、北側は曲輪Iからかなりの比高差がある切岸を挟んで曲輪IIIが存在するが、それより先には西郷地区へと通ずる山道が延びるほかは、堀切など特別な遺構は確認されない。曲輪Iから南側の重厚な構造に比べて、その素っ気なさに拍子抜けしてしまうのだが、これはとりもなおさず南側、すなわち山麓の本坂道を軍事的に強く意識したことを意味する。また一方で、北側に伸びる尾根を通じて西郷地区との連絡をはかることを重要視した、月ヶ谷城の性質を如実にものがたっている。

月ヶ谷城が市場城の詰城であったと先に述べた。ただし、山城でありながら、平城で発達した技術である横堀を採用していること、虎口の複雑な配置と形態など、現存する遺構は技巧的に進化を遂げたもので、恐らく東三河地方が松平（徳川）氏に領有された天正期に大きく改造されたと考えられる。このときには、西郷氏領の防御以上に、三遠国境の守備を目的にした城だっただろう。小規模ながら、優れた時代背景と防御性の高い遺構を備えた見応えのある城である。

（岩原　剛）

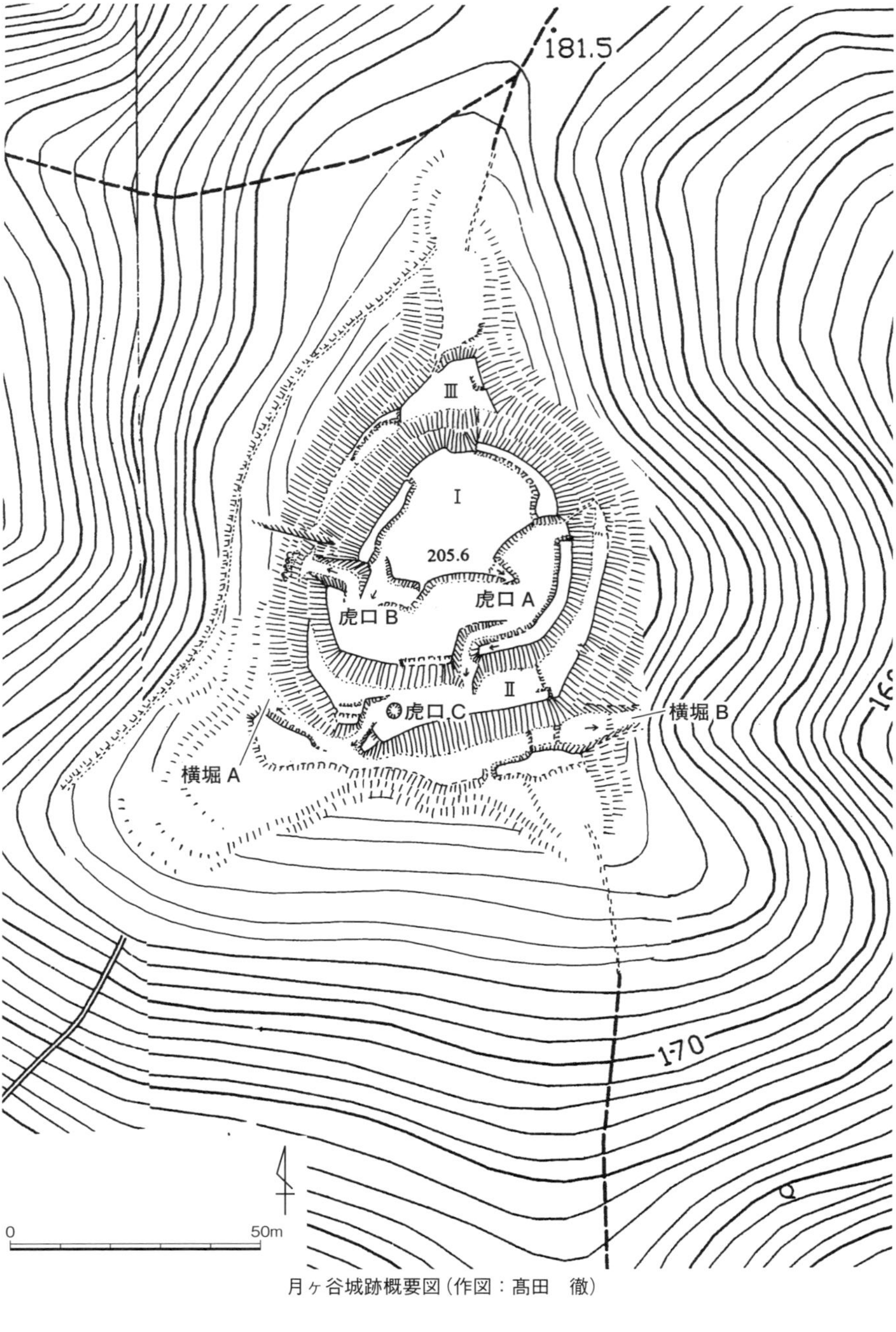


月ヶ谷城跡概要図（作図：髙田　徹）

# 48 赤岩城《あかいわじょう》 ★

**所在地**　豊橋市多米町字赤岩山
**築城時期**　天文年間
**標高**　一二九m
**主な遺構**　曲輪　土塁　堀切

赤岩城は、尾根の中腹に立地している。城のある多米《ため》地区は、豊橋市街地から多米峠を越えて、静岡県湖西《こさい》市へと続く街道の貫通する地域であり、北側には弓張《ゆみはり》山系から西へ延びた丘陵が連なっている。城のあるところは、そうした丘陵から派生した尾根の南側斜面に相当する。

赤岩城の築造主体は、文献記録が乏しく明らかではない。近世に書かれた『三河国古今城塁地理誌』によれば、「赤岩　牧野新次郎　天文中、吉田城攻めの時逃落ち、赤岩山法言寺《ほうごんじ》に客たり。後年、戸田家養子となる。」とあるが、根拠となる出典は不明である。また、牧野新次郎についても、天文年間に牧野氏には新二郎を名乗った一系譜があり、さらに『吉田城主記』によれば、天文六年（一五三七）の戸田氏による吉田城攻めに際して、吉田城主であった牧野成敏の家人である「戸田新次郎」が戸田氏に加勢したとされる。

ところで、赤岩城の所在する尾根の直下にあたる山麓には、赤岩山赤岩寺《せきがんじ》が存在する。平安時代に創建された真言密教の寺院であり、近世までは「法言寺」と称していた。赤岩城の東端に存在するチャートの巨岩は、現在も赤岩寺の「奥の院」として崇敬され、巨岩には愛宕《あたご》神社がまつられている。

赤岩寺境内から赤岩城周辺を含む山中は、「赤岩山緑地」として豊橋市が整備を行い、駐車場やトイレ、遊歩道、案内看板がそろうなど、見学にはきわめて便利な環境にある。城へは遊歩道や赤岩寺本堂の横から伸びる愛宕神社参道の石段など、さまざまなルートでたどりつくことができるので、行きと帰りでコースを変えて、緑豊かな山や古刹の雰囲気を味わいながら登ると良い。

城の立地は、先にも述べたように尾根の中腹にあり、山頂を中心に展開する事例が多い山城の中にあって、奇異な感覚を抱かせるものがある。遺構は尾根を断ち切る幅一五メートル、深さ（土塁上から）一〇メートルの大堀切によって大きく区画され、大堀切の南側にある大型の土塁を挟んで曲輪Ⅰ、曲輪Ⅱ、曲輪Ⅲが階段状に連続している。曲輪Ⅲは尾根を大きく削平して平坦面を形成するが、側面に岩盤がところどころ露出するなど、造成にはかなりの労力がさかれている。また、東側は愛宕神社を伴う巨岩上に伸びる形で、小規模な曲輪を配し、この曲輪は東側の通路遺構をとおって大堀切の堀底と連続している。

曲輪Ⅲには、西側と南側にそれぞれ虎口が存在してい

曲輪Ⅰから Ⅱ・Ⅲを見る

**赤岩城へのアクセス**

豊橋駅前から豊橋鉄道市内線終点の赤岩口駅で下車、徒歩50分。

るが、通路の折れなど技巧を凝らすことなく、素直に下へと続いている。このほか、虎口Aから曲輪Ⅱ・Ⅰの西端を通って通路状遺構が大型土塁の頂部まで連なる。

大堀切の北側にも一カ所の平坦地があり、曲輪Ⅳとしたが、南側の曲輪群に比べて造作に乏しい。その北側には自然地形が続き、曲輪Ⅳの意図は見いだしにくい。

以上のように、赤岩城の構造は山城としてはやや奇異な特徴がある。無論、大堀切や土塁の存在は、ここが城として利用されたことを実証するものではあるが、なんらかの遺構を利用して築かれた城ではないかとの疑念が生じる。ここで注意したいのは、本来は山岳寺院である赤岩寺の前身遺構が、いまだ背後の山中で発見されていないことである。東三河における初期の山岳寺院遺構には、尾根上の中腹を階段状に削平するものが多く確認されているので、赤岩城は赤岩寺の旧境内遺構を再利用し改造するかたちで設けられたものと考えたい。曲輪Ⅳなどは、旧状をほぼ留めるものだろう。

大堀切

多くの山岳寺院は、時代の変化に対応すべく戦国時代から江戸時代にかけて、山上から山麓へと境内地を移している。あるいは天文年間になおこの地に山岳寺院として法言寺が機能しており、寺院の施設を多米地区の領主である戸田氏（牧野新次郎）が山城として使用したこともあったのではないだろうか。

ただし、大堀切と大型土塁は、岩盤を削り造成した労働力から見ても、天文期ではなく松平（徳川）氏の東三河領有期における所産であると見なした方が理解しやすい。どのような理由で山岳寺院遺構が山城に転化したかは明らかにしがたいが、三遠国境越えの街道防備を目的とする城として、天正期にはすでに機能したと考えられる。その場合、山麓に降りた赤岩寺（法言寺）との関係がいかなるものであったのか、興味深い。（岩原　剛）

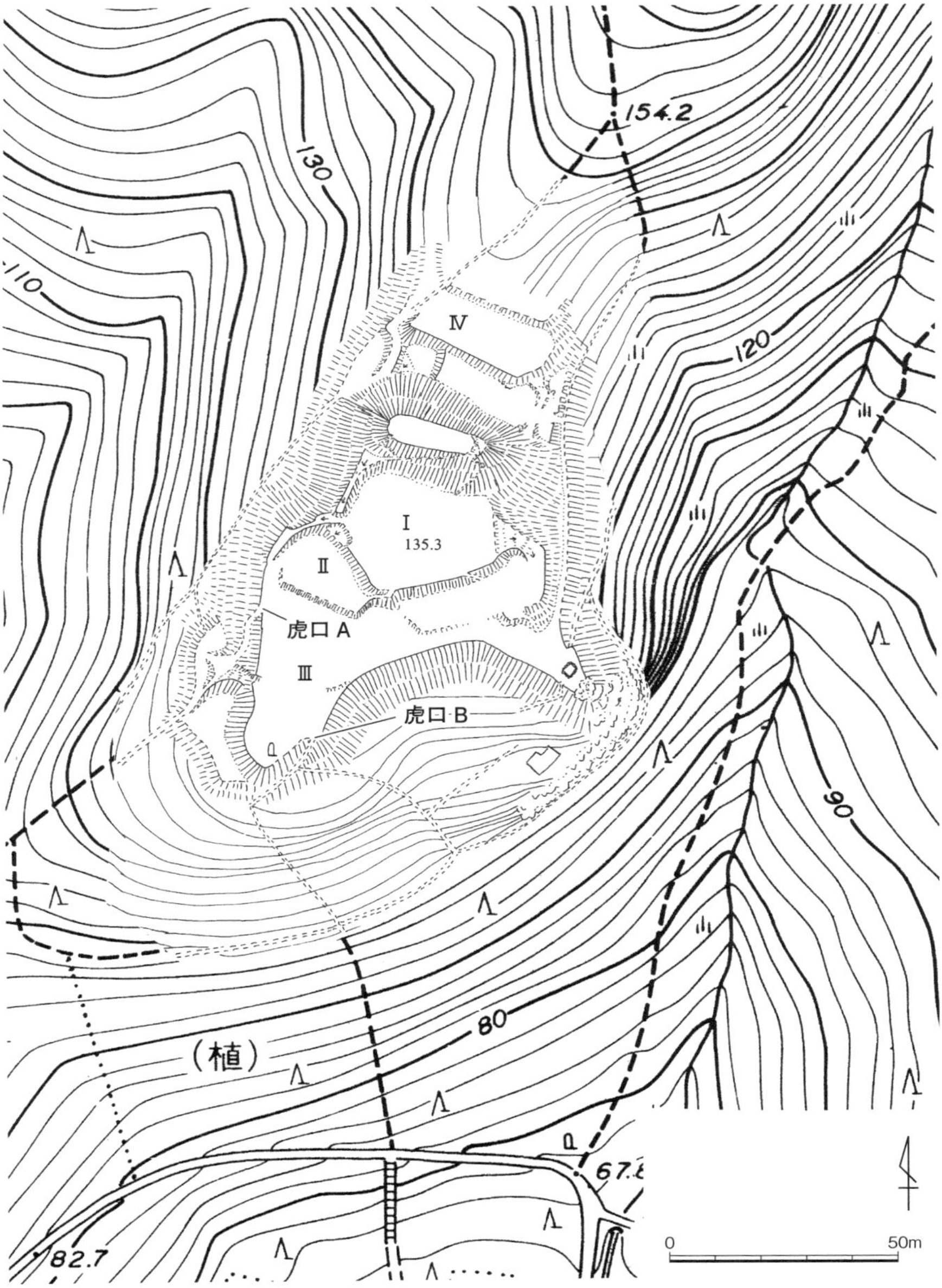


赤岩城跡概要図（作図：髙田　徹）

# 49 船形山城《ふながたやまじょう》 ★★

所在地　豊橋市雲谷町字上ノ山
築城時期　十五世紀後半
標高　二八〇m
主な遺構　曲輪　土塁　堀切

船形山城は三河の古刹普門寺の背後にそびえる山稜に築かれている。十九世紀半ば頃に製作されたと考えられる『三河国渥美《あつみ》郡船形山普門密寺略図《ふもんみつじ》』には石垣が描かれ、「頼朝公城址」と記されており、源頼朝に関わる城跡としているが、これは伝承にすぎない。おそらく源頼朝が文治二年（一一八六）に三河守護安達藤九郎盛長に命じて三河七御堂《しちみどう》を建立させたことに起因するものと考えられる。その創建は不詳であるが、『宗長手記』によると明応年間（一四九二〜一五〇一）に今川氏方の境目として多米又三郎が在城していたが、戸田宗光らの攻撃を受けて落城したとある。なお、その後今川方によって戸田氏は撃退されている。また、『寛政重修諸家譜』巻第百九十一小笠原廣重の項には「（永禄）十一年（一五六八）より武田家の押として、松平甚太郎家忠と倶に遠江国船方山の砦を守る」、さらにその男信元の項に「永禄十一年父とおなじく遠江国船方山の砦を守る」とあり、小笠原氏が徳川家康の命を受けて守備していたことがわかる。この遠江国船方山砦が船形山城のことを指していると考えてまちがいない。遠江と三河の国境に位置していたことより遠江国と誤記されたのであろう。まさに国境の境目の城として築かれたわけである。さらに城跡の北東尾根続きには鎌倉街道と呼ばれる峠道が通っており、境目であるだけではなく、交通の要衝でもあった。

船形山城は遠江の弓張山地より東へ派生する山稜の一画、標高二八〇メートルの船形山に築かれている。この船形山は独立丘ではなく、普門寺の背後に東西に延々と続いている。そのひとつのピークの両サイドに堀切を設けて城域を設定している。城の規模は東西約一〇〇メートル、南北約三〇メートルのいたって小規模なものである。主郭Ⅰは東西約四〇メートル、南北約一〇メートルを測り、北辺から東辺にかけて土塁Bがめぐり、北辺から西辺にかけて土塁Cがめぐる。この北辺土塁のやや西寄りに虎口Aが設けられている。虎口Aは平虎口ではあるが、城外側に虎口受けとなる小削平地が設けられ、さらに一段低く帯曲輪Ⅲをめぐらせている。本来の城への登城ルートは城の西側腰曲輪Ⅳより北に廻り込み帯曲輪Ⅲに入り、そこより虎口受けに登って虎口に至ったものと考えられる。

船形山城跡遠望（普門寺より）

主郭Ⅰには送電線の鉄塔が建てられているが、かろうじて土塁は破壊を免れている。その東側土塁の城内側には石列が認められることより、土塁の内側は石垣によっ

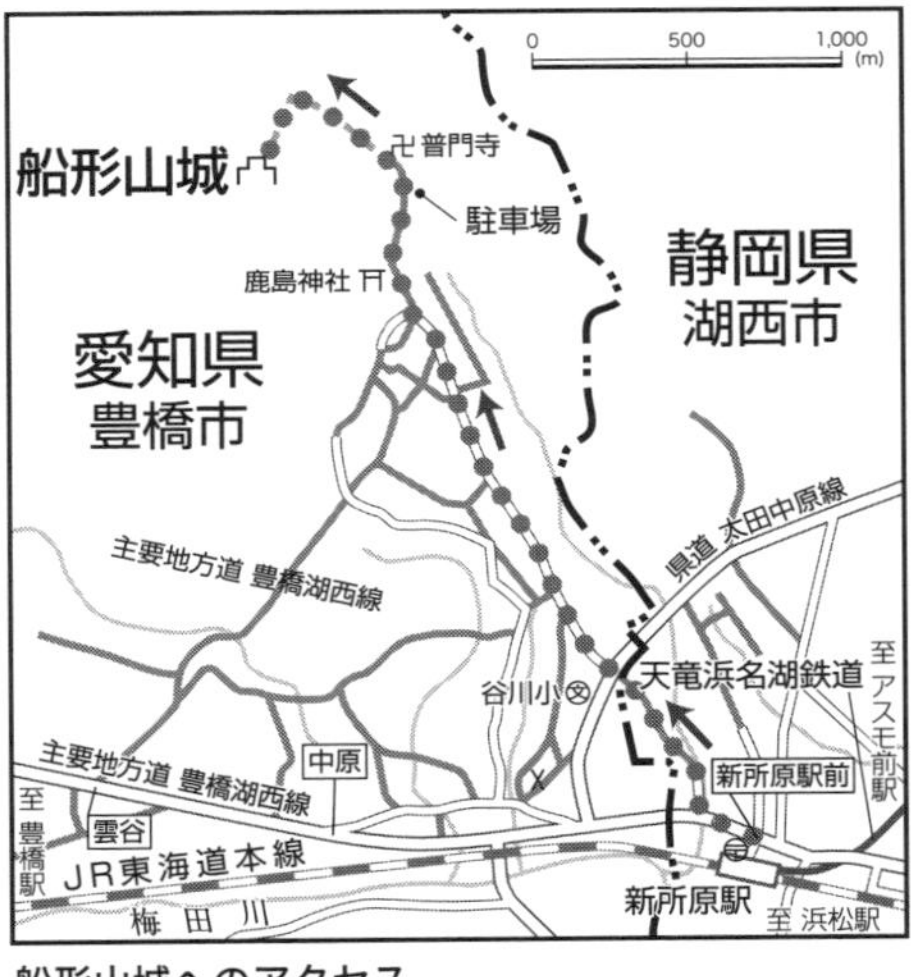

**船形山城へのアクセス**
JR東海道本線新所原駅から徒歩約40分で普門寺へ。さらに徒歩約20分で主郭へ。

て固められていた可能性が高い。また虎口A脇の土塁にも石列が認められることより虎口も石垣によって構えられていたようである。

主郭Ⅰの南側には帯曲輪Ⅱが一段低くめぐらされているが、主郭Ⅰの南東部よりこの帯曲輪Ⅱに至る城道がよく残されている。また帯曲輪Ⅱは中央に竪堀が設けられており、帯曲輪内での直進を妨げている。なお主郭Ⅰの北東側には巨大な堀切Dを設けて尾根筋を完全に遮断している。

主郭Ⅰの土塁A

主郭Ⅰの西側には曲輪Ⅳが構えられ、さらにその西側は未削平が続き、堀切Eを設けて西側尾根を遮断している。これらが船形山城の構造である。

ところで西側の堀切Eを越えると自然地形となるが、約二〇〇メートルばかり下がったところに堀切F、G、Hが設けられており、西側からの攻撃に対処している。しかし曲輪となる削平地は設けられておらず、城よりもやや離れていることより峠道である可能性が高い。特に堀切Gは現在も北側へ道が続いている。ただ城の北東部が見事な堀切Dで切断されているのに対し、西側の堀切Eは規模があまりにも小さく、堀切F、G、Hも城の堀として機能していたものが後に峠道として利用されたと考えられる。

なお城跡の南東斜面には普門寺の山岳伽藍が残されており、元堂には池状遺構や基壇が残されている。最近の発掘調査で十二世紀に建立された山岳寺院であることが明らかとなった。

城跡へのルートとしては普門寺から自然歩道が何本か設けられている。いずれも船形山城跡の南斜面を登るもので、少々きついが尾根に取り付くと尾根道は整備され、トレッキングの人にもよく出会う。城跡からの眺望は素晴らしい。

（中井　均）

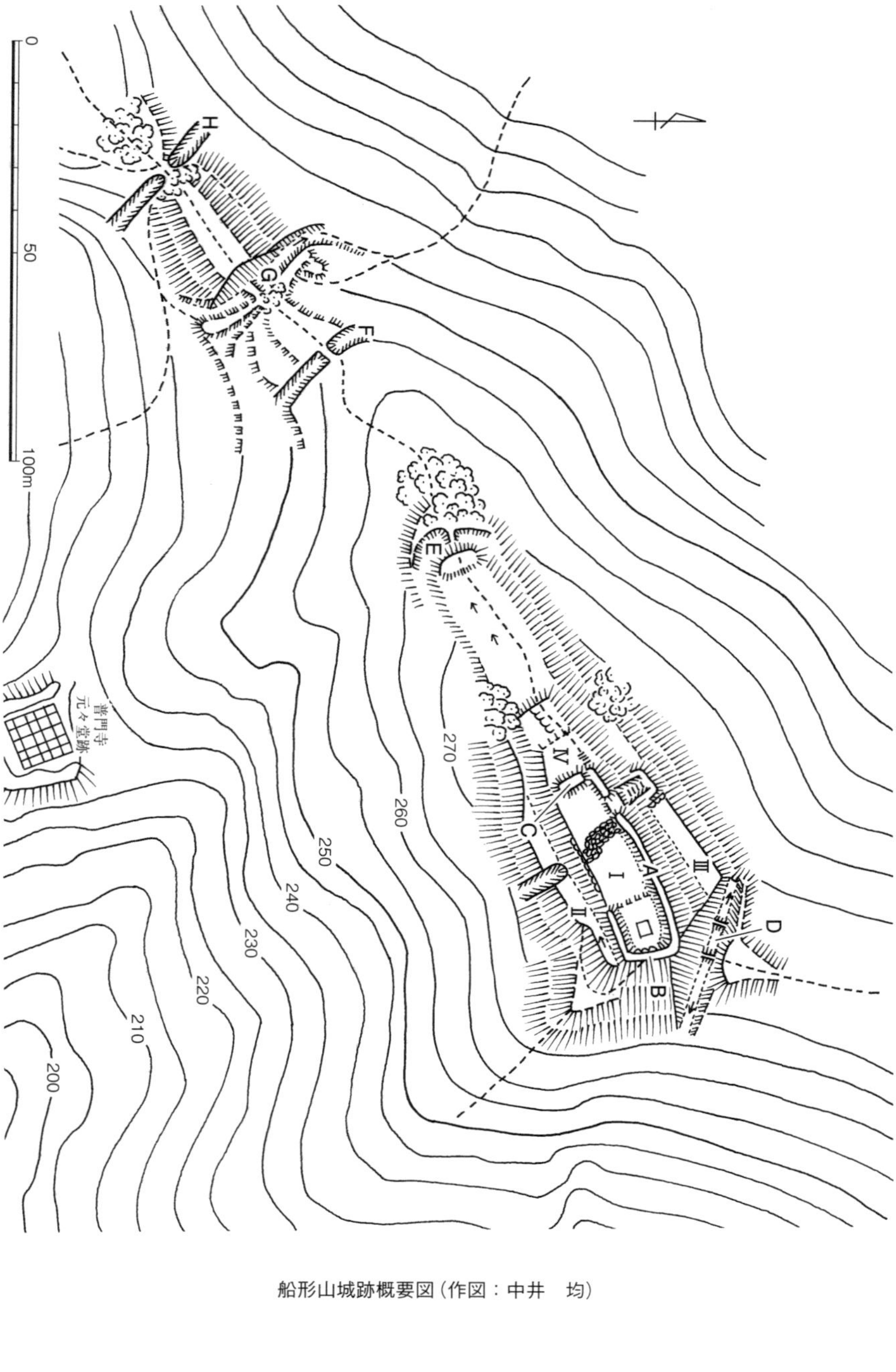


船形山城跡概要図（作図：中井　均）

# 50 和名《わな》の城《しろ》

★★★

**所在地**　田原市堀切町
**築城時期**　不明
**標　高**　一三八m
**主な遺構**　曲輪　堀切（戦争施設跡）

　渥美半島には明確な遺構が残存する戦国の城は極めて少なく、田原市においては、近世まで存続した田原城を除けばこの城のみ確認される。いっぽう、幕末においては、台場・遠見番所、そして、太平洋戦争時には多くの防御陣地が築かれている。

　和名の城が所在する城山は、渥美半島の先端部に近い独立した山で、標高は一三八メートルを測る。山頂から三方向に尾根が延び、北側の尾根はなだらかであるが、南の斜面は急峻で、山全体にチャートの岩塊がいたるところに露出し、険しい景観をなしている。城山の北には、石堂山と呼ばれる山がある。そこには民族学者の鳥居龍蔵が「亀山のメンヒル」と称した巨石、そして中世の経塚が存在し、さらに「亀山」の由来も「カミ山」という説もあり、聖地として位置付けられていたであろう。その間の谷には、鎌倉時代東大寺再建時の瓦を焼いた、国史跡伊良湖《いらご》東大寺瓦《が》窯《よう》跡があり、周辺には中世の遺跡群が所在する。

「城山」の名が示す通り、古くから城の存在が認識されていた。しかし、この城に対する記録、伝承にも乏しく、築城の時期、城主も定説はない。江戸時代の記録には小笠原新九郎説（『三河城塁地理志考』・『田原城主考』）、徳川秀忠の狩場陣地説、足利義政の寵臣烏丸資任《からすますけとう》説（『参河国名所図会』）という三説が提出されるが、当時から後ろ二説については疑わしいとしている。また、『渥美町史』では、南朝方の砦跡という伝承を紹介し、南北朝期のこの地域の対立状況を踏まえ、南朝を支えた伊勢の北畠、度会《わたらい》氏とともに南朝方であった渥美半島の神領地を支配していた檜垣《ひがき》氏が築城したのではないかという説を主張した。南朝・北朝の抗争に関与した城であれば、歴史愛好家にとって魅力的な説であるが、現存する遺構の状況、文献からもその説を支持することは難しい。

『三河城塁地理志考』は「城形陣城の如し　山の東南甚だ嶮《けわ》し　西北も亦麓に下りて後は平なれども、根小屋を用いたる迹《あと》もなく　屋布《やしき》割の形も見えず水の手なき山なれば全く居城に非ず　海上見切の番手の城か、敵船を防ぐ備えにて無用の用と云ふべし　人数七八十を置く所なり」と記す。この時点では、遺構が存在するものの、すでに由来が不明な城とされていたことがわかろう。

現在残る遺構は、頂上に東西三〇メートル×南北一五メートルの方形の曲輪Ⅰが存在する。主郭として位置づけられるが、安定した平坦面ではなく西側が乱れたように低い。ここには水準点が存在している。不明瞭ではあるが南西に曲輪のラインをずらし虎口状のスロープ（Ａ）が存在する。曲輪Ⅱは、曲輪Ⅰを取り囲むよう段状に構成されその周囲は東西五〇メートル×南北三〇メートルに及ぶ。曲輪Ⅰと同様に南西隅に虎口状のスロープ（Ｂ）が存在する。この先にはわずかに平坦面が南西に突き出す。東北には十メートル四方の不整形な曲輪Ⅲが存在し、その東斜面には径五メートルの穴（Ｃ）が存在する。北側には曲輪Ⅳと径一三メートル、深さ二メートルほ

和名の城が所存する城山（日出台場跡から東方向を撮影）

**和名の城へのアクセス**

豊橋鉄道渥美線三河田原駅から豊橋鉄道バス伊良湖支線で約50分、堀切バス停下車、徒歩5分で寅之神社へ。主郭まで約15分。

どの巨大な穴（D）が存在する。斜面を削り作った平場の基部には、その壁に沿うように東西に通路上の浅い溝が走る。さらに北東の尾根には幅三メートル深さ一メートル程度の堀切（E）が存在するが、規模も小さく尾根を切る強力な遮断線とはなっていない。

曲輪Ⅱの北面には二カ所大きな穴（F・G）が存在する。西側の穴Gはやや掘り方が不整形で、北西方向に幅一メートルの溝が走りスロープへと形を変えて不整形な平場Hへと続いている。穴Fは、方形に掘られ最深部は四・五メートルにも及び岩盤にも達している。これらは戦争遺跡の遺構である。穴F・Gの南には不規則な凹凸が存在する。小規模な土塁の可能性もあろうが、これらは戦争施設の構築の排土と考えられる。また、最も急な南西斜面には削りだした由来不明な平場が二カ所存在する。

曲輪Ⅰ

以上、城山頂上付近に存在する遺構を列記した。曲輪Ⅰ・Ⅱについては、二段に積み上げた単純な構造であるし、その他の遺構についても明確でない。現在残る遺構はかねてから指摘を受けているとおり、すべて城にかかわるものとは断言できず、太平洋戦争時に築かれたものが多く含まれているのは明らかである。また、山頂にはアンテナが存在していたので、攪乱を受けている。曲輪Ⅳの巨大の穴については、爆弾穴とも言われているが、その大きさから、砲座の可能性もあろう。また戦争時の遺構として、穴Fの西側には、径一メートルの穴が二～三メートル間隔で六個列を成している。

渥美半島には、多くの戦争遺跡が残ることで有名である。城山の近くでは、西方の日出《ひい》町、骨山に陣地が存在する。また、椰子《やし》の実碑が所在する公園には幕末の台場がある。これらの遺跡もあわせて見学したら、渥美半島における戦国時代から近代に至るまでの軍事施設の成り立ちにも、思いをはせる事もできだろう。城へのアクセスは、堀切町の寅之神社から登るのがわかりやすい。また城の見学時には、ウバメガシに覆われた渥美半島の植生にも注目し、木々の間から見え隠れする太平洋の壮大な景観を楽しむのも一興である。

（増山禎之）

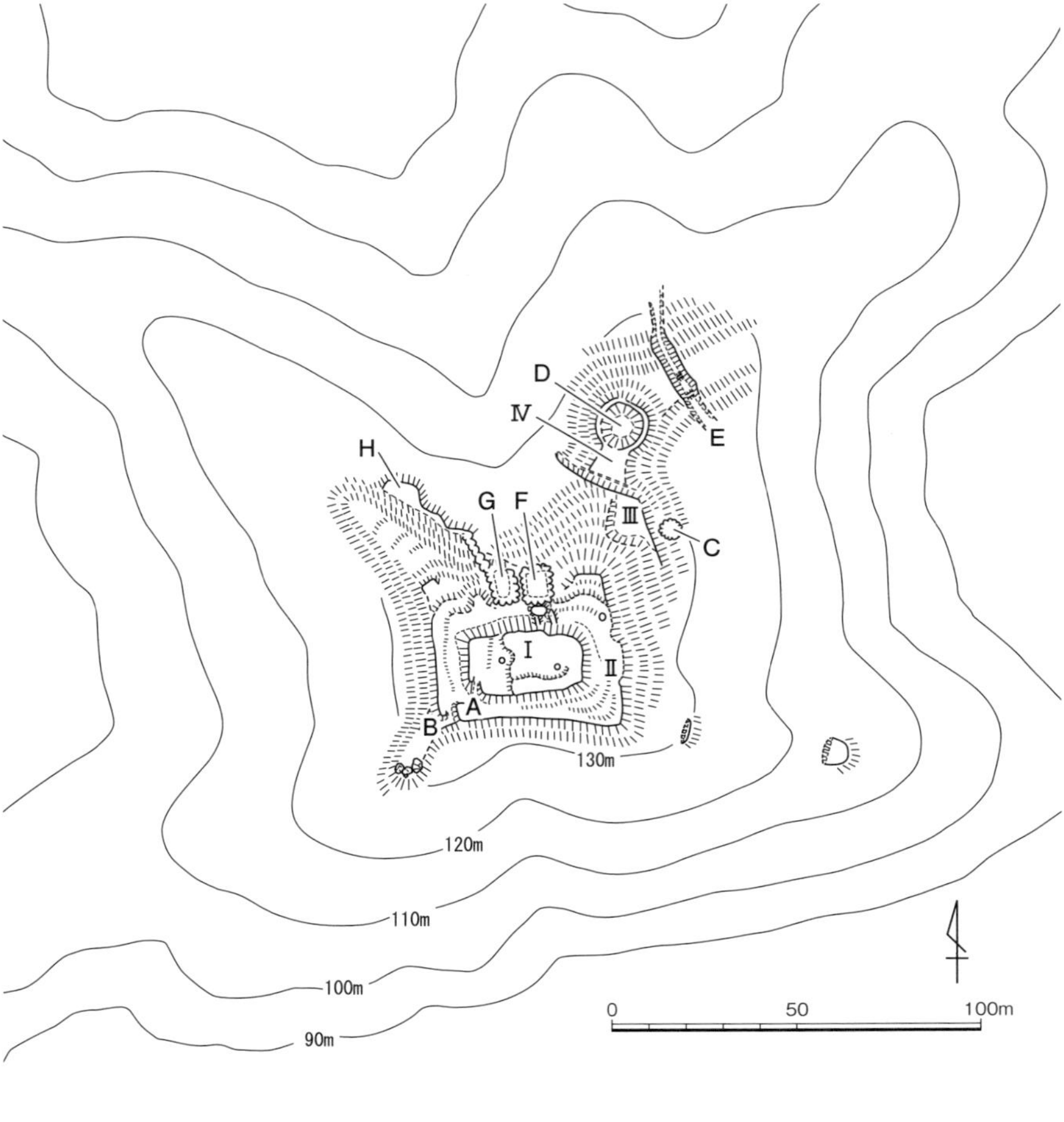


和名の城跡概要図（作図：髙田徹作図を参考に増山禎之作図）

# 番外編　愛知の平城ベスト17

# 101 犬山城《いぬやまじょう》★

**所在地**　犬山市大字犬山字北古券
**築城時期**　天文六年（一五三七）
**標高**　約八五m
**主な遺構**　曲輪　堀切　横堀　虎口　石垣　切岸

犬山城は天文六年（一五三七）、織田信長の叔父である織田信康《おだのぶやす》によって築かれたとされる城である。自然の断崖と木曽川を背にして防御する後堅固《うしろけんご》の城で、美濃国と尾張国との境に位置する軍事的要衝《ようしょう》として戦国時代には三度、大きな合戦の舞台として登場する。はじめは永禄八年（一五六五）の織田信長による美濃攻略である。城主の織田信清《おだのぶきよ》（信長の従兄弟《いとこ》）は美濃の斎藤氏と通じ、信長による侵攻に対抗したが、家老が調略によって取り込まれ周囲を包囲されたため、甲斐の武田氏を頼り、去った。次は天正十二年（一五八四）に起こった小牧・長久手の合戦である。城主の中川定成が伊勢に出陣し守兵が少ない隙をつき、以前城主を務めていた秀吉側の池《いけ》田恒興《だつねおき》が急襲し奪取した。その後秀吉も入城し、本陣とした。最後は慶長五年（一六〇〇）の関ヶ原の合戦である。城主の石川光吉は西軍につくが、援軍が東軍に内応しており、戦う前に退城せざるを得なかった。その後、成瀬《なるせ》正成《まさなり》が尾張藩の付家老として城主となり、江戸時代には九代にわたり成瀬氏が城主をつとめ、尾張第二の城として幕末まで存城した。

城は、天守が所在する通称「城山」が中心で、山麓の三ノ丸に上級家臣の屋敷地が広がり、さらにその南側では城下町が広がっていた。また江戸時代に描かれた絵図によると、城下町を囲む堀と土塁（総構《そうがまえ》）が存在していたことがわかる。この総構の範囲は東西約六〇〇メートル、南北約八〇〇メートルに及ぶ広大なものであった。城下町は商人町を中心とし、そのまわりに武家屋敷を配置する珍しい構造であった。

曲輪配置は、本丸を城山の最高部とし、その南に二ノ丸である杉ノ丸、樅ノ丸《もみのまる》、桐ノ丸《きりのまる》、松ノ丸の各曲輪を配置する。山の地形を巧みに利用した配置で、その形態は現在においてもほとんど残されている。三ノ丸には、現在の市体育館の敷地に藩庁であった西御殿があり、また福祉会館が建っている場所に大手門が構えられていた。

城郭内に現存する横堀

松ノ丸には現在、針綱《はりつな》神社と三光稲荷神社の二つの神社が鎮座する。式内社である針綱神社は当初、城山にあったとされ、それを織田信康が城山の東約一キロにある白山平山《はくさんびらさん》に遷座したと伝えられている。その後、江戸時代に城下町内に遷座された後、最終的に明治十五年（一八八二）現在地に鎮座した。

その後、堀は埋められたため、残念ながらその痕跡をとどめていない。

杉ノ丸などその他の曲輪についても管理施設等があり、立ち入ることはできない。現在では針綱神社、三光稲荷神社からでも本丸へは行くことが可能であるが、体育館横から入る道が大手道であり、ほぼそのまま残されている。城をより感じるためには、この道を登るのが良いだろう。

**犬山城へのアクセス**

名鉄犬山遊園駅から徒歩約15分。または犬山駅から徒歩約20分。

大手道を進み中門跡を抜け、矢来門跡まで歩くとその左手に城郭内で唯一埋められていない横堀がある。平成二十一年（二〇〇九）に実施した発掘調査により、樅ノ丸東部分では底部を幅約三・五メートルの平坦地に加工した逆台形状を呈《てい》することが明らかとなった。特に本丸西部分では、高低差約四メートルの急峻な切岸と一体となっていることも分かった。

本丸東側（東谷《ひがしたに》）で確認した切岸

　三光稲荷神社の北を通ると、大手道の両側をはじめとして石垣が積まれているのが見られる。これらは明治二十四年（一八九一）に起こった濃尾地震により大半は崩れたと想定される。そのため近代以降に積み直された部分が多いが、本丸南側の石垣など一部で残存している箇所もある。大手道は二ノ丸の曲輪群を通ることなく本丸へ通じ、松ノ丸北側及び本丸に入る手前の二カ所で屈折し、枡形状空間を形成している。

　本丸東側にも遺構が存在している。江戸時代には武家屋敷地であった場所を流れる、明治十九年（一八八六）に開削された郷瀬《ごうせ》川の河口にかかる橋の東に石垣が残されている。これは、丑寅《うしとら》櫓の櫓台と想定されるものである。本丸北東の尾根には堀切があり、尾根からの敵の侵入に備えていた。その南には切岸が存在し、発掘調査によってその構造が明らかとなった。切岸は二段構造となっている。上段は高低差約四・五メートルで、その直下に幅約三・五メートルの平坦地が形成されている。下段は高低差約二・五メートルで、その直下に幅約一メートルの平坦地が形成されている。これは敵を堀切に誘導するための通路状のものであると考えられる。年代を特定する遺物が出土しなかったため、残念ながら時期は特定できないが、石垣が主流となる以前の様相を伝える興味深い遺構である。今後の発掘調査とその結果が待たれる。

（川島誠次）

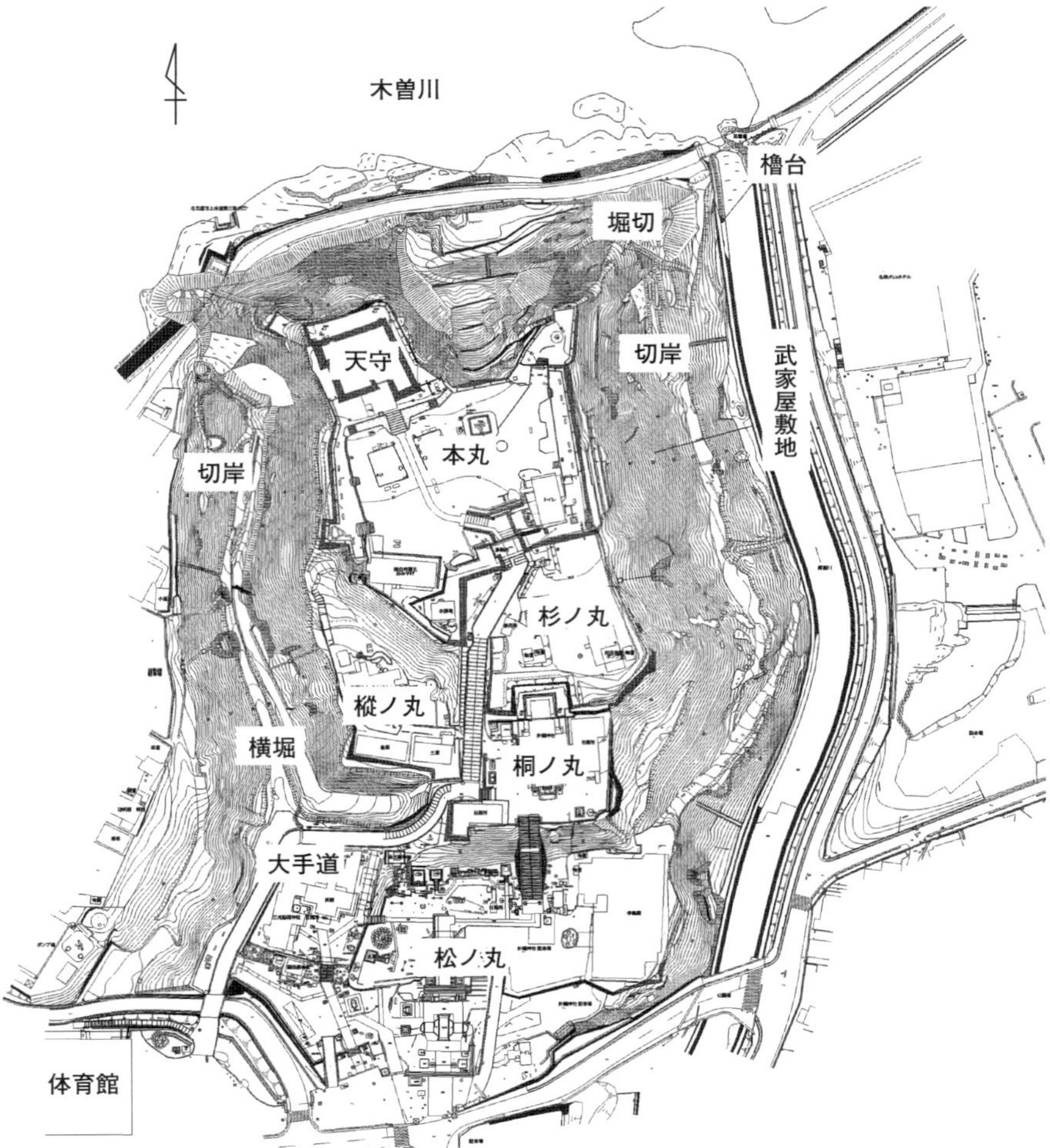


犬山城現況測量図（犬山市教育委員会作成）

# 102 岩倉城《いわくらじょう》 ★

**所在地** 岩倉市下本町城址
**築城時期** 嘉吉年間
**標　高** 一〇m
**主な遺構** 曲輪　堀

岩倉城は文明十一年（一四七九）に尾張守護代であった織田伊勢守家の居城として築かれた。伊勢守家は、同じく尾張守護代で清須城にあった織田大和守家と対立し、尾張上四郡を支配下に置いた。後の永禄二年（一五五九）、尾張の統一を目指す織田信長の攻撃を受けて落城。城は破却され、廃城となっている。ただし『家忠日記』によれば天正十二年（一五八四）の小牧・長久手の合戦時、徳川家康は岩倉に陣を置いている。この時、家康が陣を置いたのが岩倉城跡であった可能性はある。

さて近年の岩倉城を取り扱った研究論文・一般書籍では、遺構が残されていないと記すのが通例である。しかし以下に述べるように、今も遺構は明瞭に残っている。

具体的に述べていこう。県道一六六号沿いの石碑が建つ場所Aが一般的に岩倉城跡として捉えられている。しかしこの場所は主郭の一角に過ぎない。

石碑の建つ場所から東の五条川方向に歩いてみよう。正面に見える「下本町城址」交差点前に立ち止まり、南側を向いてほしい。するとほぼ一直線に、南側へ伸びる畑地Bが目に入るはずである。畑地部分は岩倉城主郭の東側を区画する堀跡に他ならない。よく見ると、畑地の西側は約一・五メートル高くなっている。畑地の西側が主郭部となるから、東側よりも高くなっているのである。埋没し、幅も狭くなっているが、堀跡として認識できる景観を止めている。

改めて畑地Bと交差する付近の県道一六六号を観察すれば、道路が傾斜しているのに気がつくであろう。低くなった堀跡と高くなった主郭跡を結ぶように道路が付けられているから、傾斜が生じているのである。道路を隔てた北側Cには喫茶店が建つが、喫茶店敷地と北側の宅地との間にも段差がある。段差部分は主郭の北側端部に相当する。その周囲の住宅部分は、堀跡に相当する。

石碑の位置にもどり、今度は南へ進んでみよう。宅地の間を歩くと、やがて道が南へ下降する。下降する付近は主郭の南端にあたり、低くなったD付近に堀が巡らされていたはずである。Dの北側一帯が字城址であり、南側一帯は字丸ノ内となる。丸ノ内側にも城域が広がっていた可能性があるが、はっきりはわからない。

岩倉城主郭石碑

Dから西側へ進むと、北側に細い道が伸びている。この道は途中で折れ曲がりつつ、県道一六六号まで続いている。「おしろ路《みち》」と呼ばれている。「おしろ路」からさらに西へ進むと、北側に畑地Eが目に入る。畑地Eは主郭西側を区画する堀跡である。畑地Eの西端は水路となっている。こちらも堀跡の東側が約一・五メートル高くなっている。かなり浅くなっているが、幅は二〇メートルほどあって、なかなか見応えがある。

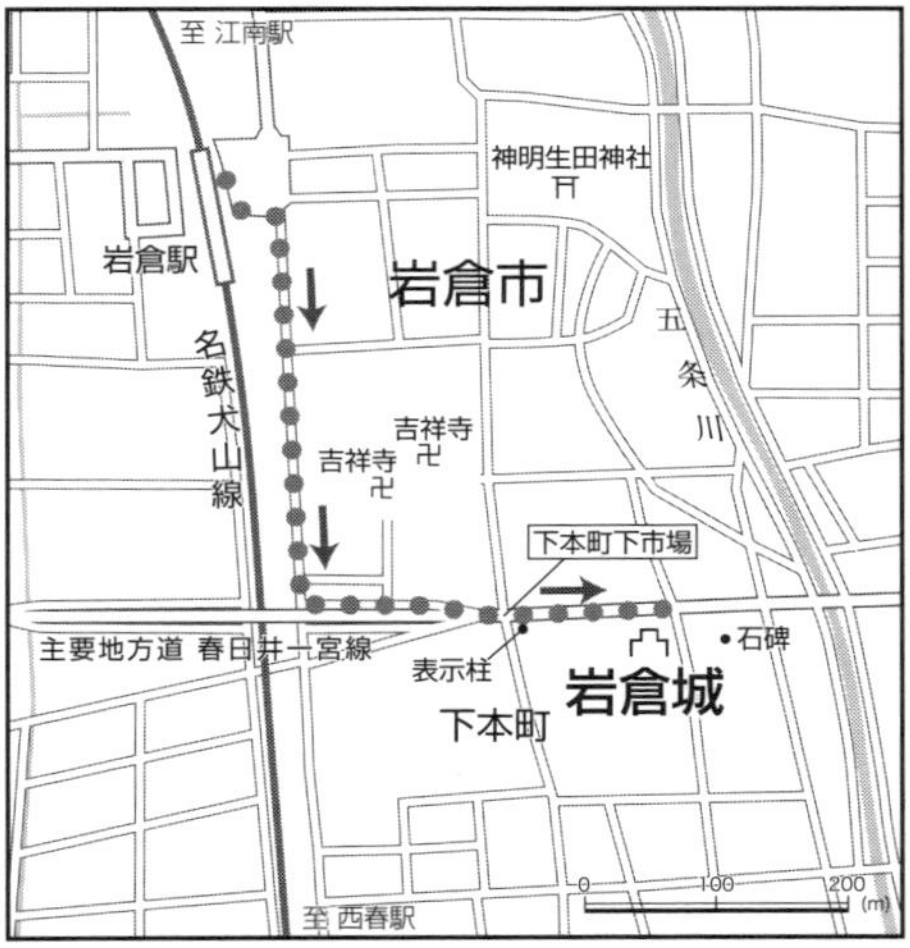


**岩倉城へのアクセス**

名鉄犬山線岩倉駅下車。東口から線路に沿って南進し、道路の高架部分で左折し、東進。右手に「史跡岩倉城址」の標柱が見える。徒歩約15分。付近に駐車スペースはない。

再びDに戻って東側へ進むと、北側には主郭部の痕跡を止める高まりが続くのが確認できる。Fには宅地の間に伸びる坂道がある。この坂道は明治期の地籍図にも「堤塘《ていとう》」として表れている。「堤塘」とは堤防の意味であるが、位置・形態から考えると、堀を渡る土橋跡に比定できる。土橋跡であったとすれば、坂道を上がった付近には門が構えられていたと想像される。

岩倉城主郭東側の堀跡

以上のように岩倉城では畑地と化しているけれども、はっきり堀跡を止めている。さらに堀跡に由来する傾斜、段差も止めており、少なくとも主郭部の輪郭を追うことは可能である。さらに県道一六六号建設に伴う発掘調査では、主郭部周辺の堀跡が複数検出されている（概要図中の塗りつぶした部分）。現存する堀跡Eの延長部分では幅約二〇メートル、堀Bの延長上では深さが七メートルと、実態が明らかになった。さらに従来の地表面観察では、窺い知ることができなかった堀跡も出土している。すなわち堀跡B・Eの外側に外郭の堀が、さらに堀跡B・Eの内側には主郭部を区画する堀が検出されている。この結果、主郭は一〇〇メートル四方ほど、外郭を含めれば二〇〇メートル四方ほどに及ぶ、守護代の居城にふさわしい規模が再確認された。

市街地化が進む中、遺構を地表面に止める城郭として岩倉城は貴重な存在である。一部が発掘調査の対象となり、道路等の地割も旧態を止めるところが多く、近代に作成された地籍図との一致点も見出しやすい（今後の課題でもある）。そして依然として地中に埋没したままの遺構も確実に存在する。尾張の平地城館を代表する存在として、今後再評価してもらいたい城跡である。

（髙田　徹）

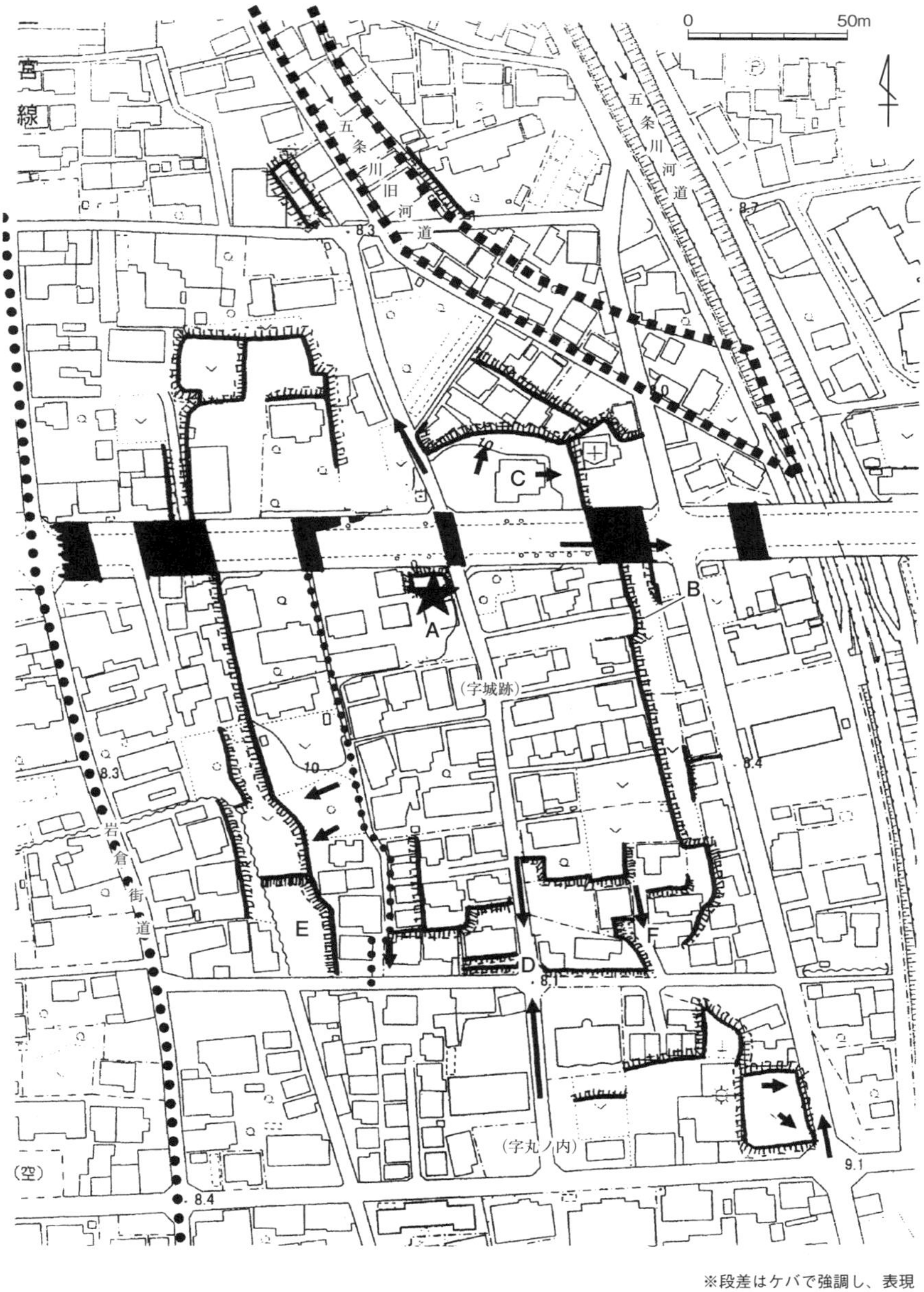


※段差はケバで強調し、表現

岩倉城跡概要図（作図：髙田　徹）

# 103 清須城《きよすじょう》 ★

**所在地** 清須市清洲、一場、朝日他
**築城時期** 十五世紀初頭
**標高** 約四m
**主な遺構** 堀　区画溝　石垣　井戸等

清須城は、濃尾平野を南北に流れる五条川の中流域に立地する。応永年間に室町幕府管領で尾張守護職であった斯波義重が、鎌倉街道と伊勢街道の合流する交通の要衝であった清須に尾張守護所の別郭として築城したものと伝えられている。文明八年（一四七六）尾張守護所下津《おりづ》が戦乱により焼失し、守護所が清須に移転した。文明十年（一四七八）守護代織田氏による内紛が始まるが、翌年には和睦し、清須城で織田敏定が尾張下郡（尾張南部）を、岩倉城で織田敏広が尾張上郡（尾張北部）を統治する尾張分割支配が始まった。再建された清洲城天主閣周辺の発掘調査では、この時期の堀が確認されており、この辺りで居館が整備され、それを中心に武家屋敷や町屋が展開していたと考えられる。

清須方守護代家の三奉行のうち、弾正忠家の織田信秀は、津島や那古野《なごや》を支配下に置いていたが、家督を継いだ嫡男織田信長は、弘治元年（一五五五）尾張守護代織田信友を倒し、守護代家を滅亡させ、清須に移動した。次いで弟織田信勝（行）を清須城で殺害、尾張南部を支配下に置き、永禄二年（一五五九）には、岩倉城を攻めて織田信賢《のぶかた》を屈服させ尾張をほぼ統一した。永禄四年（一五六一）には尾張守護斯波義銀《しばよしかね》を尾張国から追放、清須城は織田信長が尾張国を統一する上での足がかりとなった。永禄六年（一五六三）には小牧山城、永禄十年（一五六七）には岐阜城へと根拠地を移し、美濃国を攻略していった。この頃の清須城には信長は大きく手を加えている形跡はない。

その後についても、天正三年（一五七五）には信長の嫡男織田信忠に尾張国の支配権が与えられ、天正十年

(一五八二)には、本能寺の変で信長、信忠が死去した後の、織田家の後継や領国の分配などが話し合われた清須会議が行われていることからも清須城は尾張国の中心地であったようだ。清須会議後、信長の次男織田信雄《のぶかつ》が尾張、伊勢、伊賀の領主となり、伊勢長島城に居城するが、天正大地震、木曽川大洪水で大破したため、天正十四年(一五八六)居城を清須城に移し、大改修を行った。南北約二・七キロ、東西約一・五キロの範囲に広がり、城だけでなく城下町を含めて三重の堀で囲まれた「総構え」が形成され、五条川右岸に四つの曲輪が南北に連なる主郭部があり、その南端に本丸が造られ、さらにその南側に大型の馬出がつくと推定され、その本丸に瓦葺きの天守が建造されたと考えられている。名古屋市・蓬左《ほうさ》文庫

本丸跡(清洲古城跡公園)

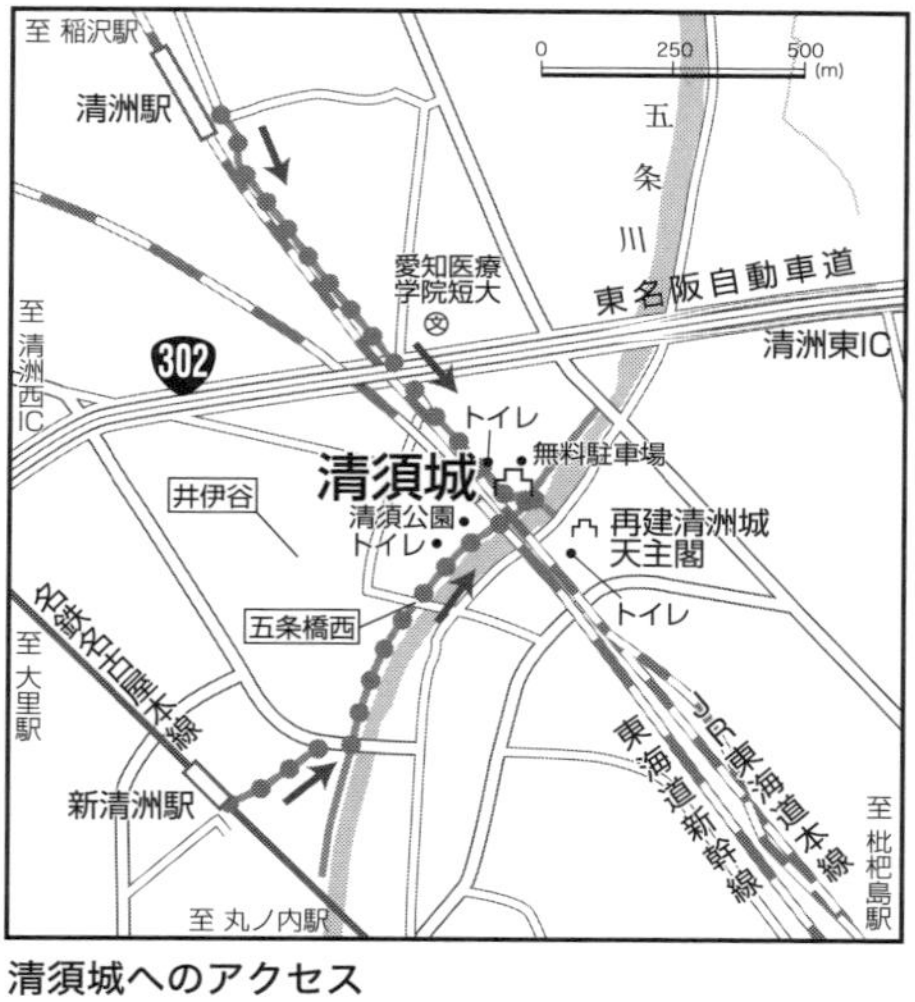


**清須城へのアクセス**

名鉄名古屋本線新清洲駅、JR東海道線清洲駅からいずれも徒歩15分。車利用の場合、東名阪清洲東ICから約5分、名古屋高速道路清須出口から約5分。無料駐車場あり。

に残されている「春日井郡清須村古城絵図」などからも廃城後の絵図ではあるが、清須城の規模を伺い知ることができる。

　信雄以降は、天正十八年（一五九〇）に豊臣秀次、文禄四年（一五九五）に福島正則、慶長五年（一六〇〇）に松平忠吉、慶長十二年（一六〇七）には徳川義直が城主となった。慶長十四年（一六〇九）には徳川家康が名古屋城築城を決定、慶長十五年（一六一〇）から清須からの遷府が行われ、武家はもとより、城下町やその住民も含めた都市ぐるみの大移動が行われた（清須越）。慶長十八年（一六一三）頃には、ほぼ完了したといわれ、清須城は廃城となった。当時の臼《うす》引き歌に「思いがけない名古屋ができて、花の清須は野となろう」と歌われたように一旦は荒れてしまったようだが、清洲新田村、美濃街道の清洲宿としてこの地域は整備され、再び賑わいを取り戻した。

移築復原展示された石垣と土台木列

　都市化が進み、往時の姿を伺い知ることはほとんどできないが、一部、本丸跡である清洲古城跡公園・清洲公園、御園神明社前の堀跡や美濃街道沿いの虎口などで面影を訪ねることができる。また古城跡公園の清洲ふるさとのやかた前では発掘調査で出土した織豊系城郭では最古段階の野面積み石垣とそれを支える土台木列が移築復原展示されている。現在、本丸跡の五条川を挟んで対岸に建つ再建清洲城天主閣は、平成元年（一九八九）に旧清洲町制施行百周年を記念して建設され、清須市や清須城下町の歴史が紹介されている他、発掘調査で出土した瓦、陶器類が展示されている。

（柴垣哲彦）

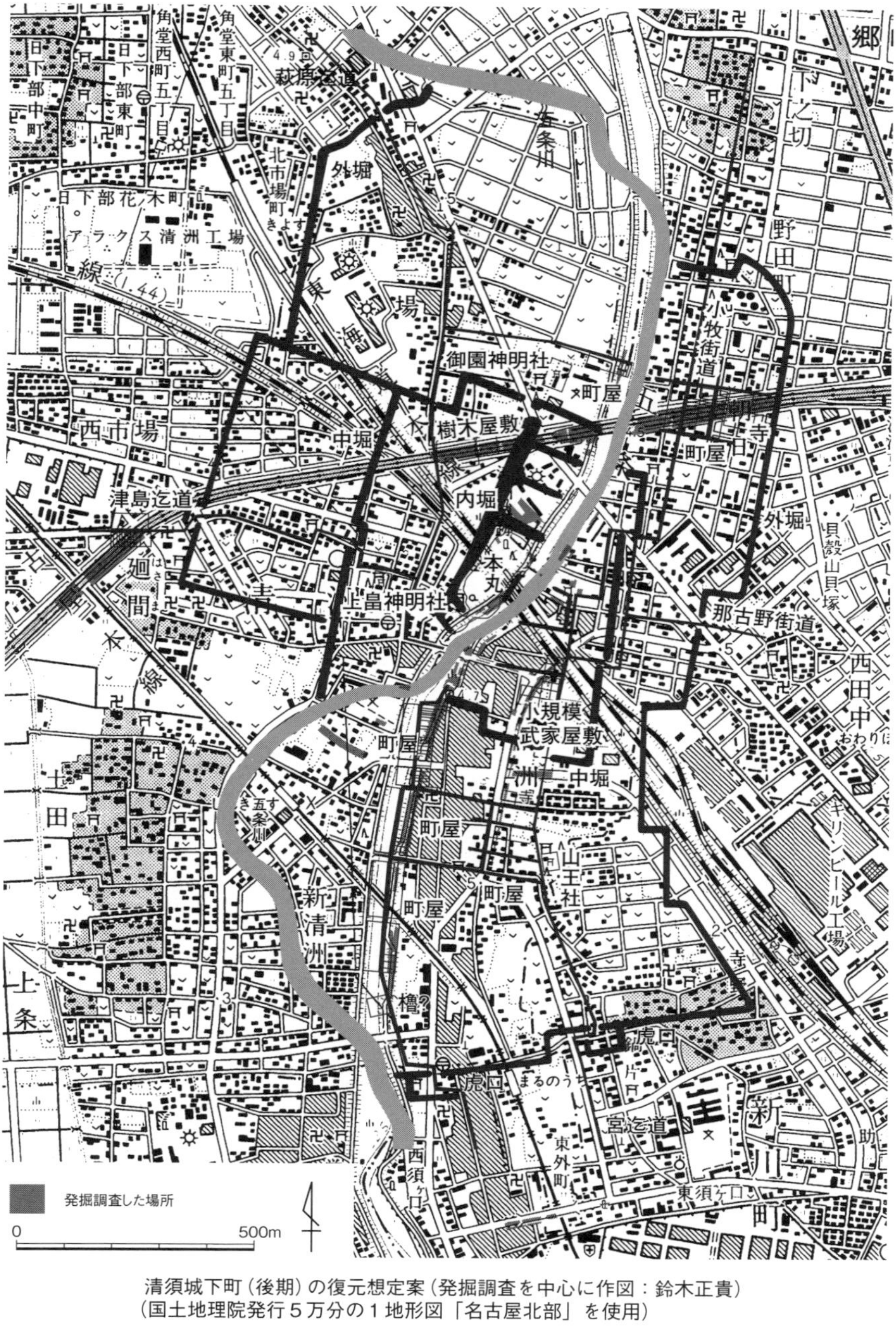


清須城下町（後期）の復元想定案（発掘調査を中心に作図：鈴木正貴）
（国土地理院発行５万分の１地形図「名古屋北部」を使用）

# 104

# 守山城《もりやまじょう》★

**所在地**　名古屋市守山区守山字市場
**築城時期**　天文年間
**標高**　二四m
**主な遺構**　横堀　土塁痕？

守山城は、名古屋市の北部を流れる庄内川・矢田川によって守山台地が解析され形成された標高約二十四メートルの河岸段丘上に位置している。

その記録上の初見は、『宗長《そうちょう》日記』にて大永六年（一五二六）三月、連歌師《れんがし》宗長が桜井松平家の初代・松平与一信定の館にて開催した千句連句会《え》を開催した記事であり、「尾張国守山松平与一館、千句」とある。当時、名古屋台地上では、今川那古野《なごや》氏が拠点城郭を構えていたとされ、守山城はそれに対応する目的で松平信定が「新地知行」として築いた城とされている。ここで守山城を三河松平氏による尾張進出の大きな足がかりと見ることもできるが、信定の妻は織田弾正忠家の当主信秀の妹であり、信定は織田氏と通じていたと推測される。

天文四年（一五三五）十二月、三河岡崎城主松平清康は、尾張進攻を開始し、当時信定の婿信光が城主である守山城に着陣した。しかし清康家臣の阿部定吉が織田方に内通しているという流言で陣内が動揺し、結果清康が定吉嫡男の正豊により殺害されてしまう。これが松平氏の勢力減退の大きなきっかけとなった「守山崩れ」である。

その後、守山城は織田弾正忠家の拠点として機能するが、信光が弘治元年（一五五五）に那古野城へ移った。後には時の織田家当主である信長の叔父信次が入ったが、信次は家臣が信長の弟秀孝を殺害して追われ、信長の弟信時が後継の城主を務める。この時、『信長公記』によると、「舎弟勘十郎（信勝）殿、此の事聞こし食し、末盛の城より守山へ懸け付け、町に火を懸け、生か城になされ」とあり、守山城周辺に町場が生じていたことが伺える。また、この時守山城中では信次の家老等が「塀・柵損じ候を、懸け直し候と申し候て、普請半ばに土居の崩れたる所より人数を引き入れ」とあり、軍勢を引き入れて城を明け渡したと記されている。信次後入城した信時も、翌年家臣により切腹に追い込まれ、城主を失う。その後、信長に許された信次が再び守山城に戻り、天正二年（一五七四）長島一向一揆で戦没するまで、居城としたと思われる。その後の守山城については定かでない。

Ⅰに建つ宝勝寺山門（南から見る）

　このように、守山城は三河松平氏と織田弾正忠家との攻防の場として登場し、その後も織田家内紛の舞台として、文献からの情報は豊富であると言っていい。

　現在城跡は、宝勝寺境内一帯に比定されている。宝勝寺は、寛永十四年（一六三七）に松平清康の菩提を弔う目的で建立された寺院で、寺の墓地北側に、東西方向に一〇〇メートルほど伸びる幅約一〇メートル、深さ約七メートルの堀跡Bが確認できる。堀の西端はわずかに北へ湾曲するようなカーブを見せて埋没している。B東北端には比高約三メートルの高まりAがあり、大正五年（一九一六）設立の「守山城趾」の石碑が建つが、周

**守山城へのアクセス**
名鉄瀬戸線矢田駅下車徒歩10分。

囲を削平されて現在では一五メートル四方ほどの面積となっている。宝勝寺境内Iは約一〇〇メートル四方の方形で、平坦面は堀Bに接する北から南にかけて低くなる。また西から南側にかけては段丘崖となっている。Aが本来どの程度の広がりを持っていたのかは不明だが、このAを現存する堀Bに対応した土塁の残欠と考えることも可能であろう。

Aに建つ石碑を東から見る

　守山城の復元に大きなヒントになると思われるのが、周辺の自然環境の復元である。現在すぐ南を流れる矢田川は、守山城が機能していた十六世紀には、木が崎公園(『信長公記』には「木ヶ崎口」と記述)や治承三年(一一七九)創建の長母寺《ちょうぼじ》のさらに南方に流れていた。明和四年(一七六七)の洪水で瀬替えが行われ、現在の流路になるまで、守山城と対岸の長母寺はひと続きの丘陵上に立地していた。

　守山城の遺構は、廃城後このような周辺環境の大きな変化の影響を受けてはいるが、都市部に残る横堀の存在感は大きいものがある。城の東約一五〇メートルにある白山神社は、全長約一〇〇メートルの前方後円墳・守山白山古墳の墳丘上にあり、この周辺に『信長公記』に記載される町場の存在を想定できるが、地籍図や現況による限り詳細は明らかでない。ただ、一帯は名古屋台地から瀬戸方面へ抜ける街道沿いに位置しており、天文年間にも信長により、守山往来許可が商人に対して出されていることから、交通の要所であったことがうかがえる。

　守山丘陵の段丘崖にそって、守山城から約二キロ北東には小幡城、更に二・三キロ北東には竜泉寺城があり、いずれも尾張・三河の勢力拮抗の場として重要な位置づけがされていた。各城から北西への眺望は、尾張平野北部をよく見通すことができ、平野上において貴重な立地であったことが体感できる。

（岡村弘子）

守山城跡概要図（作図：髙田　徹）

# 105 名古屋城《なごやじょう》 ★

**所在地** 名古屋市中区本丸
**築城時期** 慶長十五年
**標　高** 一四m
**主な遺構** 堀　土塁　石垣　櫓　曲輪

名古屋城は、徳川家康が九男義直のために、慶長十五年（一六一〇）天下普請により築城した。以来、明治初頭まで尾張徳川家の居城となった。

名古屋城の中心部分に触れた書籍は多いので、本書では外郭部の散策コースを紹介したい。

とりあえず出発点は地下鉄名城線市役所駅四番出口としよう。出口から南へ進むと、三ノ丸の土塁・堀がすぐに目に入る。近代になって通された大津通《どおり》が堀・土塁を貫通する。橋際にある土塁は、断面形状を観察するのに適している。堀に架かる大津橋を渡り、堀際を東側へ歩いてみよう。付近の堀は空堀となっているが、江戸期の絵図によれば水堀であった。昭和五十一年までは名鉄瀬戸線の軌道となり、「お濠電車」として親しまれた。

大津橋の東側に架かるのが久屋橋である。久屋橋も江戸時代にはなかった橋である。橋を渡った城内側には三ノ丸庭園がある。三ノ丸庭園は、二ノ丸庭園の一部を近代になって移築したと言われている。土塁を背に巨石を配した枯山水《かれさんすい》庭園であり、一般開放されている。庭園裏手、土塁上には御深井庭の西行堂脇にあった文政二年銘の「西行堂」碑が移されている。

三ノ丸庭園から北へ進むと、出来町《できまち》通に至る。出来町通を東へ曲がると、東門跡である。かつては石垣で固められた枡形虎口であったが、今は部分的に石垣を残すのみ。現状では枡形に見えないのは、近代になって「お濠電車」を通すために枡形の中央部が掘削・撤去され、さらに道路が拡幅されているためである。

東門跡の北側の堀・土塁は定期的に草が刈られているため、形態が把握しやすい。土塁は中段に犬走りを伴っている様子がわかる。

東門跡から堀際に北側へ進むと、やがて道が下降する。名古屋台地の北端にあたる。道を下りきったところで堀は消滅するが、江戸期も付近が堀の終点となっていた。ここから東には崖線が続き、上部には土塁が構えられていた。崖線だけは今も団地群の合間に残っている。

三ノ丸南西隅の土塁

今は団地群となった崖線裾一帯には、御土居下同心屋敷が存在した。有事には藩主を警備し、瀬戸から木曾方面へ脱出させる密命を帯びていた同心らの屋敷跡である。現在は解説板が立つのみで、当時の面影はない。
団地群から西へ抜けると、再び大津通に出る。大津通の坂道となった付近には清水門があった。今は何ら痕跡を残さないが、清水門を移したと伝えられる門は一宮市の妙興寺山門として残っている。
大津通を西に渡った名城公園一帯は、御深井庭と呼ばれる広大な庭園であった。明治になって練兵場となり、

**名古屋城へのアクセス**
名古屋駅バスターミナルからなごや観光ルートバスで名古屋城バス停下車、すぐ。

かつての面影はない。その一角にあった竹長押茶屋《たけなげしちゃや》は弥富市の民家に移築され、現存している。

　名城公園側から見ると、台地上にそびえて見える天守・石垣はずいぶん迫力がある。二ノ丸の埋門《うづみもん》・南蛮たたきの練塀も注意して観察すれば認めることができる。

本町御門の石垣

　名城公園から堀際に西へ進むと、三重三階の西北隅櫓が見えてくる。別名を清洲櫓と言い、清須城天守の部材を用いて建てられている。西北隅櫓が建つのは深井丸である。深井丸付近は湿地を埋め立て築かれており、付近の堀跡も湿地の名残を止めていると考えられる。

　西北隅櫓から堀際に南へ進むと、途中に辰之口水道大《おお》樋《ひ》がある。水堀の水位を調整し、余水を排水する施設である。さらに南へ進むと道は上り坂となり、坂の脇には門下門跡の石垣が見える。江戸中期までは巾下門の西側付近が堀川の終点であった（堀留）。堀川は名古屋築城時に資材を運搬するために開削された人口河川である。

　巾下門跡の南側に続く崖線は、三ノ丸西側の塁線にあたる。上部には一部ながら土塁も残っている。崖線の直下には空堀があったが、現在は埋められてしまっている。

　さらに南へ進むと愛知県立図書館南側に御園門跡がある。比較的石垣を残しているが、やはり枡形としての形態は失われ、かつての土橋は近代的な橋に替わっている。

　御園門跡の東約四〇〇メートルの位置には本町門跡がある。分断されているが、枡形の外側を覆った土塁が橋の対岸に残っている。地下鉄市役所駅からここまでは約四キロ、およそ徒歩一時間半のコースである。スタートはどこからでも構わない。外郭側から天守の姿を楽しみつつ、一巡してみてはどうだろうか。

（髙田　徹）

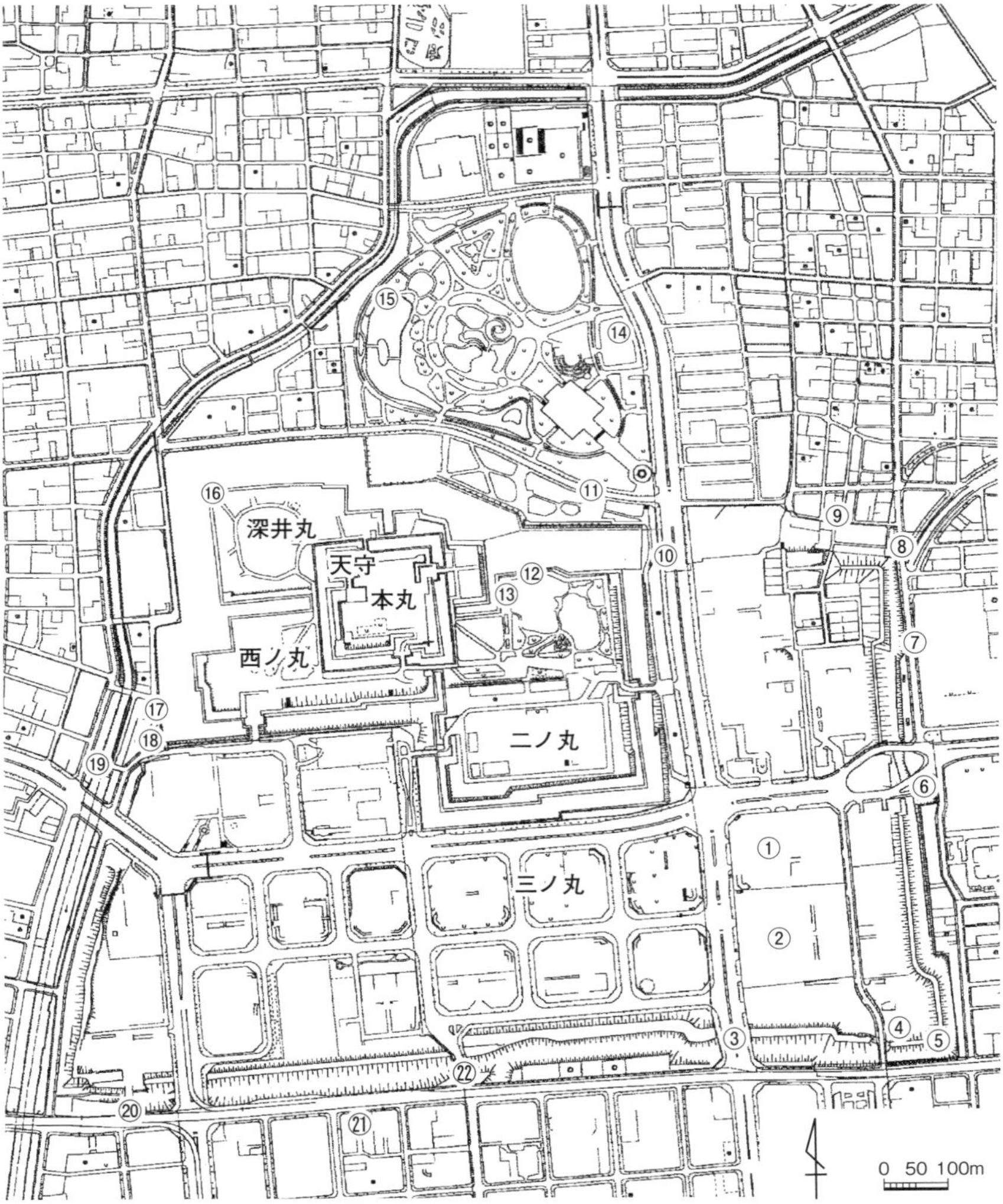


①市役所本庁舎　⑥東門跡　⑪竹長押茶屋跡　⑯西北隅櫓　㉑明倫堂跡
②県庁本庁舎　⑦枳殻坂　⑫南蛮練塀　⑰辰之口水道大樋　㉒本町門跡
③大津橋　⑧馬冷所跡　⑬埋門跡　⑱巾下門跡
④三ノ丸庭園　⑨御土居下同心屋敷跡　⑭御深井窯跡　⑲堀留跡
⑤西行堂碑　⑩清水門跡　⑮西行堂跡　⑳御園門跡

名古屋市発行都市計画図に加筆

# 106 沓掛城《くつかけじょう》 ★★

**所在地** 豊明市沓掛町東本郷
**築城時期** 十四世紀初頭？
**標高** 二一m
**主な遺構** 曲輪　土塁　空堀

沓掛城は永禄三年（一五六三）、桶狭間合戦の前夜に今川義元が宿泊した城としてあまりにも有名である。その築城については近藤宗光により十四世紀初頭に築かれ、その後重高、長安、景吉が城主となったと伝えるが、その根拠となるのは近藤氏の系図だけであり、やや史料的根拠に乏しい。

『尾張志』によると、近藤義行、景重、景政、伊景《これかげ》、景春が城主であったことを記している。その近藤景春は松平広忠に属し、桶狭間合戦では今川義元軍として戦っている。義元の戦死後、沓掛城は織田信長によって攻められ落城し、景春も敗走の際に戦死している。合戦後、織田軍に接取された沓掛城は九之坪《くのつぼ》城主の簗田《やなだ》出羽守に与えられ、さらにその後は信長の異母弟信照に、さらに川口久助が城主となった後に廃城となる。

さて沓掛城は標高七二メートルの二村山《ふたむら》から南東に派生する低丘陵の東端、標高二一メートル付近に築かれている。その構造は名古屋市蓬左文庫に所蔵されている「沓掛村古城絵図」によっておおよそ知ることができる。これによれば本丸を中心に南側に二の丸、三の丸を、西側には諏訪曲輪を配置し、さらに東、北、西側に侍屋敷が構えられ、それぞれの曲輪には土塁が築かれ、空堀がめぐらされていた。さらに三の丸の南側や西側には外郭が配置され、構えられた堀の塁線には折が設けられ、横矢がかけられていた。

この絵図でもっとも注目されるのは本丸虎口の前面に見事な丸馬出が描かれていることである。丸馬出が決して武田信玄の築城にのみ用いられているのではないことを示している事例として注目される。また本丸の西側に構えられた諏訪曲輪や、北側に構えられた侍屋敷も小曲輪の両端に土橋を設けた構造となっており、馬出として築かれた曲輪であることは明らかであり、本丸の周囲は馬出によって固められていたようである。南側は土橋となるが、西側や北側は木橋を架けていたのであろう。

昭和五十六～六十一年にかけて公園整備にともない本丸（主郭Ⅰ）で発掘調査が実施され、城は十六世紀を中心として大きく三時期にわたって整備改修されていることが明らかとなった。Ⅰ期は居館的な施設として南北に二つの池、西に井戸、掘立柱建物の構えられていた時期、Ⅱ期は堀が掘削されて土塁が構えられ、礎石建物が中心に存在した時期、そしてⅢ期はⅡ期の建物が焼失した後

本丸の周囲をめぐる堀Ａ

**沓掛城へのアクセス**
名鉄名古屋本線前後駅から名鉄バス赤池駅行で本郷口バス停下車、徒歩15分。

の時期である。

出土した遺物には土師器皿、大窯Ⅰ・Ⅱ期の瀬戸美濃製陶器、常滑《とこなめ》製の壺、甕《かめ》、中国製の白磁、青磁、青花などがあった。とりわけ注目されるのは大量に出土した木製品である。箸、折敷《おしき》、椀、ヘラ、しゃもじ、曲物《まげもの》、桶、下駄、櫛《くし》などがあり、なかには「天文十七」（一五四八）年銘の木簡もあった。

本丸（主郭Ⅰ）

こうした発掘調査の成果より、近藤景春が天文十八年（一五四九）の今川氏進出により居城を高園城に移し、沓掛城を今川氏に明け渡すと、今川氏は居館的施設であった沓掛城の池を埋め、堀を掘り、土塁を構え、居館から防御施設としての城へと大改修をおこなったことがわかった。おそらく本丸虎口前面の丸馬出も今川氏によって構えられたものと考えられる。こうして改修された礎石建物が焼失していたのであるが、これは桶狭間合戦直後の織田信長による城攻めに焼失したことを物語っている。

さらに発掘調査では桶狭間合戦後に沓掛城を与えられた簗田氏や織田信照は城を改修することなく、合戦直後に城の機能は停止していたようである。

現在城跡は本丸と周囲の堀が残り、公園として整備され、大変見学しやすくなっている。少々美しすぎて城跡のイメージはないが、本丸西側の諏訪曲輪Ⅲにわずかに古城の面影が残されている。

また沓掛城跡から桶狭間古戦場までは西南西に約四キロ、さらに大高城《おおだかじょう》跡、鷲津《わしづ》砦跡、丸根砦跡までは西に約七〜八キロ、善照寺砦跡、丹下砦跡、鳴海城《なるみじょう》跡までは西北西に約六〜七キロであり、こうした桶狭間合戦に関わる城砦跡もぜひ訪ねてほしい。

（中井　均）

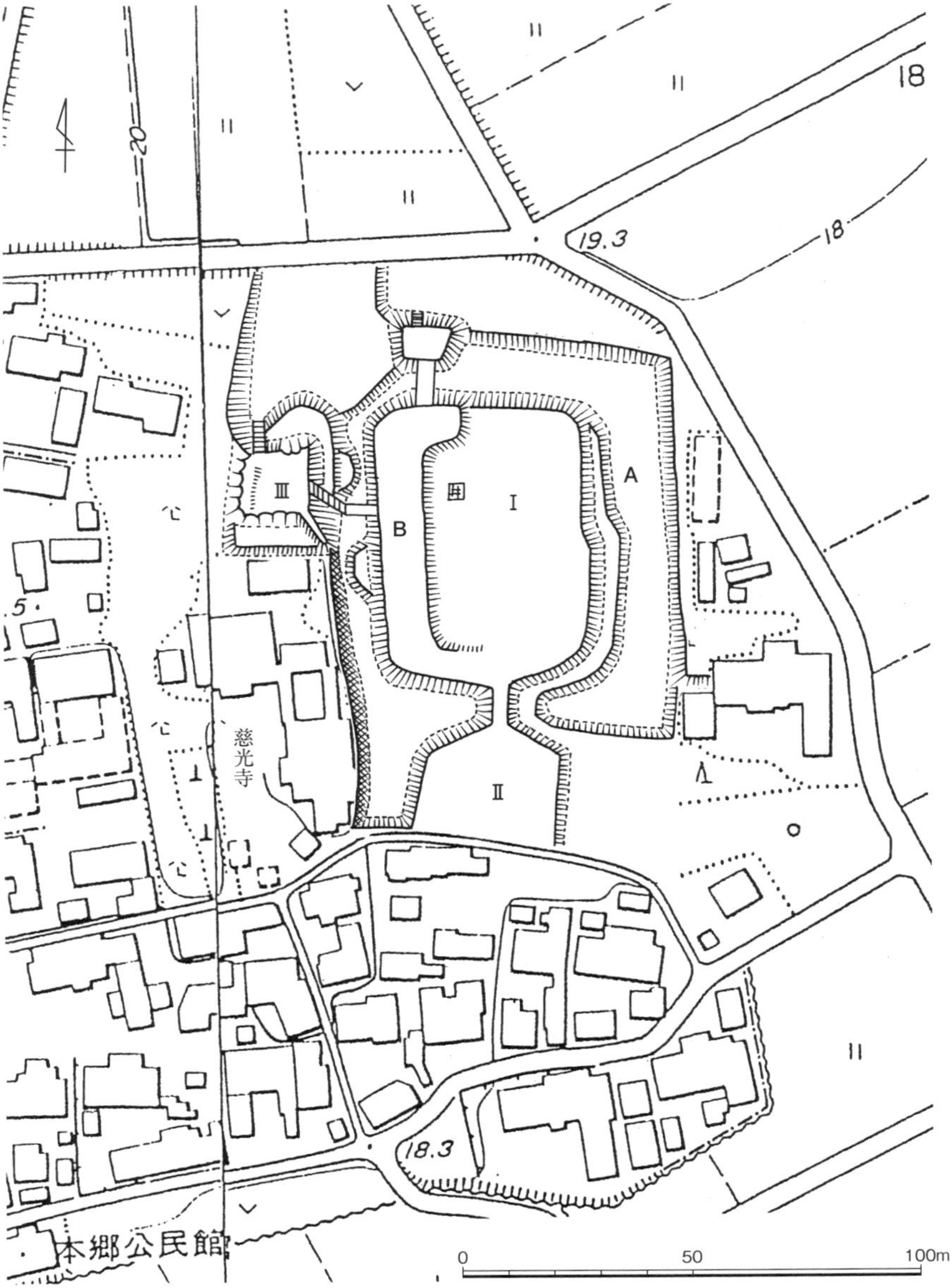


沓掛城跡概要図（作図：中井　均）

# 107 知多大草城《ちたおおくさじょう》 ★

**所在地**　知多市大草字東屋敷
**築城時期**　天正十年(一五八二)?
**標　高**　一一m
**主な遺構**　曲輪　曲輪　土塁　虎口　空堀　水堀

知多大草城は、室町期に一色義遠《いっしきよしとお》によって築城されたとする説もあるが、確かではない。現在見られる遺構は、織田信長弟の織田長益《ながます》(後の有楽斎《うらくさい》)によって築かれた。天正十二年(一五八四)頃、近隣の大野城主であった佐治一成《かずなり》が退去した後、その所領と家臣団を受け継いだのが信益であった。

江戸期に記された地誌類によれば当初大野城を居城とした長益は、水源が十分確保できないとして新たに大草城を築いた。ほぼ城郭が完成した頃、世が乱れたために廃城になったとしている。

天正十二年時、長益は甥で尾張・伊勢・伊賀を領した織田信雄の重臣として一万三千貫の所領を与えられていた。しかし長益は同十四年には羽柴秀吉からも摂津国内に所領を与えられ、両属的な立場となる。廃城時期は明らかではないが、遅く見積もれば天正十八年(一五九〇)の織田信雄の改易時に求められるのではないだろうか。

現在、城跡の主要部は大草公園となり、堀・土塁がほぼ良好に残っている。江戸期に描かれた名古屋市・蓬左文庫所蔵の絵図によって、失われた遺構の詳細も知ることができる。

主郭Ⅰは全体が正方形に近いが、北側の塁線は折れ曲がっている。元は曲輪の四方を土塁が囲んでいたが、南側と西側は削り取られて幅を減じている。北側の土塁は基底部こそ残しているが、高さを減じている。ほぼ完存する東側の土塁は、高さ約六メートル、下幅一五メートル前後である。上部はほぼ平坦で、上幅も六メートル前後ある。曲輪内部には、昭和五十四年に建設された天守風の展望台が建っている。

主郭Ⅰの南は台地端部となっている。台地の崖面の高低差を利用するが、台地裾にも水堀A・Bを設けている。水堀に挟まれたⅡ部分には、かつて枡形状の曲輪が存在し、Ⅰ郭と台地裾を連絡していた。現状は破壊を受け、わずかに痕跡を止める程度である。主郭Ⅰから Ⅱ郭東側にかけては水堀が巡る。台地端部には小堤防を設け、水を溜めている。

知多大草城主郭東側の水堀

Ⅰ郭西側にも水堀が巡らされていたが、埋められて宅地となっている。主郭Ⅰから西側へ抜ける道は後世の破壊道だが、Cは堀の水を溜めていた小堤防を踏襲している。Ⅰ郭北側、Ⅱ郭とを分ける堀はもともと空堀であったようだが、かなり浅くなっている模様である。

Ⅱ郭は副郭と言うべき存在である。Ⅱ郭は東西に細長くなった方形で、主郭Ⅰ側以外の三方を土塁で囲んでいる。Ⅱ郭の土塁の規模は主郭Ⅰに準じたものになっているが、西側土塁は上幅が約一五メートルに及ぶ。さらに土塁の内側には平坦面を伴っている。北西隅は、あたか

**知多大草城へのアクセス**

名鉄常滑線大野町駅もしくは新舞子駅下車。大野町下車の場合、北東方向へ徒歩約20分。新舞子下車の場合、南東へ徒歩約25分。いずれの場合も、途中城跡への標識はない。

も天守台の如き形態となっている。

Ⅱ郭北側では低くなった土塁をまたぐ位置に虎口Dがある。虎口Dの前面には小土塁が張り出し、外枡形状となっている。Ⅱ郭の南東隅、Ⅰ郭側のEも虎口跡である。土塁の一部が削り取られているため、構造が今一つはっきりしない。

知多大草城主郭北側の空堀

Ⅰ・Ⅱ郭の北・西・東側には外郭部Ⅳが存在する。かつてF～G～H部分に堀が巡らされ、その内側に土塁が併走していた。J部分には高さ約四メートルの土塁が平成十七年まで残っていた。土塁Jはコンクリートの如く固くたたき締め、極めて入念に築かれていたのが明らかとなった。恐らく主郭ⅠやⅡ郭の土塁も同様の工法で築かれていると考えられる。発掘調査後、土塁Jは均され、跡地は宅地となっている。ただ子細に観察すると、堀跡の内側にあたる畑地や宅地には、わずかな高まりや段差を認めることができる。これらは外郭の土塁や切岸の痕跡である。

外郭内部は家臣の屋敷が存在したと考えられる。地割にも屋敷跡を思わせる方形区画が認められる。道が不自然に折れ曲がるK部分は、枡形虎口の名残である。

主郭Ⅰの西側、Ⅴ付近は尾張藩重臣の山澄氏在所屋敷跡である。ほぼ江戸期を通じて古城となった大草城跡に隣接して屋敷を構え、その維持・管理を行っていた。

大草城は多少の不確定要素を残すが、築城時期および築城主体はおよそ絞り込める。織田信長一門による織豊系城郭ながら、石垣を用いない点が特徴的である。土の技術を駆使して、石垣に劣らない防御性を高めている。同時期の織豊系城郭あるいは尾張における織豊系城郭の展開を考える上でも、指標的な存在となる城郭である。

（髙田　徹）

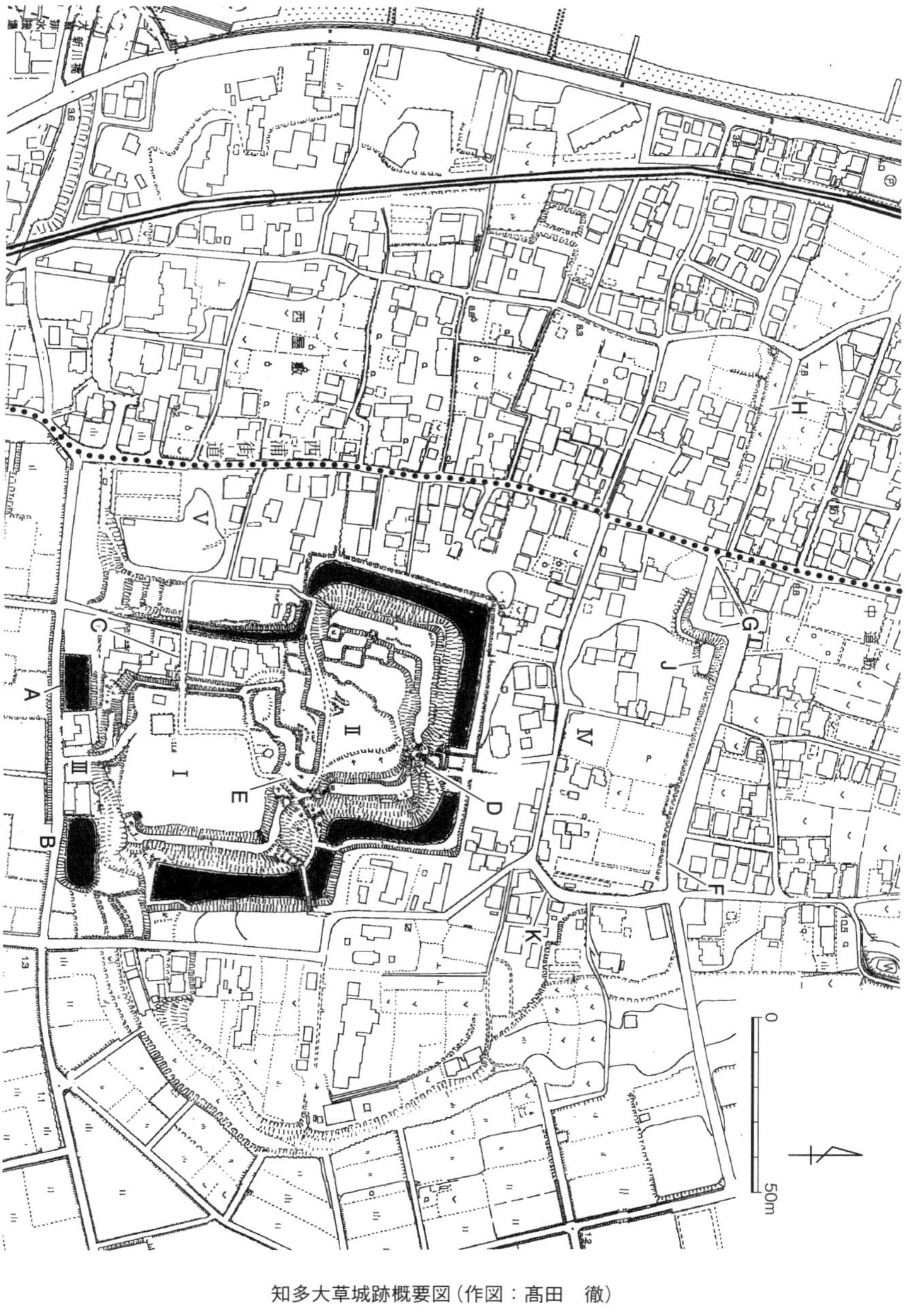


知多大草城跡概要図（作図：髙田　徹）

# 108 緒川城《おがわじょう》 ★

**所在地** 知多郡東浦町大字緒川字古城・羽城他
**築城時期** 文明年間
**標高** 一〇〜一三m
**主な遺構** 土塁

緒川城は、知多半島を中心に勢力を広げた水野氏の居城である。初代城主水野貞守《さだもり》が文明年間（一四六九〜一四八六）に築城、慶長十一年（一六〇六）に最後の城主水野分長《わけなが》が三河国新城一万石に移封となったため、緒川城は廃城となり約一三〇年の歴史に幕を閉じた。

四代城主水野忠政《ただまさ》の娘、於大《おだい》の方は享禄元年（一五二八）緒川城で生まれた。後に岡崎城主松平広忠に嫁ぎ、徳川家康を生んでおり、家康の生母としてよく知られている。また、忠政の死後、跡を継いだ水野信元《のぶもと》の時代の天文二十三年（一五五四）に起きた村木《むらき》砦《とりで》の戦いの際には、信元に援軍を頼まれた織田信長が、緒川城を訪れている。

緒川は知多半島の東岸の付け根に位置し、対岸は衣ヶ浦をはさんで三河と面している。水野氏の一族は緒川の対岸の刈谷も支配しており、尾張・三河を結ぶ要所をおさえていた。

緒川城は丘陵の先端に発達した段丘面の端に築かれ、城下町と一帯になった平城である。現在、緒川城が所在した一帯は住宅地となっており、城跡の遺構はほとんど残っていない。江戸期の記録にもすでに畑と記され、さらに、昭和初期以来の土砂搬出や宅地化で多くが削られたためである。わずかに土塁の一部が残されているのみで、この部分は東浦町の史跡に指定され、説明看板が設置されている。

緒川城の様相は、名古屋市蓬左文庫が所蔵する江戸期に作成された二枚の絵図によって知ることができる。絵図と現況の地形等と比較して、緒川城の位置を推定してみることとする。

絵図には堀と土塁に囲まれた大小の曲輪が描かれてお

り、その中で一番大きい曲輪が主郭Ⅰである。北・西・南の三方を土塁と堀に囲まれ、東西八三メートル・南北九五メートル程の方形状を呈している。東側は崖となっており、段丘下の東には田と、海岸沿いに塩浜が描かれる。現地を見てみると、段丘崖の地形を確認することができ、東側は地形を利用した立地であったことが分かる。現在の主郭Ⅰの標高は約一〇～一三メートル、段丘下との比高差は約六メートルである。なお、当時は海がもっと近かったと思われるが、江戸期に海岸部の新田開発が進んだため、現在は海の面影もなくなっている。

　現在、緒川城址として残り、整備されている場所は土塁Aである。階段を上るとまず石碑と説明看板がある地点があり、その西側がこんもりと高くなっている。この

緒川城址として残る土塁

**緒川城へのアクセス**

JR武豊線緒川駅から徒歩15分。車利用の場合、東浦町役場駐車場を利用。

土塁Aは土塁の北西部の部分に相当し、一番高い部分の標高は現在約二〇メートル弱となっている。土塁の位置を確定することは難しいが、説明看板がある一段高い地点も土塁の一部であると思われる。なお、絵図によると土塁の高さが約四・五メートルとなっているが、現在土塁Aと主郭Iの比高差が六～七メートルほどあるので、主郭Iは今よりも高かったのではないだろうか。

昔の緒川城址

　主郭Iの南には、土塁で囲まれた三角形状のⅡ郭が描かれている。現況では詳細は不明であるが、丘陵先端部に築かれた独立した曲輪であったと考えられる。

　主郭Iの北に描かれた曲輪群は家臣の屋敷地で、その一画は「高藪城《たかやぶじょう》」と呼ばれ、水野分長が居所としたと言われている。現況ではそれらの位置を想定することはできないが、札木《ふだぎ》公園の北側から東に向かって谷地形となっており、谷の南側の地域が高藪城であった可能性が高いと思われる。

　緒川城は、後世の開発により遺構がほとんど残っておらず、その実態は不明である。しかし、現地に立つと、段丘崖に沿って立地する城跡を想像でき、地形に面影を見ることができる。また、主郭IやⅡ郭を取り囲む道路なども城跡の名残を残しているのではないだろうか。古《ふ》城《じろ》・羽城《はじょ》などの地名も残っており、水野氏や東浦の歴史を語る上で重要である。

（楠美代子）

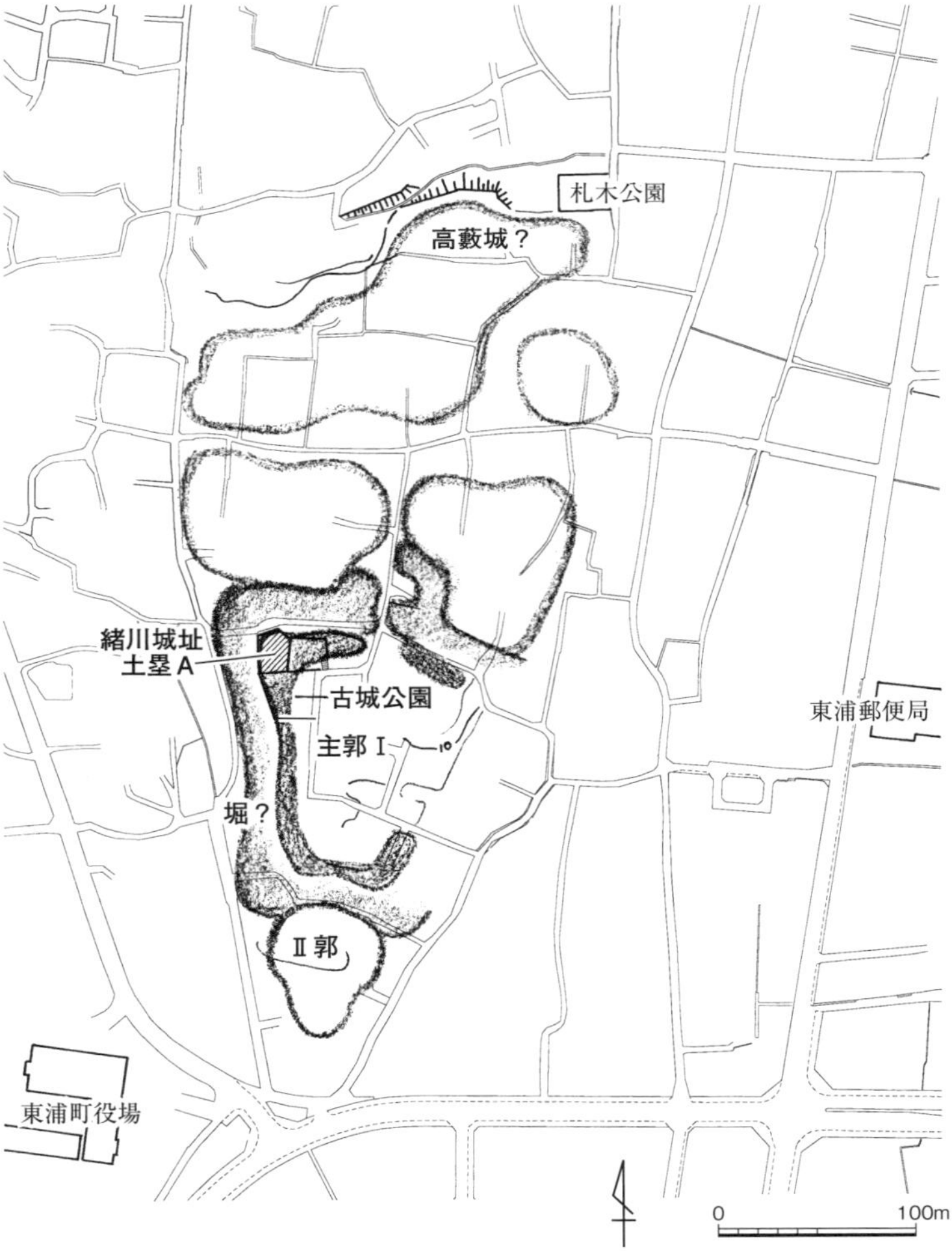
札木公園
高藪城？
緒川城址
土塁A
古城公園
主郭Ⅰ
堀？
Ⅱ郭
東浦郵便局
東浦町役場
0
100m

緒川城跡推定図

# 109 丸根城《まるねじょう》 ★

**所在地**　豊田市野見町七丁目
**築城時期**　不明、十六世紀後半改修か？
**標高**　五四m
**主な遺構**　曲輪　土塁　空堀　堀切　横堀　虎口　馬出　土橋

岡崎平野の北端では、丘陵により矢作川《やはぎ》の川幅が狭くなり蛇行している。俗に「鵜《う》の首《くび》」と呼ばれるこの地形は、矢作川の船運にとっては難所として知られる反面、水運を押さえるのに絶好の立地であった。この鵜の首橋の東岸にある丘陵の先端に丸根城は存在する。

城主および築城年代は確実な資料に恵まれずよくわかっていない。『東照軍鑑』には永禄四年（一五六一）に「丸根ノ城」の記事が記載される。『三河国二葉松』には「午野《ごの》村古屋敷」の城主が高橋蔵人であるとし、『三河国西加茂郡誌』などはこれが丸根城に相当すると考えている。また、岡崎市大樹寺所蔵の文亀元年（一五〇一）八月十六日作成の連判状の筆頭にみえる「丸根美作守家勝」を丸根城に関連する人物と推測する説もある。高田徹は『姫陽秘鑑《きようひかん》』酒井重忠条で「三州乃境丸子の城」の記述を取り上げ、これが丸根城を指す可能性を指摘した。このようにさまざまな推測がある反面、決定的な資料はない現在、ここで丸根城の城主を判断することは難しいといえる。

丸根城は、一部を除き遺構がよく残っており、現在史跡公園として整備され、豊田市内でも遺構を観察しやすい城跡の一つとなっている。主郭と北曲輪、およびそれを巡る空堀と土塁、小規模な曲輪で構成される。

主郭は東西七五メートル、南北五五メートルを測るが、南西面と南東面は削平により一部が滅失しており、本来はもう少し規模が大きかっただろう。北東部に土塁が巡っており、北隅にある虎口で土塁の西側は収束している。土塁は何度か鈍角に折れながら主郭外周を巡り、南東面の中央で二手に分かれている。そのうちの一方は、主郭中央を分断するように北西方向に伸びるが、高さは低くわかりにくい。

　主郭の北東側には、空堀を挟んでいびつな半円形の平面形を持つ曲輪が存在する。約三〇メートル四方の規模を持ち、主郭前方に突き出るその形状はいわゆる「丸馬出」に類似している。そこは、主郭よりも一メートルほど高くなっている。

矢作川上流から丸根城を望む

　主郭南西面には腰曲輪状の平坦面がいくつか存在する。南隅には一段低い位置に東に伸びる腰曲輪が、西隅から北側の谷へ下りる途中に二段の腰曲輪がある。後者の部分は、県道拡幅のために一部が発掘調査され、その後滅失している。調査の結果、最大一メートルの厚さの人工的な盛土と土坑・集石遺構・ピットなどの遺構が確認された。そして、報告書では古瀬戸末期から大窯第一段階の瀬戸・美濃窯産陶器が出土することから、本曲輪は十五世紀末から十六世紀前葉に造成されたと推測されている。なお、筆者は、集石遺構と九枚が銹着《しゅうちゃく》した銭貨の存在から、城郭構築以前の中世墓の存在を疑っているが、これもあくまで推測にしか過ぎない。

　主郭と北曲輪を分断する空堀は、上幅が約一三メート

**丸根城へのアクセス**

名古屋鉄道三河線上挙母駅下車、徒歩35分。車利用の場合、東海環状道豊田松平IC下車、国道301号を西に進み、神池住宅東交差点を左折し約800m。無料駐車場あり。

ル、下幅が約五メートル、主郭土塁の頂部から堀底までの比高差は約五メートルを測る。虎口の土橋から緩やかに下がり、北曲輪を囲む空堀と合流する先端部で低い土壇に突き当たる。そこから南西部は、近世以降の採石などの攪乱が拡がっていて、本来の遺構を認識することは難しい。主郭と北曲輪を分断する空堀を堀底道と想定すると、この土壇部分が虎口を構成する可能性も考えられる。あるいは、土塁南端部から斜面を下りる竪土塁状の遺構が意味を持つかもしれない。

北曲輪を弧状に巡る空堀

　北曲輪の周囲は、幅が約五メートルの空堀が巡る。西端部の土橋より一メートル低く東へはさらに下っていく。空堀の外側には幅が約五メートルの土塁状の地形が巡り、東にある谷とは明瞭に峻別される。主郭の北西側を巡る空堀は、西に向かって下降し谷につながる。これらの堀から北側は、主郭とほとんど高さを違えず、対岸からは見透かされやすい。この城外部分に相当する丸根遺跡では、十五世紀末から十六世紀前葉の集落跡が発見されているが、城郭の遺構とは直接関連はしないものと思われる。

　丸根城の縄張は、その計画的な構造から見て一時期に一気に構築された遺構と考えられる。弧状塁線を持つ北曲輪の構築時期は、類例から想定すると十六世紀後半以降と位置づけるのが自然である。また、北曲輪は丘陵側の防御を堅固にした施設であるが、それ以上は遺構が展開せず、一方の矢作川側は不明な点が多いものの丁寧な普請が施されている。主郭内にある土塁で囲まれた区画は川よりも奥に所在することなども考え併せると、矢作川に対する意識が強いと言える。このような状況から、高田が主張する、天正十一年（一五八三）頃に徳川家康領の支城として、酒井重忠らが矢作川流域を守備した可能性を支持したい。しかし、謎は未だに深いといえよう。

（鈴木正貴）

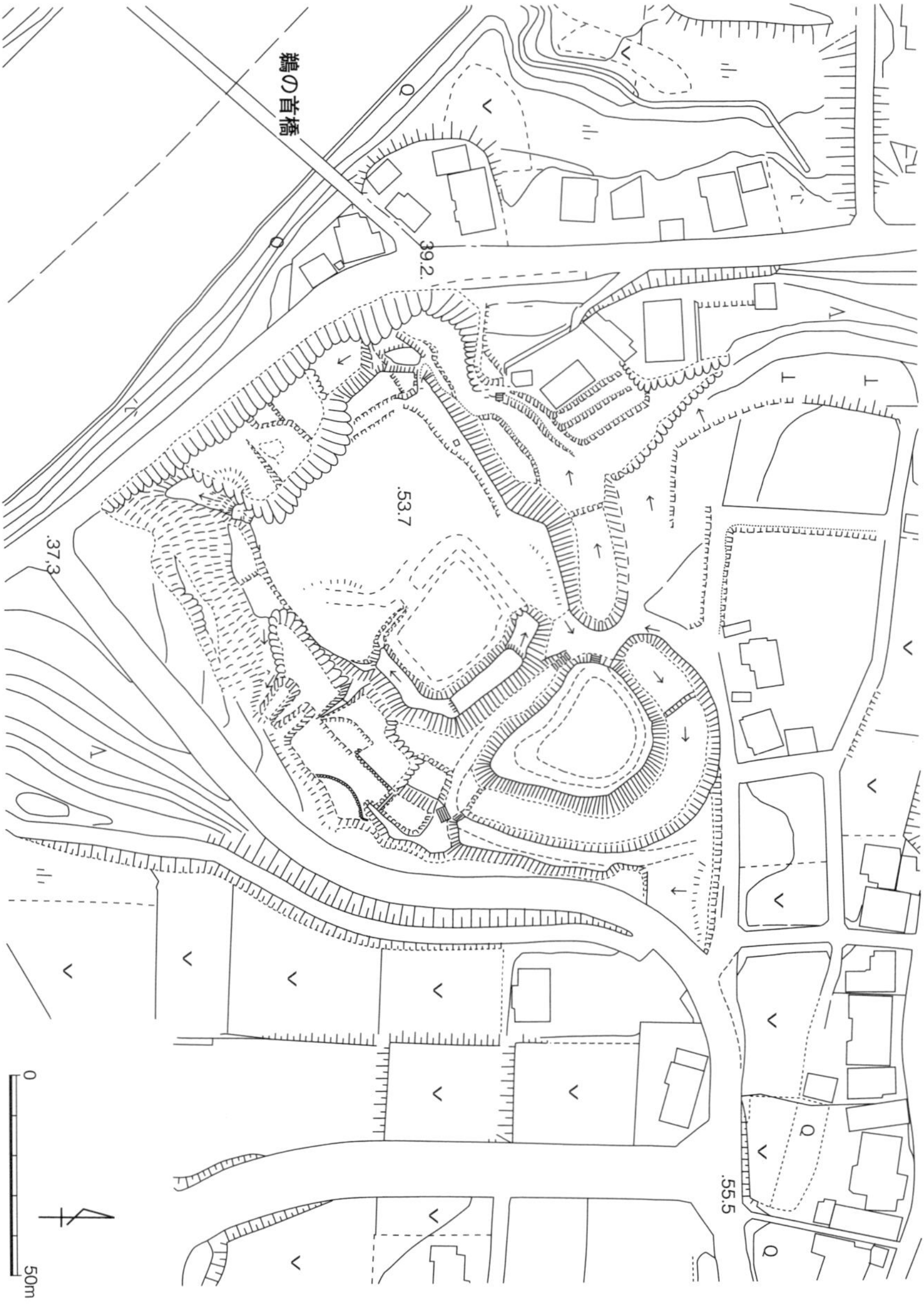


丸根城跡概要図（髙田徹氏作成現況図を鈴木が再トレースした）

# 110 安城《あんじょうじょう》城

★

**所在地**　安城市安城町赤塚・城堀
**築城時期**　室町時代
**標　高**　一五m
**主な遺構**　曲輪

徳川家康の先祖、安城松平家が約五十年にわたり拠点としたのが安城城である。『三河物語』によれば、岩津を拠点とした松平信光が、城の西方で踊りの行列をしたて、城兵たちが見物に出かけたすきに安城城を奪い取ったとされる。信光は応仁の乱では東軍に組することから、元の城主は西軍の在地領主と考えられている。文明八年（一四七六）のことである。

安城城には信光の息子のひとり親忠《ちかただ》が入り安城松平家が成立し、以後長忠、信忠と代を重ねる。この間、永正五年（一五〇八）には今川氏の侵攻により一族の要である岩津松平家が滅亡、代わって安城松平家が惣領としての地位を固める。

大永三年（一五二三）、清康が家督を継ぐと、やがて居城を岡崎へ移し、安城城は支城となるといわれてきた。しかし近年の研究では、松平清康はもともと庶家にすぎず、安城松平家で実力をもっていたのは桜井松平初代といわれる松平信定と考えられている。この信定は安城城やその周辺を拠点としていた可能性が高い。新たな岡崎城を築いた清康が一族内での地位を高める過程で、松平家の中枢機能がしだいに岡崎へ移るとみるのがよいようだ。清康が亡くなった後、紆余曲折を経て松平一族の家督を継いだ広忠は、一貫して父の築いた岡崎城を本拠としている。また、天文九年（一五四〇）に織田信秀の軍が安城城を包囲・占領する。このときの城主（あるいは城代）は松平長家であった。このころまでに安城城は松平一族の拠点から支城へと役割を縮小していたといえる。

織田勢の安城城占領は天文十八年（一五四九）まで九年間続く。この間、何度も安城城をめぐる合戦が行わ

大乗寺境内（主郭部分）を東からみる

れ、その戦死者を弔うために築かれた塚が、現在もあちこちに残っている。岡崎城で広忠が暗殺された後、今川・松平勢の安城城攻撃は強まり、天文十八年十一月に守将である織田信広（信長の異母兄）が捕らえられ、織田側の人質となっていた竹千代（のちの徳川家康）との交換が成立した。以後永禄三年（一五六〇）の桶狭間合戦まで約一〇年間、三河は今川氏の支配下に組み込まれ、安城城もそれを支える拠点のひとつとして機能したと思われる。桶狭間合戦の後は廃城になるといわれているが、小牧・長久手の合戦にあたり一部改修の手が加えられたとの指摘もある。

安城城には二つの大きな曲輪がある。ひとつは現在大乗寺の境内になっている部分でこれが主郭と考えられる。もうひとつは八幡社境内の箇所で、主郭に次ぐ広さがある。広島市立中央図書館・浅野文庫蔵「諸国古城之図」でも、この二つの曲輪がこの城の中核部分であるようにみえる。ところが、他の江戸時代に描かれた絵図などでは八幡社境内を城に含めていない。安城城の機能が縮小

**安城城へのアクセス**
名鉄西尾線南安城駅から徒歩15分。駐車場、トイレあり。

されたときに、この曲輪が城から除外され、村ではその範囲を安城城の縄張として伝えてきたようだ。この曲輪と主郭の間は土橋で堀を渡る形になっていた。発掘調査ではこの箇所の堀は中を畦で区切る障子堀であったことがわかっている。

一方、大乗寺北側の県道に沿う箇所には墓地があり、この一角に天正十八年の戦いで討死した本多忠高（徳川四天王のひとり本多忠勝の父）の碑が建てられている。県道の歩道におりて石垣をみると、この碑のあたりだけ現在も水が染み出す痕跡があり、主郭をめぐる堀を埋め立てた場所と推定できる。碑から北をみると、集落へ向かう細い道がある。この道が安城城へ入るメインの通路であった。土地宝典などで確認すると、ちょうど現在の県道と交わるあたりに虎口があった。この道の左右はゲートボール場とその駐車場になっているが、この部分は堀の痕跡である。

主郭をめぐる堀の跡に建てられたと考えられる本多忠高碑

土塁は早くから取り壊され、堀を埋めたり平坦地を拡張したりするのに利用されているようだ。大乗寺境内で行われた近年の発掘調査では、上層堆積土の下に安城城時代の遺構面が確認されている。

安城城址に隣接して安城市歴史博物館が平成三年に建てられた。常設展示室では「諸国古城之図」の複製品も展示されている。周辺の関連史跡を案内するパンフレット「歴史の散歩道」を無料配布している。城の周囲には、城と関連する井戸の跡も伝えられている。「歴史博物館前」交差点の東には「筒井」や「浅黄井」がある。もとは博物館に隣接して建てられた安祥公民館の下あたりに位置していた「風呂井」は公民館前の庭に再現されている。

なお、地元では長らく江戸時代以来の「安祥城」と書き「あんしょうじょう」と読むことが多い。石碑などもこちらの表記になっている。

（天野信治）

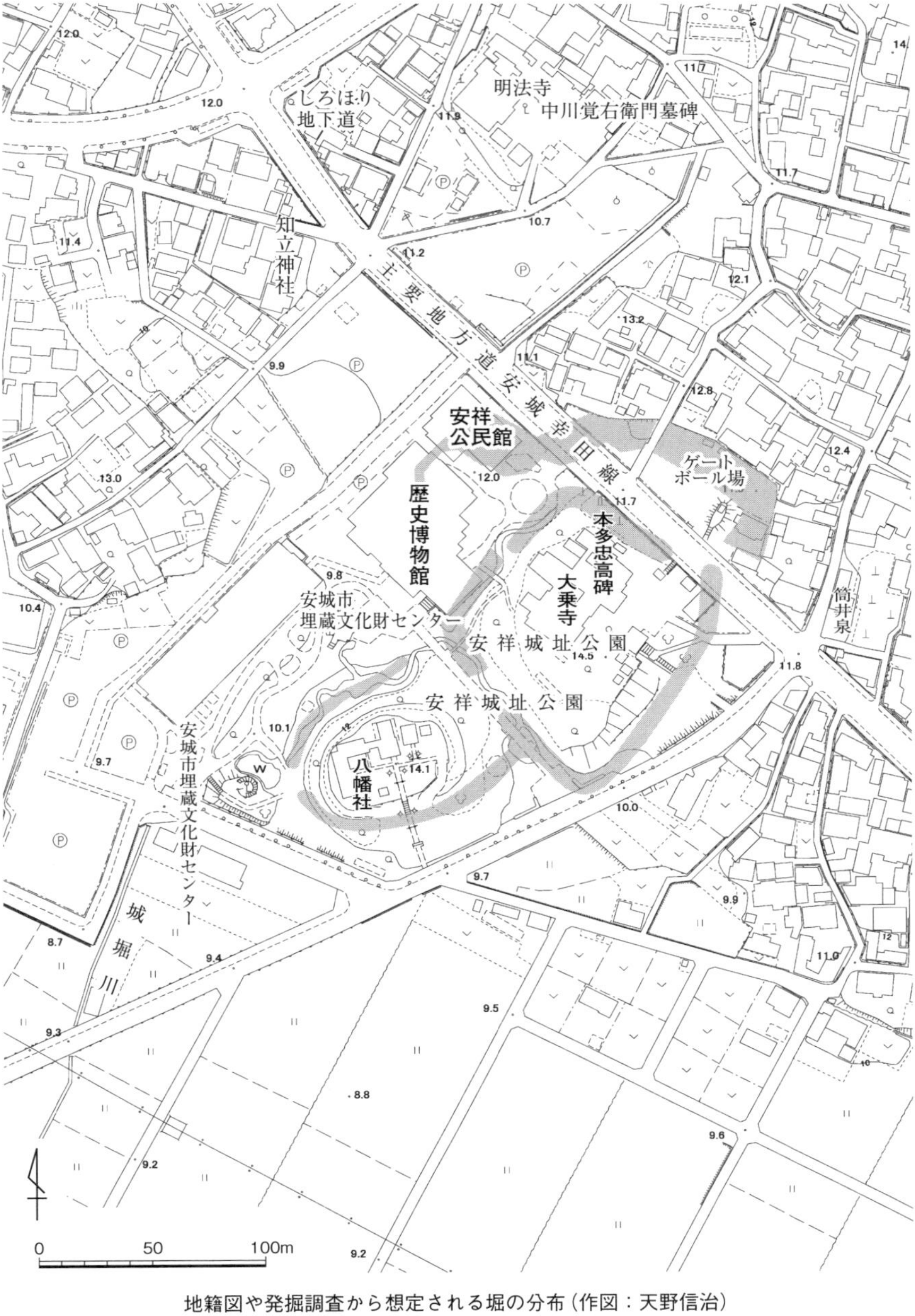


地籍図や発掘調査から想定される堀の分布（作図：天野信治）

# 111 岡崎城《おかざきじょう》 ★

**所在地** 岡崎市康生町
**築城時期** 十五世紀半ば
**標　高** 二四m
**主な遺構** 曲輪　土塁　空堀　虎口　石垣

岡崎市の街の原点は岡崎城に起因する。岡崎城の城と城下町が中世、近世に発展して現在の市街地の起点となったのである。その意味で、岡崎市は中世・近世における岡崎城による遺産を引き継いでいるといえよう。

岡崎城は三河高原の尖端部、矢作川と菅生川《すごうがわ》(乙川)が合流する三角地帯に立地するが、ここに城が築かれるのは、十五世紀半ばである。三河守護代の西郷氏が、拠点とした明大寺《みょうだいじ》の城を守るために菅生川北岸の龍頭山の地に築いた砦が始まりとされる。その後、松平一族の居城となり、享禄年間(一五二八〜三二)には安城松平氏の清康が入城、城を拡張整備する。清康の孫にあたる家康はこの城で生まれ、今川方の駿府での人質生活ののち岡崎城に帰還し、この城を拠点に三河平定に着手する。以後、岡崎城は松平氏、さらに徳川氏の領国支配の拠点であったが、天正十八年(一五九〇)、家康が関東に転封されると、豊臣部将の田中吉政が城主となり、岡崎城は豊臣方の居城となる。田中氏は城下町を造成するとともに、城と城下町を防衛するためにそれらを囲む堀と土塁を築いて惣構えとした。城下に街道を導き入れ、城を地域支配と生活の拠点とする城つくりを行い、これが近世の岡崎城と城下町の原型となる。慶長五年(一六〇〇)、関ヶ原合戦後、田中氏に替わり、三河譜代の本多康重《やすしげ》が城主となる。本多氏は東海道の整備にともない、その宿場機能をも合わせた城下町建設を手掛ける。さらに、十七世紀半ばに本多氏に替わり入部した水野忠善《ただよし》により、籠田《かごた》惣門の升形や木戸など城郭整備が行われ、近世の城と城下町の形態が完成する。近世を通じて岡崎城は譜代大名の城として西三河支配の拠点となった。

城郭構造について、現状を交えながら説明しておこう。城の惣構は東西約一・五キロ、南北約一キロの範囲で、この区域は城郭施設を主とする内郭、侍屋敷と町屋の外郭とに分かれる。内郭部分は狭義の城内というべき区域で城の中枢部である。現在、本丸・二の丸など約九・六ヘクタールが史跡として保存され岡崎公園となっている。

昭和34年の復元天守

本丸には昭和三四年に再現された天守があり、本丸北側の虎口からは、細長い回廊を経て、持仏堂《じぶつどう》曲輪・二の丸に、また西側へ下ると隠居曲輪に至る。本丸と持仏堂曲輪・二の丸を隔てる空堀は、築城者である西郷弾正左衛門頼《より》嗣《つぐ》（清海入道）の名にちなんで清海堀と呼ばれ、現存遺構のなかでは一番深い堀である。持仏堂曲輪は天守の背後より廊下橋をもって通じていたところで、持仏堂があったことにちなむ。本丸の北に位置する二の丸は城主

**岡崎城へのアクセス**
名鉄名古屋本線東岡崎駅下車、北西へ徒歩15分。または、バスで殿橋バス停下車。

の居宅である御殿が置かれるなど藩政機能の中心となった場所である。現在、歴史資料館である三河武士のやかた家康館がある。なお、二の丸入口に大手門と称するものが現在設けられているが、本来の大手門は同所より北東へ約二五〇メートルの位置にあった。二の丸を中心に、東に東曲輪、三の丸、菅生曲輪、備前曲輪、浄瑠璃曲輪、北に北曲輪、西には稗田曲輪、白山曲輪が位置した。本丸をはじめこれらの曲輪の城郭施設は明治初期に取り毀され、先述の岡崎公園以外は宅地や商業店舗となり城の痕跡をとどめない。三の丸は家老などの重臣の屋敷が置かれていたところで、備前曲輪の名称は伊奈備前守忠次が居住したことによるという。十七世紀前半本多時代の城絵図によると、備前曲輪の名称はなく、同所には三丸と表示されており、水野時代にかけて曲輪の名称変更がなされたとみられる。浄瑠璃曲輪・稗田曲輪には城米蔵があった。この蔵は幕府管理の兵粮米を備蓄するための蔵である。大林寺との間の広大な堀は、家康が城主本多康重に命じて造らせた堀であるという。それまでの東海道はこの堀の上を通っていたが、城の中心に近いというので防衛のために道を堀に替えたのである。これにより東海道は大林寺の北側を迂回するルートになったとみられる。堀跡は現在、図書館「リブラ」の敷地の一部となっている。

本丸北側の清海堀

外郭部分の侍屋敷や町屋も近世の旧状を伝えるものはほとんどない。東海道は外郭部分を通り、外郭を含めた広義での城内の出入りは、東は籠田惣門、西は松葉惣門で行われ、その曲折した道筋は「二十七曲がり」と称されている。

（堀江登志実）

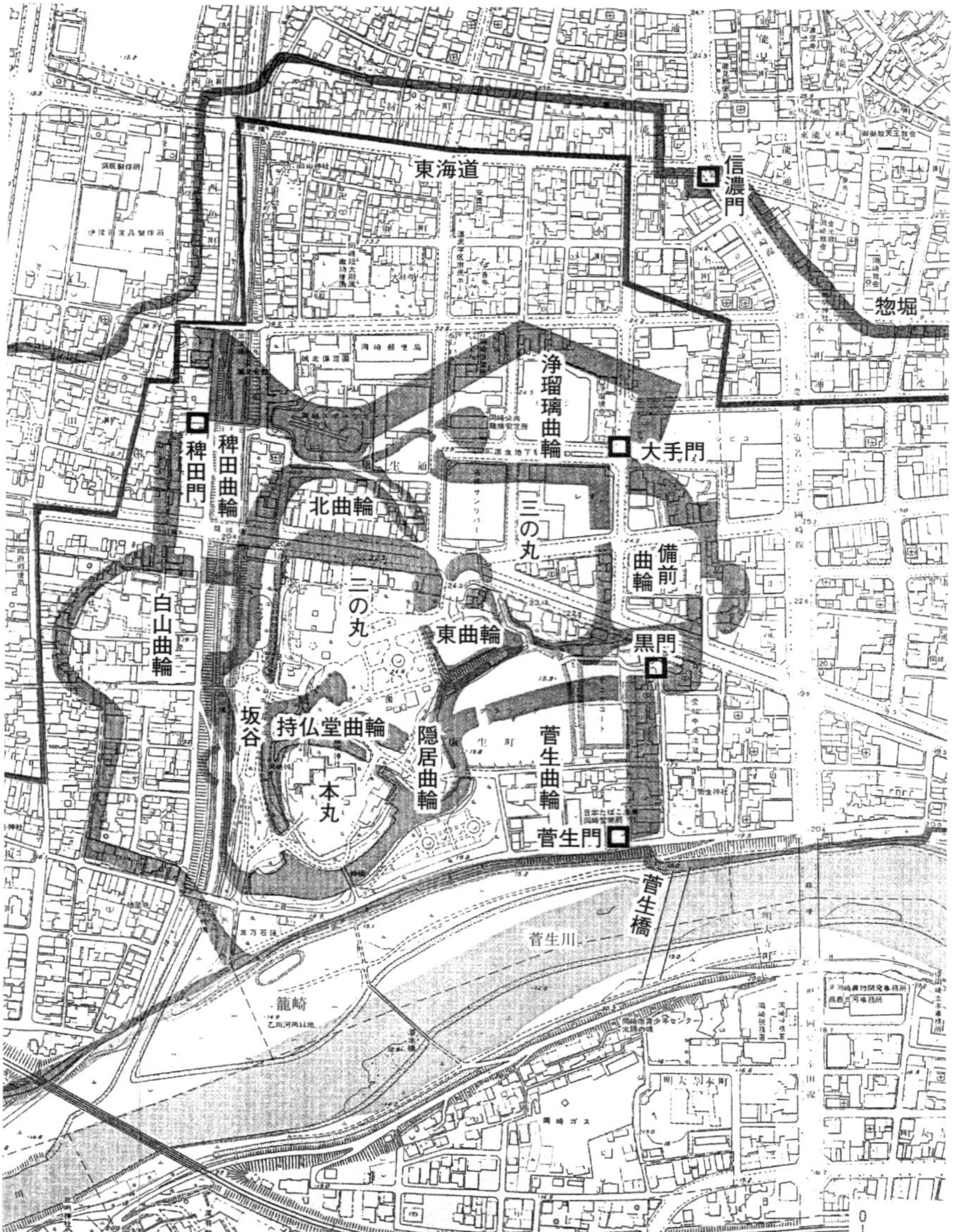


岡崎城郭図（『新編岡崎市史』３近世より）

# 112 長篠城《ながしのじょう》 ★

**所在地**　新城市長篠字市場・岩代
**築城時期**　永正五年（一五〇八）
**標高**　六〇m
**主な遺構**　曲輪　土塁　空堀　井戸

長篠城は、天正三年（一五七五）に城主であった奥平貞昌の五百の兵が、一万五千の武田軍の猛攻に耐えた「長篠の戦い」の舞台のひとつとなった城跡である。

この城は、永正五年（一五〇八）に今川方であった菅沼元成が築城し、徳川方の奥平貞（信）昌が新城へ移って廃城となったとされる天正四年（一五七六）まで、六八年間にわたって存続した。

長篠城は東三河地域の平地と山地との境目に位置し、東三河平野部や遠江方面、さらに美濃方面や伊那方面への各地に通じる街道の分岐点にあたり、東海沿岸部や中部内陸地域へ通じる交通の要所地に位置している。

その立地は、豊川と宇連川との合流点の頂部に位置し、二本の川によって扇状の地形が形成されている。そのため、この地形に即して「末広城」の別名がある。また長篠や殿藪等の字名に見られるように竹藪が場所によっては完全に堅固な障壁の役目を果たしていたことから「竹井城」と呼ばれたとも伝えられる。

長篠城の縄張については、遠江の今川氏、甲斐の武田氏、西三河の徳川氏、尾張の織田氏などの勢力争いの境目の地としてその帰属先を転々としながら、戦況に応じて数回の改修がされたことが考えられている。

永禄五年（一五六二）の徳川氏の攻撃の際には今川氏から兵糧が送られていることで、この時すでに長篠城の縄張は籠城戦が可能な強固なものであった可能性が推測され、元亀二年（一五七一）には徳川方から武田方に帰属したことで、武田方のもとで改修されたことが推測される。さらに天正元年（一五七三）に再び徳川氏の手に落ちたのち、長篠城主に任命された奥平貞昌が天正三年に破損していた城を修理・改修したことが書状から伺い知ることができ、これらのことから数度の城郭の改修が考えられる。

発掘調査の結果、十六世紀半ばから十六世紀末までに大規模に縄張を拡張した改修がなされたことが判明し、出土した遺物の状況から、最終的に縄張の改修の主体者は奥平氏であった可能性が高いと思われる。しかし、出土遺物からその改修時期は天正三年以降になされた可能性も考慮しておく必要がある。

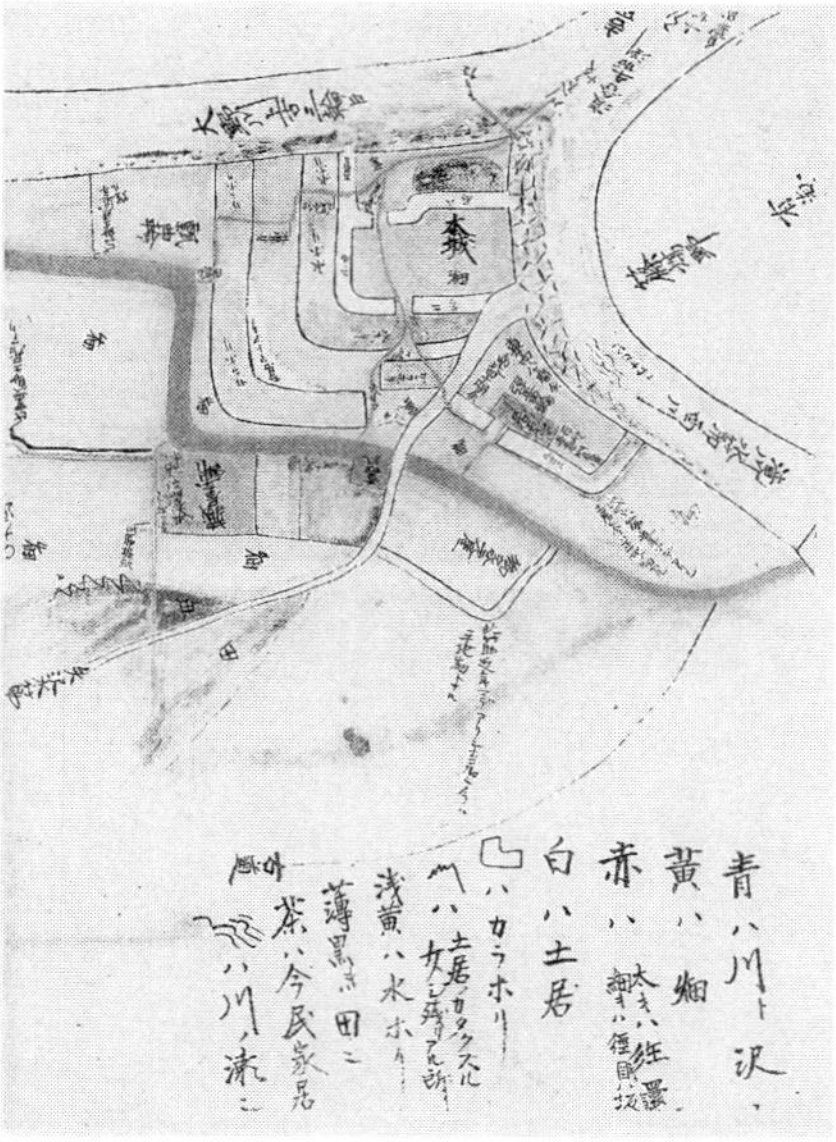
長篠城図　天明２年（1782）（長篠城址史跡保存館蔵）

長篠城の縄張は、扇の要に当たる場所に主郭の曲輪Ⅰが位置し、東側に曲輪Ⅱ、北側に曲輪Ⅲ、西側に曲輪Ⅳが配されている。

現存する遺構は、後世の改変が著しく、わずかに曲輪Ⅰの北東部に「横矢掛け」を意識した土塁と堀が残っているのみである。

曲輪Ⅰの南西面と曲輪Ⅱの東面の崖地は、比高差約五〇メートルを測る岩盤が露出した断崖であり自然の切

**長篠城へのアクセス**

JR飯田線長篠城駅下車徒歩10分。または東名高速豊川ICから国道151号を北上、40分。

岸を形成している。また、この崖地を流れる川は城の堀の役割を果たし、自然の地形をうまく取り込んだ防備となっている。これらに面した場所には、発掘調査によって土塁が設けられず、開放されていたことがわかっている。

また、ここから東方に見られる山地上には「長篠の戦い」時に武田軍によって陣地が築かれ、互いに望むことができる『攻める側』と『守る側』の視点に立つことができる特徴を知ることができる。

主郭の土塁と堀

曲輪Ⅱは、物見櫓跡、厩跡とされる窪地や井戸があり、平坦部の大半は発掘調査で確認された貯水池的な遺構が占めている。ＪＲ飯田線が通っている部分には、曲輪Ⅰとの七メートルの高低差を利用した大型の土塁が推定され、さらに貯水池的な遺構が堀の役目も果たして、防備を高めていたものと思われる。

また曲輪Ⅳの東側で曲輪Ⅰとの境目には、北方の医王寺方面から豊川に注ぐ川がこのあたりで滝となって落ち、深い谷を形成し、この谷がこれら曲輪を仕切る堀の役目を果たしている。曲輪内に見られるＬ字形の土塁は後世に盛られた土塁であるとされている。

近年の発掘調査によって、曲輪Ⅰでは南西側以外の三方を土塁で囲み、その北側虎口では堀に挟まれた盛土による土橋で連絡する構造であったことが確認されている。

また、この北側虎口の前面で長篠城址史跡保存館の直下には三日月状の堀と土塁のセットが確認され、このあたりに馬出が形成されていたようである。ここから、曲輪Ⅳや現在駐車場部分へ至る通路があったものと思われる。さらに、この駐車場の北端と東端に沿うように堀と土塁跡を検出し、これらの成果は、天明二年（一七八二）に写しとして描かれた絵図との整合性が高い。

以上のように長篠城は、自然地形をうまく取り込んだ後ろ堅固な城であり、曲輪Ⅲが所在する北方に開けた平坦地に対しては、土塁と堀などを巧みに配した防備性の優れた縄張であったと評価できる。

（岩山欣司）

長篠城跡測量図（提供：新城市教育委員会）

# 113 野《の》田《だ》城《じょう》 ★

**所在地**　新城市豊島字本城
**築城時期**　永正一三年（一五一六）
**標　高**　四二m
**主な遺構**　曲輪　土塁　空堀　虎口　土橋　井戸

野田城は永正十三年（一五一六）から天正十八年（一五九〇）に城主の移封に伴って廃城となるまでの七五年間にわたって存続したとされている。築城者は、奥三河地域で勢力を張った三河菅沼《すがぬま》氏一族の菅沼定則で、はじめ今川方に属していた。定則は、南東方面に約一キロ離れた場所にあった館に居住していたが、たびたび水害を被るので、永正五年（一五〇八）にこの地に築城の計画を開始したとされる。しかし、吉田城や長篠城の築城時期と同じ頃であるため、東三河地域での今川氏の影響下で築城された可能性も考えられる。

城主は、大永六年（一五二六）から永禄三年（一五六〇）に今川義元が桶狭間で戦死するまで遠州と西三河地域の狭間でその帰属先を転々としたが、義元の死後は徳川方となっている。

その後野田城は戦地となり、元亀四年（一五七三）までの一二年間に今川氏や武田氏からたびたび攻撃を受けている。永禄四年（一五六一）には今川氏真によって落城し、元亀二年（一五七一）の武田軍の攻撃の際には、城に火を放って城を開けたとされる。元亀四年（一五七三）の「野田の戦い」では、武田軍と籠城戦を強いられている。

このように幾度となく城が攻撃されたが、そのつど城を奪還して修理を繰り返した結果、元亀四年の野田の戦い時には、武田軍と籠城戦ができるほど野田城の縄張はより堅固なものに改修されていたものと推測される。

この地の北側には東西方向に伊那街道が通り、北上すると長篠城や信州や遠江方面、南下すると吉田城などがある東三河平野部に至る。つまり野田城は、東三河の山

野田城遠景（東側）

間部と平野部の中間地で街道を押さえる拠点的な役割を果たしていたと考えることができる。

立地は、本宮山麓からなだらかに派生した丘陵が舌状に張り出した先端部に位置している。かつての地形は、丘陵地の麓の東側を桑淵、西側を龍淵と呼ばれた淵によって挟まれた比高差約一八メートルを測る自然の要害的地形を成していたが、現在は東側に杉川、西側に殿田川が流れており、西側は埋立てなどで地形の改変が著しい。

城郭の構造は南北に延びる丘陵地に三つの曲輪を配した連郭式で、丘陵端部の一番奥まった南側に位置する曲輪が中心となり、三つの曲輪のうちで標高が一番低い。

曲輪Ⅰは、東西約六〇メートルで南北約四七メートルの長方形で、南西部には素掘りの井戸が見られる。南北面には高さ一メートル前後の土塁が認められ、この土塁の外側に堀が造られている。これら堀の西側の形状が湾曲していることから、本来は堀が巡っていたと思われる。ここの出入り口は、北西と南東の二カ所に虎口が認められるが、西側部にも虎口があったことが「諸国古城之図」

**野田城へのアクセス**

JR飯田線野田城駅下車徒歩20分。または東名高速豊川ICより国道151号を北上し、20分。

等から推測されている。北西虎口aは、土塁を乗り越えて出入りする格好で、その東側の土塁は「かぎ型」に屈曲して北側に張り出し、この虎口への横矢掛けを意識した造りとなっている。

南西虎口bの前面には馬出し状の広場を有している。ここでも土塁上から虎口に向けて横矢掛けとなっており、虎口の防備性を高めている。また、曲輪Ⅰの南方の麓からの登城道は、この馬出を経由する道に限定される。このあたりは、曲輪Ⅰの南側の斜面地に設けられた堀cと、その外側に土を盛って土塁状の平坦面が形成され、防御性を際立てている。

主郭北西虎口と土塁

さらに、東側の斜面にも二段の段差を持つ平坦部dが造られて、虎口への侵入に備えている。

曲輪Ⅱは南北約五〇メートルの方形を呈し、全体的に後世の開墾等で地形が改変されている。曲輪Ⅰとは土橋によって曲輪Ⅱと連絡する。また、曲輪Ⅲと画する場所は、約一・五メートルの段差を有しているが、これは堀の痕跡と考えられる。西側の市道を挟んだ所に土塁状の高まりが残り、古絵図と比較してこの曲輪の一部であった可能性が高い。

曲輪Ⅲは、約四〇メートル四方で北東部が突出した形状を呈する。東と北にわずかに土塁状の高まりが認められ、北側には溝状の窪みを持つ。さらに、この溝状の西端からわずかに北方に派生しているが、古絵図から三日月状の堀で馬出を形成していたようである。

野田城は、東側を切岸と各曲輪に共通した犬走り状の平坦部で防備され、丘陵下の南面と西面にそれぞれ侍屋敷が推定されており、曲輪Ⅰへの出入りの防御性が高い縄張である構造から、単に城主が居住する城郭としてだけでなく、軍事性が非常に高かった縄張であったことが推測される。

（岩山欣司）

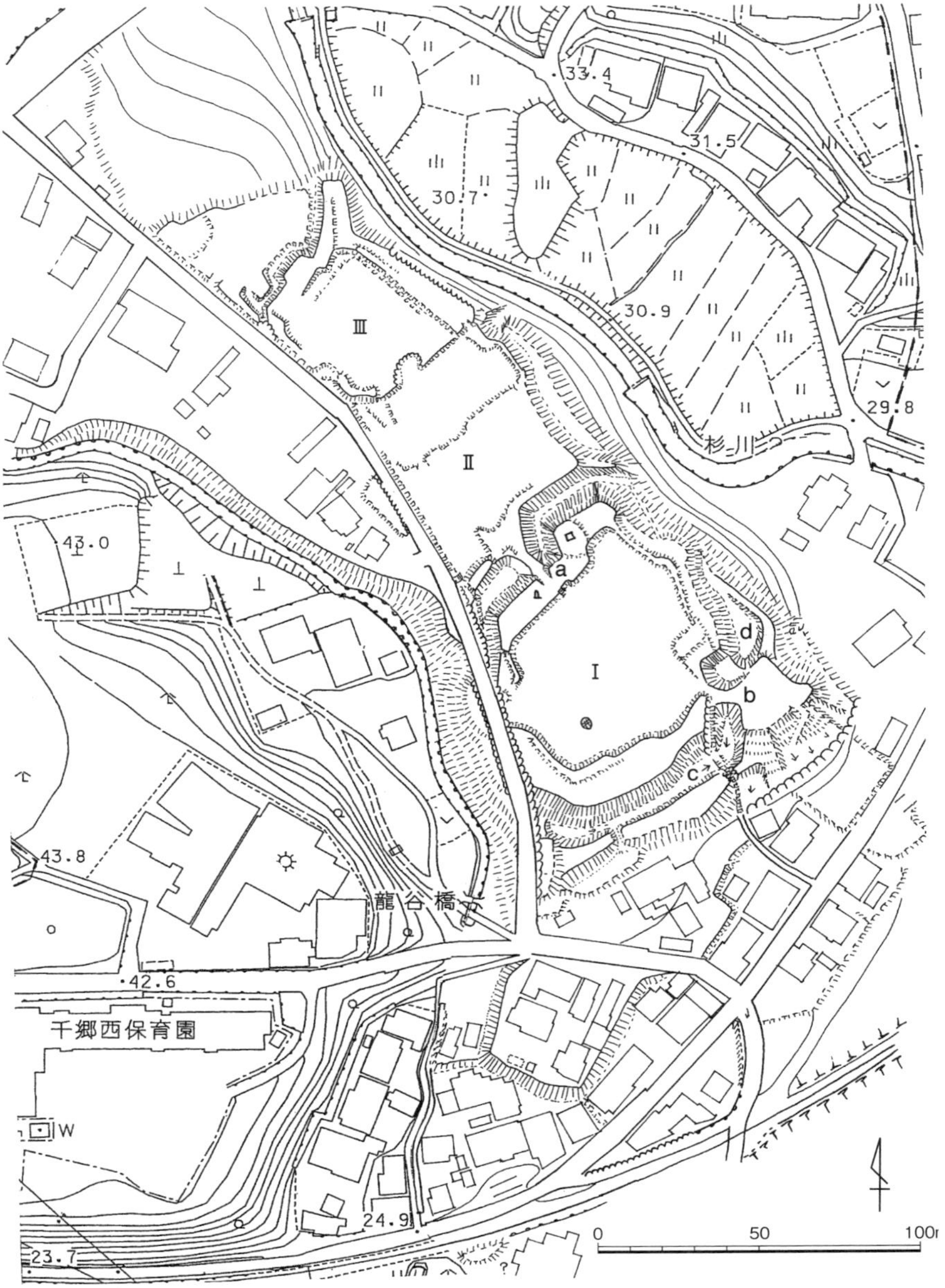


野田城跡概要図（作図：髙田　徹）

# 114 牧野城《まきのじょう》 ★

**所在地** 豊川市牧野町大藪・丁畑
**築城時期** 応永年間(一四〇〇年頃)
**標　高** 九m
**主な遺構** 曲輪　堀　土塁

牧野城は、近世に長岡藩をはじめとする四藩の大名となり各藩を治めることとなった牧野氏が当地方に最初に築いた城である。城の構築時期については判然としないが、応永年間に田口《たぐち》(田内《たうち》)伝蔵左衛門成富《でんぞうざえもんしげとみ》が讃岐から来住して城を構えたのが始まりとされる。城主は成富とその子牧野古白《こはく》(成時《しげとき》)、さらにその子牧野能成《よししげ》の三代にわたったと言われ、牧野氏の重要な拠点として機能するが、古白が今橋城《いまはしじょう》(吉田城)を築城してこの城に居を移した永正二年(一五〇五)に廃城になったとされる。

なお、本城跡については、考古学的な調査がなされており、その概要が明らかとなっている。調査は平成四〜五年にかけて豊川市教育委員会が行った。調査の結果、城の規模は、南北一〇二メートル、東西が北堀で七二メートル、南堀で八四メートルのやや歪んだ長方形で、いわゆる「掻《か》き揚《あ》げ城」の形態である。

なお、この城には東側と南側に馬出もしくは外桝形ともとれるような防御施設が存在する。定型化したものではないが、明らかに防御を目的として構築されたものと考えられる。ただし、馬出や桝形が城の防御施設として登場してくるのは、一般的に十六世紀中頃以降とされていることから、この時期以前に構築された牧野城にこうした施設が存在することに違和感を覚える。

ところで、城郭研究者の間で古くから知られる絵図に広島市中央図書館・浅野文庫蔵「諸国古城之図」がある。信頼性の高い史料として、現在でも多く引用されるが、その中に「三河牧野」とされる絵図が存在する。しかし、発掘調査によって得られた牧野城の姿は、この絵図とかなりの相違をみせ、絵図が本城を描いたものでない可能

牧野城跡全景（東から）

**牧野城へのアクセス**

JR飯田線豊川駅、名鉄豊川線豊川稲荷駅から徒歩30分。駐車場なし。

性がでてきている。この点については今後の研究を待ちたい。

次に、発掘調査によって出土した遺物の時期と、文献による城の存続期間ついて考えてみる。出土遺物は、古瀬戸後Ⅳ期から大窯Ⅰ期並行期が主体を占める。これを実年代で示せば十五世紀中頃から十六世紀初頭に比定される。文献上での本城の存続期間は、築城が応永年間であり、廃城は今橋城築城の永正二年（一五〇五）とされていることから、十五世紀前半から十六世紀初頭として捉えられる。これらのことから、考古学的な年代観と文献上の年代観がほぼ一致することが判明した。

なお、現在の牧野城跡は、発掘調査後に土地改良事業が行われ、そのほとんどの遺構が失われている。ただし、城の南側の一部は市によって公有化が図られ、市指定史跡として南西コーナーの土塁の一部が保存されている。

この牧野城とは別に、城跡の南側四〇〇メートルの位置に「讃岐屋敷」と呼ばれる屋敷跡が存在する。この屋敷は牧野町に残った牧野氏が明治期まで居を構えた跡で、現在は公園として整備され、屋敷の門だけが保存されている。

（林　弘之）

発掘調査の様子（堀跡北西コーナー付近）

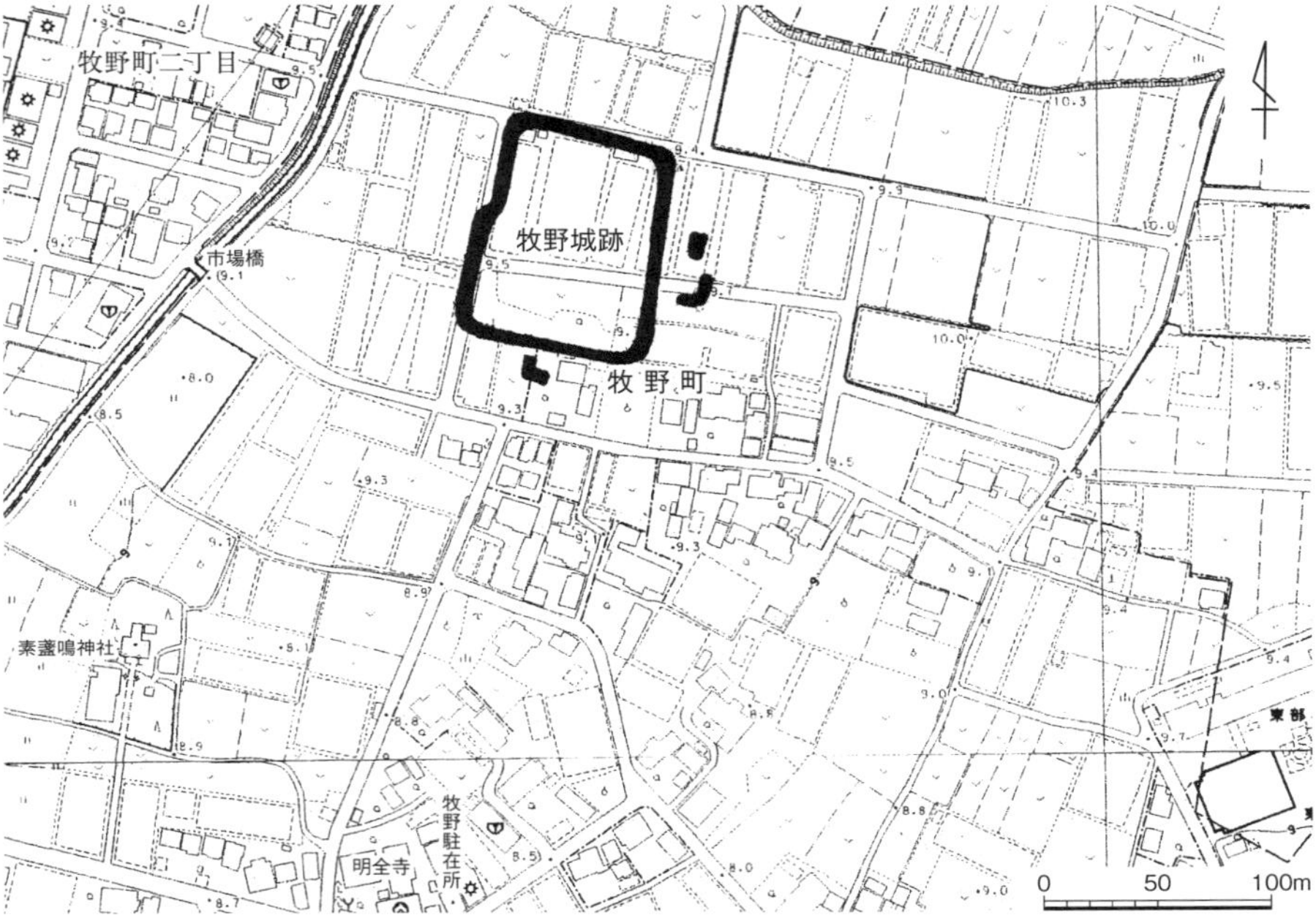


牧野城跡付近の現況図（S=1：5000）

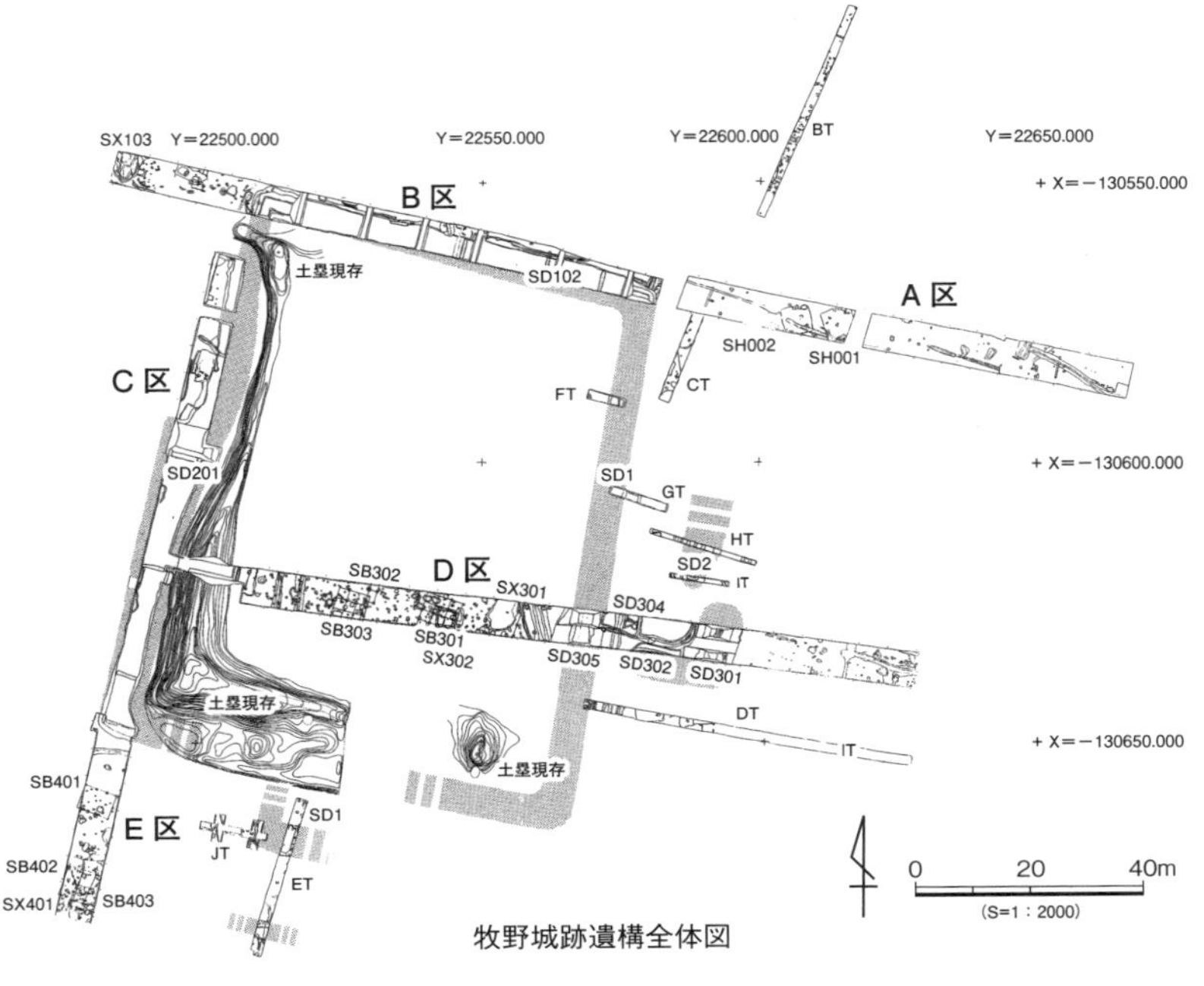


牧野城跡遺構全体図

# 115 瀬木城《せぎじょう》 ★

**所在地**　豊川市瀬木町郷中
**築城時期**　明応二年（一四九三）
**標高**　七m
**主な遺構**　曲輪　土塁　空堀　虎口　土橋

豊川市の東部、瀬木町内の神明社付近が瀬木城である。この城は東三河では伊奈城（豊川市）、二連木城《にれんぎじょう》（豊橋市）と並び、平地に残る数少ない貴重な遺構である。

神明社本殿周辺部分が主郭部分である。本殿前の土塁Aは高さ約二・五～三メートル、同じく土塁Bは高さ約一・五～二メートルである。本殿後方の土塁Cは高さ約二～二・五メートルである。さらに北東側の土塁Dの高さは約二・五～三メートルで一番高い。この土塁の東側は一段低くなり家屋がある。この低くなった部分より東側は以前あった土塁が削られたり、また、新たに土が盛られたりしている。この土塁Dの幅より北側にはみ出した土塁状部分は、本来の土塁ではない。

堀は本殿部分を半分取り巻くように逆コの字の形に配されており、空堀状である。しかし、雨が降れば水は一時的に溜まる。本殿の西側の堀は約一五メートルと最も広く、深さは約一・五～二メートルで最も深い。土塁Aの南側にも堀があるが現状は浅い。深さは約〇・五メートルである。土塁Dを取り巻く堀の北側部分は、建物や駐車場が迫り堀幅が狭められ深さも浅くなっている。

土塁Cと土塁Dの間は開口部となっており、虎口である。この部分を堀に向かって北側に緩やかに下ると堀底より約〇・三～〇・五メートル高くなった土橋が確認される。非常に貴重な遺構である。

土塁部分は全体が竹林で覆われており、堀底には竹の伐採されたものがあり、歩きにくい。堀底から土塁C、土塁Dを見ると要害堅固さを実感する。神社部分は周辺の道路より約〇・五メートル高くなっている。神社部分より北東の土塁へは緩い登りの傾斜が確認され、約〇・

五メートル高くなってゆく。神社前や土塁には小さな丸石(川原石)が多く散見される。瀬木城は豊川《とよがわ》(川の名前)の自然堤防上に築かれた城である。この為、川の瀬が変わる場合がある。

瀬木城を描いた絵図としては広島市立中央図書館・浅野文庫蔵「諸国古城之図」がある。現況図と比較する場合は、絵図の上下を逆にして見ると理解しやすい。絵図によれば主郭(絵図中では本丸)の北側と南側に曲輪がある。また、主郭の虎口を防御する馬出状の曲輪がある。現況図と比較するとおよそ一致し、信頼できる。特に北西側に土橋を渡す点は絵図と現況図が一致する。この点と複郭構造である点からは、発達した縄張であったことがわかる。絵図の馬出状の曲輪の部分には「今ハ此曲輪無之」とある。主郭の南北の曲輪は現在確認できない。愛知県公文書館の明治十七年頃の地籍図を見ると、それらしき地形が見てとれる。しかし確定するには発掘による堀跡などの確認が必要である。絵図にある主郭南側の虎口は現況では遺構が残っていない。現況図の神明社前の開口部は、神明社用として開口されたもので当時のも

瀬木城跡を西から望む

**瀬木城へのアクセス**

JR飯田線豊川駅東出口から南東へ徒歩20分。国道151号沿い山進電工を左折すれば、神明社の森が見える。専用駐車場、トイレなし。

のではない。絵図の井戸も現況では遺構が残っていない。

絵図では城の東側に「古川」が描かれている。そこには「…今ノ川筋は是ヨリ四五町東南ノ方ヲ通流ル」と書かれている。また、この絵図では現在城の東側にある「霞堤《かすみてい》」が描かれていない。「霞堤」は吉田城主池田輝政（一五九〇～一六〇〇年在城）により着手されたと推定されている。霞堤の着工以前に豊川の川筋が古川より東南に変わっていることがわかる。また、瀬木城は「霞堤」を造る時に東の約半分が破壊されたと思われる。恐らく主郭に付随する曲輪も同じ時期以降に破壊され、畑地などになっていったと思われる。

瀬木城の築城の背景について考える。牧野城を築き、牧野氏は徐々に力を蓄え周辺の地域（豊川の河岸段丘の下部地域）を支配下に治めていった。牧野氏の本来の目的は豊川の洪水の影響を受けない地、また低地の平城の防御性を考えて河岸段丘上の地に拠点を設けることであった。明応二年（一四九三）牧野成時（古白）は、一色氏の家臣で一色氏を討ち実権を握っていた波多野全慶を倒し一色城に入った。ここに悲願ともいえる目的を達成し、以前に仕えた一色氏の仇打ちを行うことができた。（松山好広）

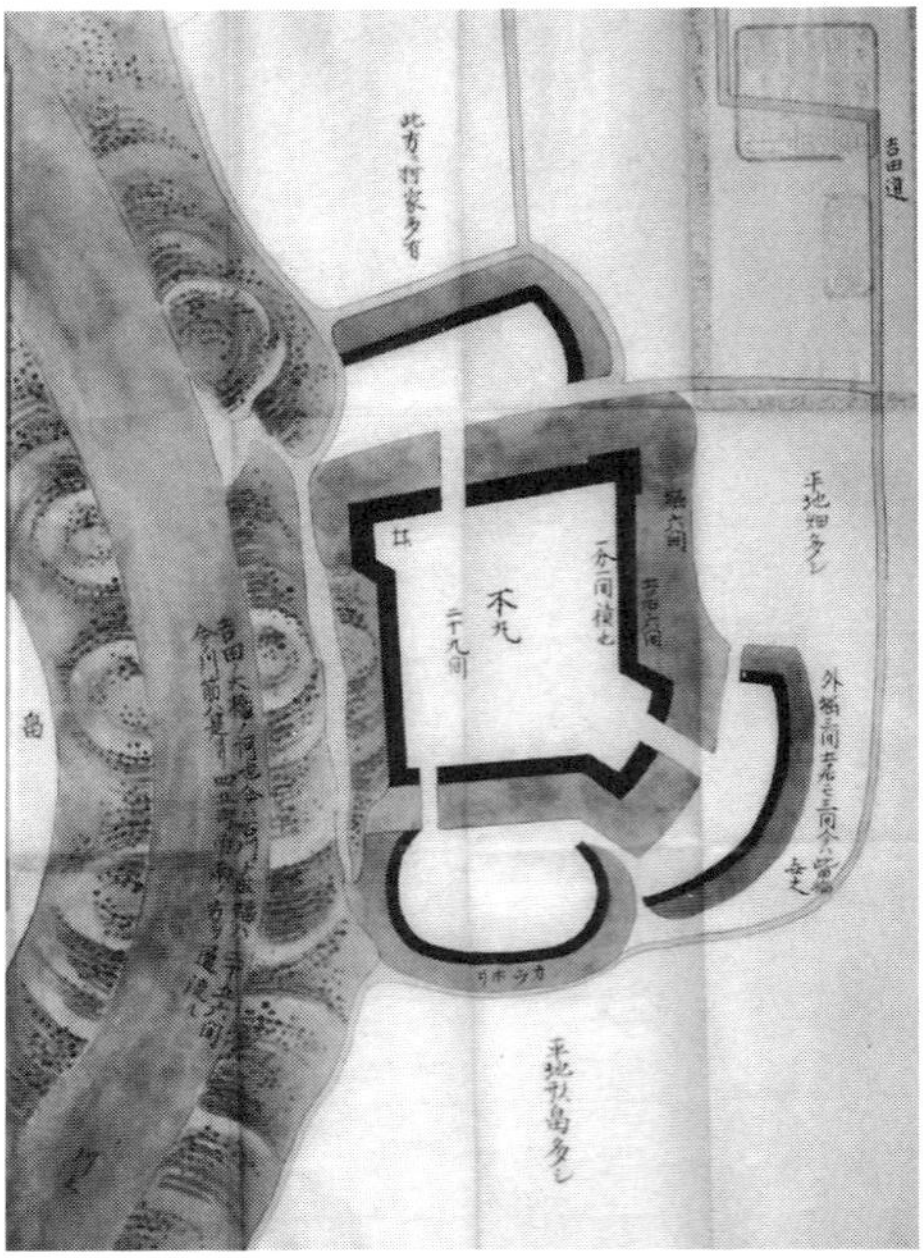

「諸国古城之図」より「三河瀬木」（広島市立中央図書館蔵）

瀬木城主郭跡（神明社周辺）

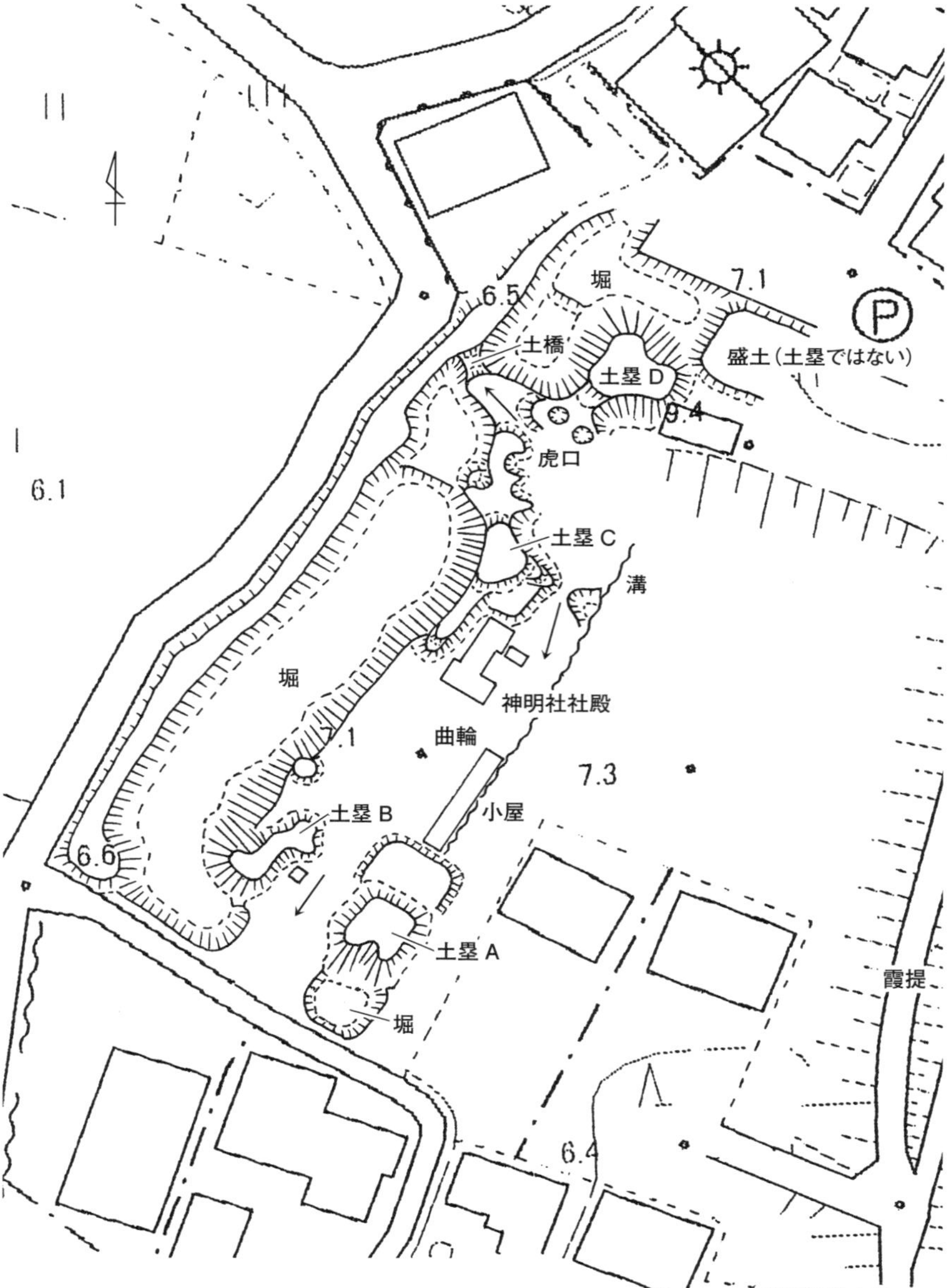


瀬木城跡現況図（作図：松山好広）

# 116 吉田城《よしだじょう》 ★

**所在地** 豊橋市今橋町ほか
**築城時期** 永正二年（一五〇五）
**標高** 一〇m
**主な遺構** 曲輪　土塁　空堀　虎口　石垣　土橋

吉田城は、東三河平野部のほぼ中央にあり、一級河川の豊川《とよがわ》に面している。この地は中世～近世にかけての交通の要衝で、築城前には今橋《いまはし》宿が存在し、近世吉田城下は城下町であると同時に東海道五十三次の宿場町・吉田であった。また豊川は、海浜部と三河山岳部である奥三河地方とを繋ぐ大動脈でもあった。

吉田城は、豊川の国人領主・牧野古白《こはく》によって築かれた城である。牧野氏は牧野城や一色城を本拠地とする中で、東三河平野部の覇権を握ることを目的に、今橋宿に城を築き、当初は「今橋城」と称していた。今橋城は牧野氏と、同じく東三河の覇権を狙う田原の戸田氏との軍事境界線上に位置していたため、その後牧野・戸田両氏による激しい争奪戦がくりかえされることになり、そうした中で、今橋は吉田と改称された。

東三河の国人領主間の争いは、結局隣国の大名である今川氏や松平氏の介入によって制圧されてしまう。享禄二年（一五二九）には松平清康が、清康の死後は今川氏親が吉田城を押さえ、とくに今川氏は永禄八年（一五六五）まで城代をおいて東三河を実質的に支配した。さらに、西三河の松平（徳川）家康による東三河侵攻により、吉田城には重臣の酒井忠次が置かれ、酒井氏による東三河統治は天正十八年（一五九〇）まで及んだ。

こうして、城主の変遷や合戦がくり返されるなかで、吉田城は姿を変えていった。徳川家康の関東移封に伴い、東海道の拠点に豊臣側の諸将が配置される中で、池田輝政は十五万二千石の領主として吉田城の改造に努め、このときに、吉田城は近世城郭へと著しい変貌を遂げたと考えられている。また、近世には吉田藩の中心拠点として、松平氏、水野氏、小笠原氏、牧野氏、久世氏など譜代大名が城主をつとめた。

吉田城は現在、公園や官公庁、学校敷地、住宅地などに姿を変えており、遺構は豊橋公園内によく残されている。また近世吉田城の構造は、「吉田藩士屋敷図」など数多く残された絵図からも知ることができる。

本丸北側の石垣と復興鉄櫓

近世の吉田城は、段丘端の微高地に本丸を置き、東側は土橋を介して金柑丸《きんかんまる》と連接する。さらにその南側に二の丸が置かれ、それを取り囲むようにして三の丸が、さらにその外辺に藩士の屋敷地が展開しており、城域は東西一四〇〇メートル、南北六〇〇メートルにも及ぶ広大なものだった。それぞれの曲輪は堀で区画され、三の丸はさらに小規模な堀や塀によって西半部にいくつかの区画を設けていた。また、藩士屋敷地の外周をめぐる堀は、

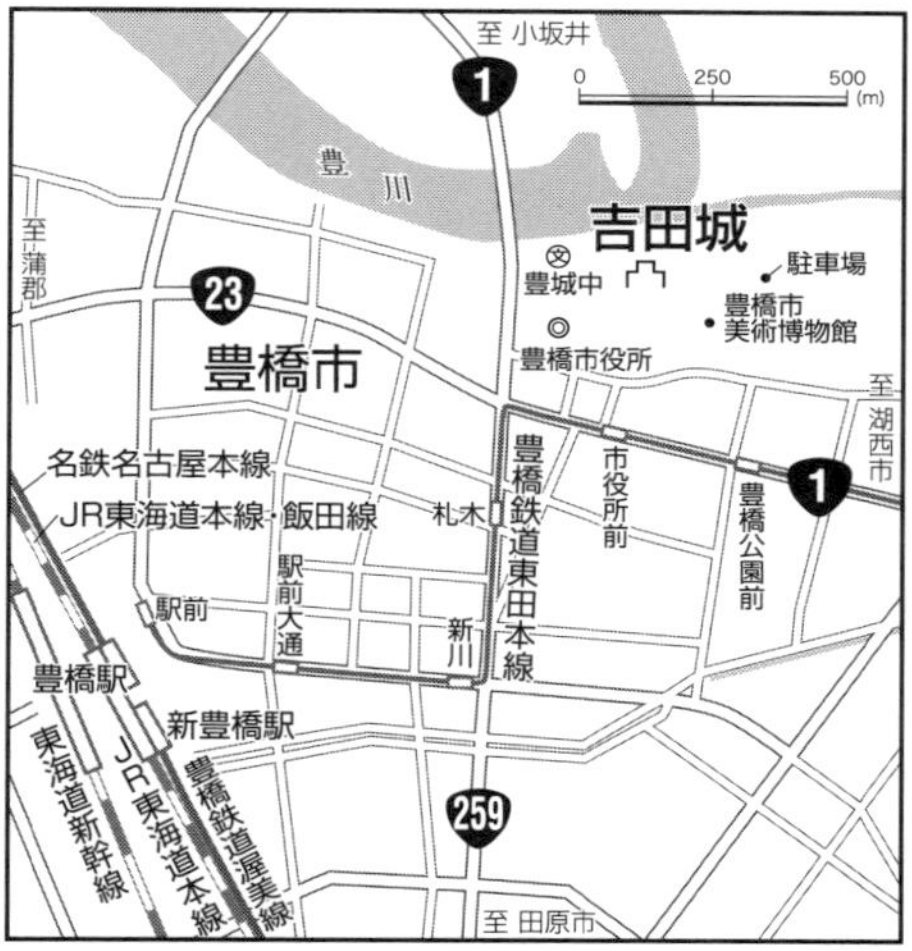


**吉田城へのアクセス**

豊橋駅前から豊橋鉄道市内線の市役所前電停、または豊橋公園前電停にて下車、徒歩5分。車利用の場合は豊橋公園に駐車場あり。

城下町を含まないものの、総構とも呼ぶべきものである。ところで、城域の東端には堀を二重に配しているが、これは池田輝政が対関東の守りを意識したためと言われる反面、西側の対称的な位置には自然の段丘崖が切岸状に存在しており、城の東西には二重の防御ラインが設けられていたと考えられる。近世の吉田城下は家臣団屋敷地のさらに周囲に展開していたのだが、そこを貫通する東海道は、総構のラインとほぼ一致する。さらには、三の丸以内の出入りが著しい堀と、総構の直線的な堀の形状の違いは、その設置時期が異なることを推測させる。近世吉田城の基本的な構造は池田輝政が造り上げたとするのが定説化していたが、総構の設置などは江戸時代の譜代大名の手による可能性が高く、縄張の解釈にはなお慎重な姿勢が必要である。

豊城中学校校舎の下に残る水門跡

　石垣は本丸と主要な門の周辺のみで認められる。とくに豊川に面した本丸の北側は、背面が豊川に直接さらされるためか、狭い範囲内に総石垣の腰曲輪を重層的に配置している。また、近世の本丸には天守が無く、三基の三重櫓と一基の二重櫓が四隅に配置されていた。中でも北西隅にあった鉄櫓《くろがねやぐら》は、近世の絵図に「天守」と示されたものがあるなど、吉田城の象徴的な機能を担ったことは間違いない。さらに、鉄櫓の下にある高石垣は、明らかに池田輝政時代にさかのぼる野面積みのものであり、池田期にはここに天守が存在した可能性も充分考えられる。本丸北側の石垣の解釈には、防御面ばかりでなく、豊川の水流による浸食を防ぐための城郭管理上の視点や、さらに北西側の吉田橋からの視覚的効果など、多様な視点が求められる。

　さらには、三の丸北西部に残る水門の遺構など、豊川と吉田城は極めて深い関係にある。東三河の大動脈・豊川との関係からも、城の評価を見直すべきだろう。

（岩原　剛）

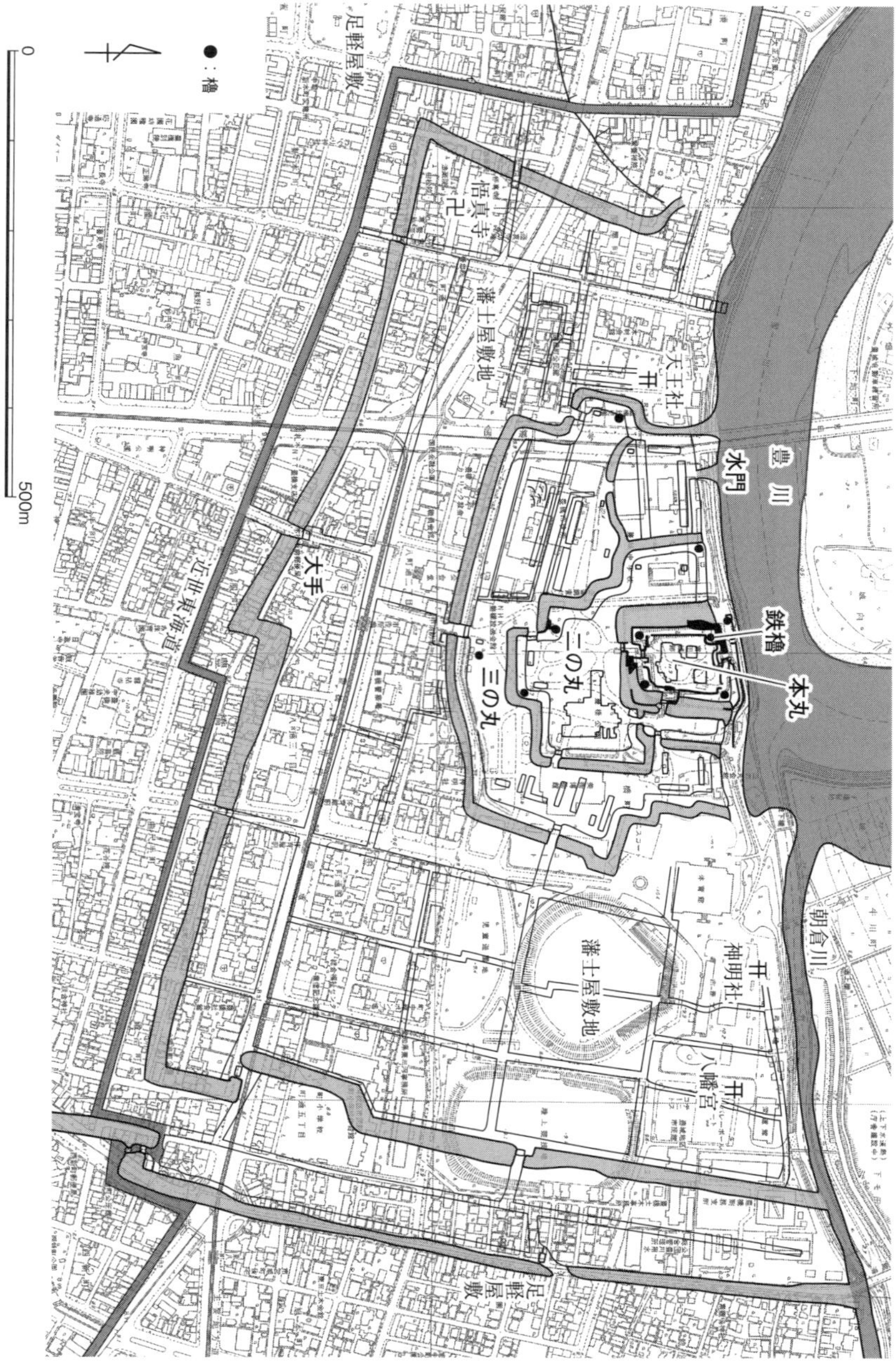


吉田城跡概要図（作図：岩原　剛）

# 117 田原城《たはらじょう》 ★

**所在地**　田原市田原町
**築城時期**　文明十二年（一四八〇）頃
**標　高**　一五m
**主な遺構**　曲輪　土塁　空堀　水堀　石垣

田原城は三河湾の奥、渥美半島を縦断するように流れる汐川の河口に位置する。田原湾が新田開発によって干拓される江戸前期以前には、海水が城を取り囲むように湾入しており、その様が「巴文」状であったため、別名巴江城《はこうじょう》とも呼ばれていた。

文明十二年（一四八〇頃）に戸田宗光が築城し、戸田氏はここを拠点とし、全盛期には豊橋の大崎城、二連木城《にれんぎじょう》、知多半島の河和・富貴にまで勢力を伸ばしている。三河湾はおろか伊勢湾の制海権に深く影響を及ぼしたと考えられる。しかし、天文十六年（一五四七）に今川氏のもとに人質として送り届けられる幼い松平竹千代（徳川家康）を戸田氏が強奪し、織田信秀に送り届けた報復により、今川義元に攻められ落城した。

落城後、今川氏は城代を置く。桶狭間の敗戦後、松平元康（家康）は、吉田城をはじめとする東三河の諸時城の攻略をすすめ、田原城も永禄八年（一五六五）、本多広孝親子が入城し、家康の関東移封まで在城した。天正十八年（一五九〇）吉田城主、池田照（輝）政の支配となり、関ヶ原の合戦後、戸田氏の子孫戸田尊次が伊豆下田から一万石で入封、三代在城したのち、寛文四年（一六六四）、三宅康勝が入城し、以後十二代、幕末までいたった。

現在桜門から本丸に至る周辺に石垣等の近世城郭的な普請が行われているが、その骨格は戦国時代に遡る土塁、空堀で囲まれる曲輪で構成されている。おそらく曲輪の基本構成は変わっていないと思われる。

田原城は、北側から藤田曲輪、本丸、そして、南西に二ノ丸、南東に三ノ丸という配置をとる。大手道から城内に向かうと、左前方に桜門、二ノ丸櫓が重層的に見える。天守を持たない田原城にとって十分な威圧感を発揮したに違いない。大手道を進み突きあたると石垣に囲まれた通称袖池と呼ばれる水堀がある。桜門はまっすぐ侵入できないように西側にずらしている。この水堀は三ノ丸を取り囲むように、東側に屈曲し、途中で切れているが、東側は地形的に下がっており、堀を一周させることはできない。それでもL字型に水堀を設けたのは水堀の延長を長く見せるための工夫であろう。また、桜門の左右の石垣も注目したい。左(西)は目地を通し、間詰め石が多い積み方、右(東)は、石材を多角形に加工した意匠的な積み方である。水堀を含め東方向にその視覚的効果を集中させた計画をしている。

桜門および袖池

桜門をくぐると、二ノ丸櫓の石垣が眼前に迫る。かつては本丸まで城道は、塀と門を組み合わせ、桝形をつくっていたが、現在は神社の参道のため直線の道となっている。

本丸に至る土橋の両側は空堀である。このあたりに戦国の城の姿を見ることができる。また、本丸には虎口の東に一部、西面に土塁が残存している。本丸はもっとも高い位置にあるが、独立した低い丘陵全体に選地するため、東西は無防備な状態である。したがって、東に腰曲輪、西に帯曲輪を配することによって周囲との関係を遮断している。田原城のこれらの曲輪配置、水堀、石垣の組み合わせを見ると、近世城郭に何が必要であったか、ということがわかる。決して派手な城ではないがこのような視点で見学するのも面白い。築城以前に城の最北には今は消滅した藤田曲輪があった。

**田原城へのアクセス**
豊橋鉄道渥美線三河田原駅から徒歩約15分。

この周辺に居住した土豪の名を付したものだ。ここは、江戸時代には茶室等が設けられ、月見の会、歌の会が催され風流を楽しむ空間として利用されていた。平成五年に、この曲輪の発掘調査が行われ、戦火を受けた戦国時代の大量の中国製陶磁器が発見された。今川方に攻略された生々しい痕跡である。かつての田原城主の勢力と、戦国の世のすさまじさを見る。

田原城の整備は、明治二十三年、旧藩士全体の発起により、三ノ丸に公園として整備され、その後渡辺崋山の碑をはじめとする、田原市ゆかりの偉人たちの記念碑が建立される。昭和三十三年には二ノ丸櫓跡に櫓風の文化財収蔵庫が整備された。史的な根拠に基づいたものではないが、現在に至るまで田原城のシンボルとなっている。本丸には田原城主の遠祖とされる児嶋高徳を祀る巴江神社が昭和九年に建立された。平成五年に二ノ丸に田原市博物館が建設され、周辺整備に伴い、桜門、土塀等を復興し、駐車場、トイレ、遊歩道等の環境整備がなされた。安全の確保のため、石垣は記録のうえ、積みなおしを行っている。桜門は写真、及び江戸時代の渡辺崋山が描いたスケッチをもとにその外観を模している。これらは、公園内に所在する城跡の修景整備が発目的であるので、塀や門の高さなどのスケール感、素材感を特に意識したものではない。しかし、鬱蒼とした佇まいは歴史を感じさせる空間として、田原市博物館とともに市民の憩いの場所になっている。さらにその価値を高めるためには田原城本来の城郭遺構を、正確にわかりやすく説明する整備も必要であろう。

空堀から土橋と本丸土塁（東側）を撮影

見学コースとしては、三河田原駅で下車し、通称寺下通り、新町、本町など城下町の地名が残る町屋を経て、城跡に行くルートをお勧めする。城下町を過ぎると田原城の外郭ラインである惣門跡が残存する。門の東側のみ僅かながら石垣が残存しているが、惣門の遺構を見ることができるのは貴重である。発掘調査等の結果から、惣門の最終整備は、十七世紀中旬頃、すなわち三宅氏の時代に行われた可能性が強くなった。城下町部分は市街化が進み、城下町当時を偲ぶ建造物は残らないが、食い違いの道路が今も残る。（増山禎之）

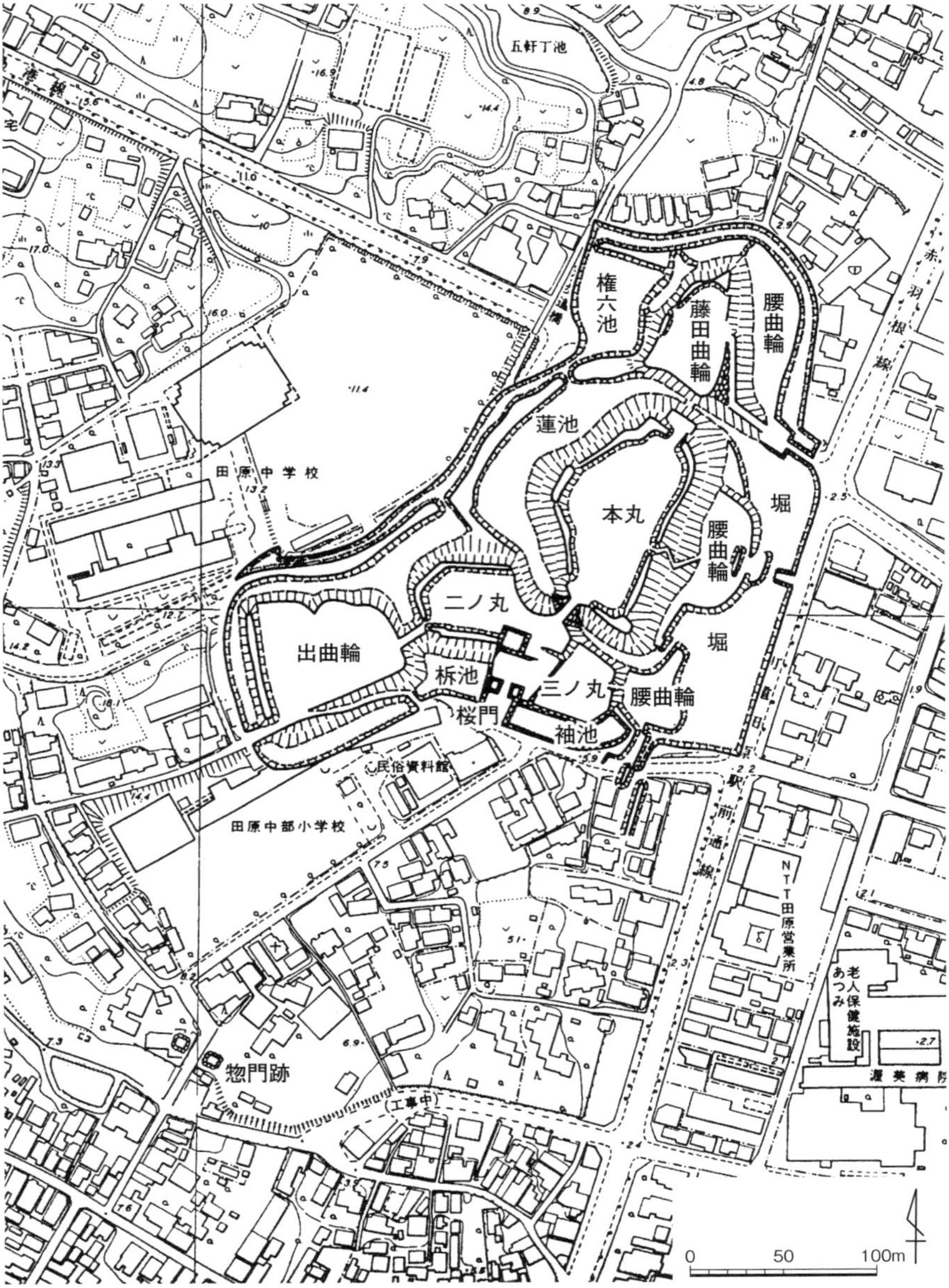


田原城跡復元概要図（作図：髙田　徹）

# あとがき

愛知県内の中世城郭の全体像は、愛知県教育委員会編『愛知県中世城館跡分布調査報告Ⅰ～Ⅳ』によってほぼ明らかにされている。しかし同書の最終巻が刊行され、十余年が経過した現在、基礎資料としての価値は失われていないが、同書所収の縄張図を見ていると、細部の見直しが必要と思われる点が少なくない。

いつか『愛知県中世城館跡分布調査報告Ⅰ～Ⅳ』の改訂的な作業ができないだろうかと常々思っていたところ、今回本書執筆の機会を与えていただいた。

そこで本書の編集にあたっては過去に縄張図が作成されている城郭であっても、各執筆者に改めて再調査をお願いし、現地調査をもとに、なるたけ新たな知見を盛り込んで執筆してもらうようお願いした。城に限らないが、現場を歩けば大抵は何らかの収穫が得られるものである。

その結果、本書所収の縄張図は全面的に改訂されたもので占められ、本文にも最新の見解・成果が織り込まれた内容になっている。

かくいう筆者自身、久しぶりに訪れた城郭を前にして、新たな発見や再評価すべき点を見出し、大きな刺激を受けた。同時に以前に作成した拙図中の見落としや過小・過大評価について、反省する点も多かった。本書が愛知県内の城郭を見直す契機になれば、と思うところが大である。本書執筆を機会に各城郭の再調査を進めていきたいと考えている。

本書ではこれから山城（平城）を歩きたい、学びたいというビギナーの手引き書になるよう、アクセス方法、地図、縄張図中の注記にも配慮している。ただ多くの山城は私有地であり、城郭によっては道なき道を歩かないといけない場合もある。標識のない城郭もある。

私有地に入る際には近隣の住民に声をかけ、場所がわからなければ素直に教えを受けよう。夏場はヘビやハチ等も多いから、よほど整備された城郭以外は晩秋からゴールデンウイークを目処に探訪するのが望ましい。城は基本的に軍事施設であるから、山自体が切り立っていたり、岩場が表れていたり、堀や土塁の凹凸が設けられていたりする。安全な場所ばかりではないから、低い山であっても油断せず、足下にはくれぐれも注意されたい。

山間部の城郭探訪には自動車が必要不可欠であるが、駐車場が整備されている場所はまれである。やむなく駐車する際には、法規・マナーを守り、くれぐれもトラブルのないよう、自己責任で対処していただきたい。

さて本書に収録した城郭は、いずれも愛知県を代表する城郭ばかりであるが、五十城＋十七城を選ぶというのはなかなか難しい。城郭の残り具合、遺構の見やすさ、著名度、縄張の技巧性等、そして地域的な片寄りがないように選出に努めた。岡崎市の岩津城等もノミネートしたが、現在立ち入りが禁じられているので見送った。瀬戸市の品野《しなの》城《じょう》は尾張を代表する山城で、遺構も完存しているが、近年の高速道路建設により、登山道が分断されたので、やむなくはずした。また新城市の石田城は平城としての残り具合も良いのだが、市内の野田城・長篠城を取り上げた関係上、選外とした。

いずれにしろ本書に取り上げた以外にも、愛知県には優れた縄張を持ち、著名な歴史を持つ城郭がまだまだある。興味を持たれた方は、本書に挙げた参考文献を参照し、自らの足で訪ね、自らの目で確認してほしい。

最後に無理な注文にもかかわらず、本書の執筆を快諾してくれた多くの仲間達に御礼申し上げたい。そしてサンライズ出版の岩根治美さんには、諸般の点でご配慮をいただくと共に、終始適切なアドバイスを頂戴した。厚く厚く、御礼申し上げたい。

平成二十二年七月　猛暑の続く日に

編者を代表して　髙田　徹

# 愛知の山城を楽しむ参考図書


『豊橋市史』第一巻　豊橋市　一九七三
『日本城郭大系』9　岡本柳英他　新人物往来社　一九七九
『沓掛城址』　豊明市教育委員会　一九八六
『図説中世城郭事典』2　村田修三編　新人物往来社　一九八七
『福谷城第1次～第4次発掘概要報告書』　三好町教育委員会　一九八七～一九九〇
『岩崎城跡発掘調査報告書』　日進町教育委員会　一九八七
『国宝犬山城図録』　横山住雄　一九八八
『清須―織豊期の城と都市―』　研究報告編　東海埋蔵文化財研究会　一九八九
「愛知県中世城館跡調査の課題と展望」『日本歴史』五〇二　千田嘉博　一九九〇
『定本　東三河の城』　高橋延年他　郷土出版社　一九九〇
『定本西三河の城』　新行紀一他　郷土出版社　一九九一
『愛知県中世城館跡調査報告Ⅰ』（尾張地区）　愛知県教育委員会　一九九一
『愛知県中世城館跡調査報告Ⅱ』（西三河地区）　愛知県教育委員会　一九九四
『愛知県中世城館跡調査報告Ⅲ』（東三河地区）　愛知県教育委員会　一九九七
『愛知県中世城館跡調査報告Ⅳ』（知多地区）　愛知県教育委員会　一九九八
『豊田の中世城館』　愛知中世城郭研究会　一九九二
『岩倉城遺跡』　愛知県埋蔵文化財センター　一九九二

「縄張りからみた尾張犬山城の検討」『郷土文化』第49巻第1号　髙田徹　郷土文化会　一九九三
「三河大沼城の歴史と構造」『岡崎市史研究』15　髙田徹　岡崎市教育委員会　一九九三
『藤岡・小原・旭の中世城館』　愛知中世城郭研究会　一九九三
『安祥城址―発掘調査報告書―』　安城市教育委員会　一九九三
『船形山城跡測量調査報告書』　愛知大学文学部史学科日本史専攻会考古学部会　一九九三
「瀬戸の中世城館について」『瀬戸市歴史民俗資料館研究紀要』11　福島克彦　瀬戸市歴史民俗資料館　一九九三
『牧野城跡』　豊川市教育委員会　一九九四
『田原城跡(1)』　田原町教育委員会　一九九五
「三河長篠城及び長篠合戦陣所に関する検討」『中世城郭研究』10　髙田徹　中世城郭研究会　一九九六
『岡崎城―城と城主の歴史―』　岡崎市　一九九六
『豊橋・豊川の中近世城館』　愛知中世城郭研究会　一九九七
「長久手町大草城について」『郷土文化』180　髙田徹　郷土文化会　一九九八
『小牧城下町発掘調査報告書―新町遺跡―』　小牧市教育委員会　一九九八
「桶狭間合戦時の織田氏陣城」『中世城郭研究』14　髙田徹　中世城郭研究会　二〇〇〇
「守山城の歴史と構造」『郷土文化』188　髙田徹　郷土文化会　二〇〇〇
「岡崎城の縄張りについて―丸馬出を中心として」『岡崎市史研究』22　石川浩治　二〇〇〇
『足助の中世城館』　鱸鑒　足助町教育委員会　二〇〇一
「小牧・長久手の合戦における城郭―尾張北部を中心に―」『中世城郭研究』15　髙田徹　中世城郭研究会　二〇〇一
「小牧山城の再検討―特に城域を中心として―」『織豊城郭』8　髙田徹　織豊期城郭研究会　二〇〇一
「末森城について」『郷土文化』第57巻第1号　髙田徹　郷土文化会　二〇〇二
「古宮城―武田氏が築いた戦国期城郭の教科書―」『城を歩く―その調べ方楽しみ方―』　髙田徹　新人物往来社　二〇〇三

『長久手町史本文編』 長久手町　二〇〇三
『城山城跡』愛知県埋蔵文化財センター調査報告書第一二三集　二〇〇五
『史跡小牧山整備事業報告書』 小牧市教育委員会　二〇〇五
『守護所と戦国城下町』 鈴木正貴他　高志書院　二〇〇六
『吉田城シンポジウム報告　検証・吉田城』 豊橋市教育委員会　二〇〇六
『犬山城　城をめぐる歴史と天守創建の謎を探る』 ㈶犬山城白帝文庫歴史文化館編　二〇〇六
『新編安城市史』 1通史編　原始・古代・中世　安城市　二〇〇七
『城からのぞむ尾張の戦国時代』 名古屋市博物館　二〇〇七
「小牧山の石垣について」『織豊城郭』11　中嶋隆・小野友記子　織豊期城郭研究会　二〇〇七
『大草城跡知多市文化財資料第40集』 知多市教育委員会　二〇〇八
『信長の城下町』 仁木宏他　高志書院　二〇〇八
『丸根遺跡・丸根城跡』 豊田市教育委員会　二〇〇八
「蓬左文庫古城絵図に関する検討（その1）―作成過程を中心に―」『城館史料学』6　岡村弘子・髙田徹　城館史料学会　二〇〇八
「昭和30年代・濃尾平野と周辺の中世城館」『比較社会文化』16　服部英雄　二〇一〇
『城』 東海古城研究会　現在二〇四号まで発行
『愛城研報告』 愛知中世城郭研究会　現在14号まで発行
（連絡先四四四-〇八一三　岡崎市羽根町若宮一七―一六　御菓子司清香軒　奥田敏春方）

## 執筆者紹介

| | | |
|---|---|---|
| 天野　信治 | (あまの　しんじ) | 安城市歴史博物館 |
| 石川　浩治 | (いしかわ　こうじ) | 愛知中世城郭研究会 |
| 岩原　　剛 | (いわはら　ごう) | 豊橋市教育委員会美術博物館 |
| 岩山　欣司 | (いわやま　きんじ) | 新城市教育委員会文化課 |
| 遠藤　久生 | (えんどう　ひさお) | 愛知中世城郭研究会 |
| 岡村　弘子 | (おかむら　ひろこ) | 名古屋市博物館 |
| 奥田　敏春 | (おくだ　としはる) | 愛知中世城郭研究会 |
| 小野友記子 | (おの　ゆきこ) | 小牧市教育委員会文化振興課 |
| 川島　誠次 | (かわしま　せいじ) | 犬山市教育委員会歴史まちづくり課 |
| 楠　美代子 | (くすのき　みよこ) | 東浦町教育委員会生涯学習課 |
| 佐伯　哲也 | (さえき　てつや) | 北陸城郭研究会 |
| 佐分　清親 | (さぶり　きよちか) | 愛知中世城郭研究会 |
| 柴垣　哲彦 | (しばがき　てつひこ) | 清須市教育委員会生涯学習課 |
| 鈴木　正貴 | (すずき　まさたか) | 愛知県埋蔵文化財センター |
| 髙田　　徹 | (たかだ　とおる) | 愛知中世城郭研究会 |
| 中井　　均 | (なかい　ひとし) | 滋賀県立大学人間文化学部 |
| 林　　弘之 | (はやし　ひろゆき) | 豊川市桜ケ丘ミュージアム(豊川市市民部文化振興課文化係長) |
| 平井　義敏 | (ひらい　よしとし) | みよし市立歴史民俗資料館 |
| 堀江登志実 | (ほりえ　としみつ) | 岡崎市美術博物館 |
| 増山　禎之 | (ますやま　ただゆき) | 田原市教育委員会 |
| 松山　好広 | (まつやま　よしひろ) | 東海古城研究会 |
| 豆田　誠路 | (まめた　せいじ) | 碧南市教育委員会文化財課 |
| 水野　　茂 | (みずの　しげる) | 静岡古城研究会 |
| 村田　信彦 | (むらた　のぶひこ) | 岩崎城歴史記念館 |

## 編者略歴

### 愛知中世城郭研究会

1988年、愛知県教育委員会による「中世城館跡調査」の側面支援をするため10名で設立した任意団体。1998年までに刊行された『愛知県中世城館跡調査報告』４冊の調査、執筆に参加。例会や見学会の開催、城館跡とそれに関わる歴史の調査・研究を行っている。

主な著作

『豊田の中世城館』（1992年）
『藤岡・小原・旭の中世城館』（1993年）
『豊橋・豊川の中近世城館』（1997年）
『愛城研報告』１～14号（1994年～2010年）

### 中井　均

1955年生まれ　龍谷大学文学部史学科卒業
滋賀県立大学人間文化学部教授
NPO法人城郭遺産による街づくり協議会理事長

主な著作

『近江の城―城が語る湖国の戦国史』サンライズ出版　1997年
『彦根城を極める』サンライズ出版　2007年
『カラー版徹底図解日本の城』新星出版社　2009年
『日本の城郭鑑賞のコツ65』メイツ出版　2009年

愛知《あいち》の山城《やまじろ》ベスト50を歩く

2010年９月15日　初版１刷発行
2022年５月31日　初版４刷発行

編　者　愛知中世城郭研究会・中井　均
発行者　岩根　順子
発行所　サンライズ出版株式会社
滋賀県彦根市鳥居本町655-1
〒522-0004　TEL.0749-22-0627
FAX.0749-23-7720
印刷・製本　㈱シナノパブリッシングプレス

© AICHI CYUSEI JOKAKU KENKYUKAI, HITOSHI NAKAI 2010
ISBN978-4-88325-421-7
無断複写・転載を禁じます
定価はカバーに表示しております

## サンライズ出版

■**近江の山城を歩く**
中井　均編　A5判　二二〇〇円+税
『近江の山城ベスト50を歩く』（2006年刊）以降の新しい知見などを踏まえ、70の山城について概要と縄張り図を掲載。城の位置図、各城跡へのアクセス図を付した、城郭探訪必携の書

■**近江の平城**
髙田　徹著　A5判　二二〇〇円+税
1300以上の城郭がある近江には、平地や丘陵に土塁や堀を巡らせて築かれた城館も多くあった。そのなかより40の城館について、遺構や見どころを解説。

■**岐阜の山城ベスト50を歩く**
三宅唯美・中井均編　A5判　一八〇〇円+税
「山城50」の第3弾。日本3大山城のひとつ、岩村城をはじめ、美濃、飛騨の山城50と平城17を紹介。

■**倭城を歩く**
織豊期城郭研究会編　A5判　二四〇〇円+税
文禄・慶長の役に秀吉軍が朝鮮半島南岸に築いた倭城。今なお遺構が残る22城を写真・概要図とともに紹介。

■近江旅の本　**近江の陣屋を訪ねて**
中井　均編　A5判　二〇〇〇円+税
江戸時代、近江には大溝・仁正寺・宮川・三上・小室・堅田の藩庁（陣屋）があった。古絵図や間取り図、古写真を掲載し、往時の陣屋を紹介。

■淡海文庫68　**蒲生氏郷伝説**
振角卓哉著　B6判　一五〇〇円+税
信長に愛され、秀吉に従い松坂、会津城主となった氏郷。その生涯とともに彼に纏わる伝説や逸話を、氏郷の生地、日野町教育委員会に勤める著者が詳述。

■**城郭研究と考古学**
中井均先生退職記念論集刊行会編　B5判　八〇〇〇円+税
二〇二一年三月中井先生退職に際し、全国各地で共に城郭の調査・研究を続けてきた知友、若き俊英たちが寄せた論考50本を収録。テーマ別に4章からなり、各地域の最新報告が揃う。

■**戦国時代の静岡の山城**
—考古学から見た山城の変遷—
城郭遺産による街づくり協議会編　A5判　二四〇〇円+税
遺構や遺物の分析等から導き出された山城の年代、改修時期、曲輪の性格。事例紹介と論考からなる最新成果。

■**安土　信長の城と城下町**
滋賀県教育委員会編著　B5判　二二〇〇円+税
特別史跡安土城跡調査整備事業20年の成果報告。検出遺構や文献に基づき安土城と城下町について考察。

■**信長の城・秀吉の城**
滋賀県立安土城考古博物館編　四六判　一五〇〇円+税
織豊系城郭の石垣、瓦、天守の特徴や展開を考察。シンポジウムの記録と甲府城、麦島城の調査報告も収録。

2022年5月現在